全国教育科学规划国家重点项目"教师核心素养和能力建设研究"（AFA170008）成果

教师核心素养和能力建设研究

王光明 吴立宝 等／著

Research on The Cultivation of
Teachers' Core Qualities and Abilities

科学出版社

北京

内 容 简 介

本书围绕"教师核心素养和能力是什么、如何测评、如何建设"的逻辑主线展开，明晰教师核心素养和能力的内涵、外延与特征，剖析我国中小学优秀教师成功经验，探寻教师核心素养和能力发展机理，建立教师核心素养和能力的"双螺旋"结构模型，构建教师核心素养和能力测评指标体系，研制测评工具，探明教师核心素养和能力的现实样态，阐明促进教师核心素养和能力发展的政策建设路径与学校组织文化建设路径，提出构建中国式教师教育现代化的构想。

本书主要面向教师教育学者、教师培训工作者、教师管理工作者、教师政策拟订人员、教师教育相关专业博士和硕士研究生以及广大中小学教师。

图书在版编目（CIP）数据

教师核心素养和能力建设研究／王光明等著. —北京：科学出版社，2023.9

ISBN 978-7-03-076204-7

Ⅰ.①教… Ⅱ.①王… Ⅲ.①师资培养-研究 Ⅳ.①G451.2

中国国家版本馆CIP数据核字（2023）第156825号

责任编辑：孙文影 冯雅萌／责任校对：杨 然
责任印制：赵 博／封面设计：有道文化

科学出版社 出版

北京东黄城根北街16号
邮政编码：100717
http://www.sciencep.com

天津市新科印刷有限公司印刷
科学出版社发行 各地新华书店经销

*

2023年9月第 一 版　开本：720×1000 1/16
2025年1月第三次印刷　印张：16 3/4
字数：340 000
定价：128.00元

（如有印装质量问题，我社负责调换）

前　言

百年大计，教育为本；教育大计，教师为本。在百年发展历程中，党和国家始终秉持尊师重教的优良传统，将教育置于重要位置，将教师放在国家、社会发展的重要地位，始终致力于提升中小学教师队伍质量。进入新时代，以习近平同志为核心的党中央更加重视教师队伍建设，强调要提升教师素质，改善教师待遇，关心教师健康，维护教师权益，让教师成为最受社会尊重和令人羡慕的职业；旗帜鲜明地指出让优秀的人培养优秀的人，要推动形成优秀人才竞相从教、广大教师尽展其才、好老师不断涌现的良好局面。

2018年1月，《中共中央 国务院关于全面深化新时代教师队伍建设改革的意见》印发，这是教师队伍建设的里程碑式文件。随后，各项促进教师专业发展的政策举措不断出台，教师培养、准入、发展、管理、地位和待遇保障的制度机制不断完善，教师队伍建设驶入快车道。据教育部官网2021年教育统计数据，我国教师已经超过2300万人，中小学教师更是突破1000万人[1]，广大教师在支撑起世界最大教育体系中展现了"大国良师"的责任与担当。面对中华民族伟大

---

[1] 教育部：各级各类学校校数、教职工、专任教师情况. （2023-01-04）[2023-06-12]. http://www.moe.gov.cn/jyb_sjzl/moe_560/2021/quanguo/202301/t20230104_1038068.html.

复兴的战略全局和世界百年未有之大变局对教育内外环境带来的深刻变化，面对中国式现代化对教育、科技、人才的期待，面对现代化经济转型升级对教育的迫切需求和人民群众不断提高的教育期盼，教师队伍还存在诸多不适应的地方，师德师风水平需要提升，教书育人能力有待进一步提高。

以教育评价改革为牵引，找准教师队伍建设的薄弱环节，打通教师队伍建设堵点，推动教师队伍由管理向治理转变，是党和国家赋予教师教育工作者的新任务与新使命。2020年10月，中共中央、国务院印发《深化新时代教育评价改革总体方案》，提出"引导教师潜心育人的评价制度更加健全……社会选人用人方式更加科学"，吹响了新时代教师评价改革的新号角。在党和国家的号召下，我们课题组有幸承担了全国教育科学规划2017年国家重点项目——教师核心素养和能力建设研究（AFA170008）。课题自立项至结题，历时4个春秋，凝结了无数专家学者的智慧，得到了众多领导的指导，汇集了众多教师的经验，最终集研究成果精华，汇成此书。全书围绕教师核心素养和能力"是什么、如何测评、如何建设"的逻辑主线展开阐述："是什么"回答教师核心素养和能力的内涵、外延与特征；"如何测评"重在构建科学的教师核心素养和能力测评框架与工具；"如何建设"则强调明确教师核心素养和能力的建设路径。具体而言，是从以下内容详细展开论述的。

一是明晰了教师核心素养和能力的内涵、外延与特征。教师核心素养和能力属于组合概念，是教师在接受和参与教师教育、从事教育教学以及投身教研等活动中形成和发展的，能够适应社会发展需求、教师职业要求，并能促进自身专业发展的具有统帅作用的专业品性和能力，具有共同性、统帅性与可建设性。课题组分析了358份政策文件、教师专业标准和学术论文，调查了31个省（自治区、直辖市）的2186名教师，调研了5位教师教育领域的专家，运用Nvivo 11.0质性研究工具对文本和调研数据进行了深入分析，初步构建了教师核心素养和能力的结构体系。在深度征求了20多位国内外专家学者、教育部、地方教育委员会（教育厅）教育主管部门领导的意见后，课题组最终明确教师核心素养包括思想政治素养、道德素养、人文与科学技术素养、教育理想精神；教师核心能力包括教育教学能力、研究创新能力、学习发展能力、沟通合作能力。教师的四大核心素养和四大核心能力围绕"立德树人"这个共同轴心旋转，形成"一轴双链八要素"的双螺旋结构模型。

二是构建了教师核心素养和能力测评指标体系与工具。课题组历经两年研制、五轮专家论证、数千名一线中小学教师前期试测，构建了教师核心素养和能力测评指标体系，具体包括 8 个一级维度、22 个二级指标、58 个三级观测点以及若干行为表现，研发了以情境题为主的 8 套教师核心素养和能力测评工具。2020 年 12 月，课题组对天津市 4903 名中小学教师展开测评，测评结果被写入《2019—2020 年天津市基础教育发展报告（蓝皮书）》，教师队伍建设相关建议被应用于《天津市教育现代化"十四五"规划》《天津市中小学教师职称评价标准》等，深度服务天津市基础教育改革和教师专业发展决策。2020 年 12 月至 2021 年 1 月，在教育部挂职的河北省威县人民政府副县长王炳明的鼎力支持下，课题组采用教师核心素养和能力测评工具对河北省威县 2800 名中小学教师实施智能测评诊断，该项研究的报告得到了当地政府的高度评价。

三是阐明了教师核心素养和能力发展的政策建设路径和学校组织文化建设路径。其一，提出了注重政策的引导、催化、规约，并重视以实践样态的循证作依托的教师政策建设路径。与欧美国家不同，我国注重利用国家政策来引导、催化、规约教师的发展，而加快培养和建设高素质教师队伍，需要在循证的基础上，充分发挥国家政策对教师队伍建设的引导、催化和规约作用。本书立足于教师核心素养和能力发展的政策需求，分析我国现有教师政策的供给情况，发现我国教师核心素养和能力建设的政策供给越来越充分，党政部门重视教育循证，从多渠道采纳相关咨政建议，扩充了教师政策供给工具箱。为此，课题组基于循证结果，剖析教师培养、教师激励、教师专业标准、师德师风建设等方面存在的问题，并就县城中学教师队伍发展、师范院校学科教师队伍建设、教师分级专业标准研制、教师国家荣誉制度完善、思政育人和师德建设等领域提出了相应咨政建议。其二，提出了营造公平正义的学校组织文化建设路径。具体可从三方面开展：基于公平正义原则建构教师专业发展共同体，为教师核心素养和能力的发展提供必要条件；引导构建教师反思性组织文化，为教师核心素养和能力的发展提供有效支撑；建设凸显公平正义的"五位一体"学校组织文化，为教师核心素养和能力的发展提供充分保障。

本书是我们课题组集体心血的凝结，是在 70 余篇已发表成果基础上的再提炼，同时也汇集了国内外学者的智慧。课题组曾先后在美国华人教育研究与发展协会（Chinese American Educational Research and Development Association, CAERDA）会议、2019 年中国教育科学论坛、世界人工智能大会等不同学术会议上分享成果，并与参会者深度交流。多伦多大学教育学院副院长麦克杜格尔（D. McDougall）曾给予高度赞誉，认为教师核心素养和能力的双螺旋结构模型建构是一项开创性的研究，是教师专业发展理论的有益创新。

回首 4 年多的研究历程以及结题后历时 1 年多的书稿打磨，其间众多专家学者无私贡献了宝贵智慧，这让我们深受感动。在这里我们要特别向肖凤翔、宋乃庆两位先生的全程指导致以崇高敬意，还要深深感谢钟秉林、张斌贤、朱旭东、马宪平、郭戈、吴霓、万明钢、余新、宋冬生、李瑾瑜和周彬等国内知名教育专家的倾心指导。感谢美国哥伦比亚大学露丝（V. Ruth）教授、加拿大多伦多大学麦克杜格尔教授、美国特拉华大学蔡金法教授、美国得克萨斯农工大学李业平教授以及韩国国立首尔教育大学前校长金镐城教授的无私指导与帮助。我们还要特别感谢教育部原副部长赵沁平，国家民族事务委员会原专职委员管培俊，北京外国语大学党委书记王定华，教育部教师工作司司长任友群，北京教育学院原党委书记马宪平，重庆市教育委员会副巡视员李源田，天津市教育委员会主任荆洪阳、副主任刘欣、孙惠玲等领导的亲切关怀与指导，尤其要感谢教育部教师工作司王炳明的多次线上线下悉心指导。

我们深知，在以中国式现代化全面推进中华民族伟大复兴的背景下，在习近平总书记"四有好老师""四个引路人""四个相统一"等重要论述的指引下，新时代教师队伍建设正如火如荼展开，中国式现代化教师队伍建设开启新征程，教师核心素养和能力的研究，必然是"百丈竿头不动人，虽然得入未为真，百尺竿头须进步，十方世界是全身"。

尽管本书是一本普通的学术思想论稿，在浩瀚的教育研究中不过一粒微尘，但我们依然期待它能为新时代教师队伍建设贡献些许微光，加筑一片瓦当，引发一线思考。鉴于水平有限，书中不足之处在所难免，希祈方家批评指正。

目 录

前言

第一章 导论 / 1

    第一节 教师核心素养和能力研究的战略需求 / 3

    第二节 教师核心素养和能力研究的价值 / 8

    第三节 教师核心素养和能力研究的内容 / 13

    第四节 教师核心素养和能力研究的视角与方法 / 16

第二章 教师核心素养和能力的理论审视 / 19

    第一节 教师核心素养和能力的多维管窥 / 21

    第二节 教师核心素养和能力的内涵意蕴 / 28

    第三节 教师核心素养和能力的影响因素 / 35

第三章 我国中小学优秀教师成功经验镜鉴 / 45

    第一节 优秀教师经验体现的实践逻辑 / 47

    第二节 优秀教师经验蕴含的教育智慧 / 54

    第三节 优秀教师经验生成的影响因素 / 62

第四章 教师核心素养和能力的结构模型 / 73

    第一节 教师核心素养和能力的构成要素 / 75

第二节 教师核心素养和能力的双螺旋结构模型 / 91

第五章 教师核心素养和能力的发展机理 / 97

第一节 教师核心素养和能力发展的内在动力激发 / 99

第二节 教师核心素养和能力发展的政策效用及机理 / 111

第三节 教师核心素养和能力发展的组织文化影响 / 119

第六章 教师核心素养和能力建设的现实理据 / 125

第一节 教师核心素养和能力测评的依据 / 127

第二节 教师核心素养和能力的测评指标 / 134

第三节 教师核心素养和能力的现实样态 / 153

第七章 教师核心素养和能力建设的政策探索 / 179

第一节 改革开放以来我国教师专业发展的政策变迁 / 181

第二节 政策视角下的优秀教师基本特征 / 188

第三节 教师核心素养和能力建设的相关建议 / 196

第八章 教师核心素养和能力建设的学校组织文化探索 / 211

第一节 教师核心素养和能力建设的学校组织文化循证 / 213

第二节 教师核心素养和能力建设的学校组织文化氛围 / 228

第九章 教师核心素养和能力建设总结与展望 / 235

第一节 教师核心素养和能力建设的中国框架 / 237

第二节 教师核心素养和能力量化测评的局限 / 246

第三节 教师核心素养和能力建设的未来展望 / 250

后记 / 255

第一章
导　论

　　中华人民共和国成立以来，党和国家持续致力于中小学教师队伍质量的提升。进入新时代，习近平总书记指出"一个人遇到好老师是人生的幸运，一个学校拥有好老师是学校的光荣，一个民族源源不断涌现出一批又一批好老师则是民族的希望"[①]。他从党和国家长远发展的大局、实现中华民族伟大复兴中国梦的宏伟目标出发，深刻阐释了教师工作的极端重要性，为新时代教师教育高质量发展指明了方向。对教师而言，想把学生培养成什么样的人，首先自身就应该成为这样的人。培养社会主义建设者和接班人，迫切需要教师既精通专业知识做好"经师"，又涵养德行成为"人师"，努力做精于"传道授业解惑"的"经师"和"人师"统一者。

[①] 习近平：《做党和人民满意的好老师——同北京师范大学师生代表座谈时的讲话（2014年9月9日）》，《人民日报》2014年9月10日，第2版。

第一节　教师核心素养和能力研究的战略需求

知所从来，方明将往。教师素养和能力影响着学生的培养质量。高质量教师是高质量教育发展的中坚力量[①]。教师核心素养和能力作为教师素质的内核，可以统帅、引领教师其他素养和能力的发展，影响教师专业发展的水准，甚至左右国家教育发展的质量。发展教师核心素养和能力，对落实立德树人根本任务、培养德智体美劳全面发展的社会主义建设者和接班人具有重要意义，是提升教育质量和国家综合实力的有力保障。

一、提高教师核心素养和能力是新时代教育发展的必然要求

进入 21 世纪以来，我国对教师素养和能力的重视提升到一个新高度。尤其是新时代以来，党和国家对教师教育模式的创新、教师教育课程改革的深化、教师教育改革的促进等方面均提出新要求，对于提高我国中小学教师队伍的整体素养和能力具有重要推动作用。

2010 年，《国家中长期教育改革和发展规划纲要（2010—2020 年）》提出"建设高素质教师队伍"，并明确强调"严格教师资质，提升教师素质，努力造就一支师德高尚、业务精湛、结构合理、充满活力的高素质专业化教师队伍"。2018 年，《中共中央 国务院关于全面深化新时代教师队伍建设改革的意见》提出"造就党和人民满意的高素质专业化创新型教师队伍"。2022 年，教育部等八部门联合印发《新时代基础教育强师计划》，明确提出"着力推动教师教育振兴发展，努力造就新时代高素质专业化创新型中小学（含幼儿园、特殊教育，下同）教师队伍"。一系列重要教师政策文件的颁发，标志着党和国家从顶层设计层面深入系统思考高素质专业化创新型教师队伍的建设，教师专业发展的重要性

---

① 教育部：新时代基础教育强师计划.（2022-04-11）[2022-04-13]. http://www.moe.gov.cn/srcsite/A10/s7034/202204/t20220413_616644.html.

得到进一步彰显。

习近平总书记在全国教育大会上指出,"教育是国之大计、党之大计","我们要抓住机遇、超前布局,以更高远的历史站位、更宽广的国际视野、更深邃的战略眼光,对加快推进教育现代化、建设教育强国作出总体部署和战略设计,坚持把优先发展教育事业作为推动党和国家各项事业发展的重要先手棋,不断使教育同党和国家事业发展要求相适应、同人民群众期待相契合、同我国综合国力和国际地位相匹配"。① 这一关于教育的重要论述深刻回答了新时代我国教育改革发展的重大理论和实践问题,构建了系统完整的新时代中国特色社会主义教育理论体系,为新时代教育工作提供了根本遵循。

新时代教育高质量发展离不开教师队伍高质量发展,教师是中华民族"梦之队"的筑梦人,是教育发展的第一资源。新时代的中小学教师要争做"四有好老师",同时要坚持"四个相统一",做好"四个引路人""四个服务""三个牢固树立",要成为"大先生",努力做精于"传道授业解惑"的"经师"和"人师"统一者,坚持落实立德树人根本任务。教师队伍的建设问题已成为建设高质量教育体系,实现中华民族伟大复兴的关键因素。2018年2月11日,教育部等五部门联合印发的《教师教育振兴行动计划(2018—2022年)》对建设高素质专业化创新型教师队伍做出了具体部署。2020年10月13日,中共中央、国务院印发《深化新时代教育评价改革总体方案》,提出"经过5至10年努力,各级党委和政府科学履行职责水平明显提高,各级各类学校立德树人落实机制更加完善,引导教师潜心育人的评价制度更加健全,促进学生全面发展的评价办法更加多元,社会选人用人方式更加科学"。这标志着党和国家从顶层设计层面深入系统思考教育评价问题,启示人们重视教师核心素养和能力的评价,通过以评促建,促进教师核心素养和能力的建设。党的二十大报告明确指出"以中国式现代化全面推进中华民族伟大复兴",在这一伟大进程中,打造中国式高素养和高能力的教师队伍,成为加快建设教育强国、科技强国和人才强国的强大支撑力量,为加快实现中国式现代化奠定雄厚的"筑梦人"基础。

---

① 《习近平总书记教育重要论述讲义》编写组:《习近平总书记教育重要论述讲义》,高等教育出版社2020年版,第78页。

二、提升教师核心素养和能力是教师专业成长的国际趋势

20世纪30年代，教育家巴格莱（W. Bagley）强调："教师问题的重要性，可以说，超过其他所有问题加在一起的综合的重要性。"[①]提高中小学教师质量已经成为近百年来全球教师教育领域最重要的目标之一。20世纪60年代，欧美等发达国家逐渐把中小学教师入职的学历标准提高到大学学历[②]，人们对教师地位的认识越发明晰。1966年，联合国教育、科学及文化组织（United Nations Educational, Scientific, and Cultural Organization，UNESCO，简称联合国教科文组织）和国际劳工组织（International Labor Organization，ILO）联合发布《关于教师地位的建议》，认为"教育工作应被视为一种专业：它是公共服务的一种形式，需要教师通过严格的和持续的学习获得和保持专业知识和专门技能；要求教师对其指导的学生的教育和福祉具有个人的和共同的责任感"[③]，首次明确了教师的专业地位，并在世界范围内得到广泛认同。1980年的《世界教育年报》（World Yearbook of Education）更是以"教师的专业发展"（the professional development of teachers）为主题，主张加强教师专业发展，提高教师专业能力[④]。

随着研究的深入，教师素养和能力逐渐成为研究者重点关注的内容。1973年，美国知名心理学家麦克利兰（D. C. McClelland）提出"胜任力"概念，开启了教师能力研究的新方向，推动了能力本位教师教育的研究工作[⑤]。美国于1983年发布的《国家处于危机之中：教育改革势在必行》（A Nation at Risk: The Imperative for Educational Reform）强化了人们对教师能力的认识，进一步推动了教师能力的研究，"教师职业能力测验"应运而生[⑥]。进入20世纪90年代，教师专业发展研究掀起高潮。哈格里夫斯（A. Hargreaves）和富兰（M. Fullan）从历史发展的角度证明，教师自身素养对学校变革的意义非凡[⑦]；古德

---

① 〔美〕巴格莱：《教育与新人》，袁桂林译，人民教育出版社2005年版，第164页。
② 高光：《教师专业发展：外部驱动与自主发展之间的关系》，上海师范大学博士学位论文，2015年。
③ 联合国教育、科学及文化组织，国际劳工组织：1996年国际劳工组织/教科文组织《关于教师地位的建议》和1997年教科文组织《关于高等教育教学人员地位的建议》及使用指南.（1966-10）[2022-04-15]. https://www.ilo.org/wcmsp5/groups/public/---ed_dialogue/---sector/documents/normativeinstrument/wcms_493321.pdf.
④ 崔允漷、柯政等：《学校本位教师专业发展》，华东师范大学出版社2013年版，第136页。
⑤ 罗小兰：《教师胜任力研究的缘起、现状及发展趋势》，《教育理论与实践》2007年第23期，第42-44页。
⑥ 荀渊：《美国教师专业教育的兴起与困境》，《华东师范大学学报（教育科学版）》2013年第3期，第85-91页。
⑦ Hargreaves A, Fullan M G. Understanding Teacher Development. New York: Teachers College Press, 1992: 6-9.

森（I. Goodson）对英国教师专业发展的历史梳理也证明了这一点[①]。可以说，世纪之交欧美发达国家普遍重视寻求教师专业理念与制度的重建，积极从教师专业发展的视角解密教育成功的密码。

联合国教科文组织高度重视教师素养，相继出版《学会生存——教育世界的今天和明天》《教育的使命：面向二十一世纪的教育宣言和行动纲领》《教育：财富蕴藏其中》《反思教育：向"全球共同利益"的理念转变？》，均内蕴着教师自身素养和能力对教育具有重要价值的论断。特别是 1998 年的联合国教科文组织工作报告三次着重强调教师素养与教学质量的关系[②]，更直接体现了这一国际性组织对教师素养与教学质量关系的重视程度。

进入 21 世纪，世界进入一个"大变革、大发展、大融合"的时代，国际社会对教师素养的关注空前高涨，特别是经济合作与发展组织（Organization for Economic Co-operation and Development，OECD）的教师教学国际调查（Teaching and Learning International Survey，TALIS）项目更是将教师专业发展研究推向新的高潮。联合国教科文组织的《反思教育：向"全球共同利益"的理念转变？》提出："必须比以往任何时候都更加重视教师和教育工作者，将他们作为全面推动变革的力量。"[③]提升教师质量，特别是提升教师的核心素养和能力成为世界发达国家教师专业标准关注的重点。例如，美国于 2022 年颁布的教师资格认证标准强调教师要具备五项标准，即掌握学科内容和教学知识、能够有效进行教学实践、具备教师专业素质、促进学生成长、保证教学质量并持续改进，其中，教师专业素质标准内容最多，具体包括职业道德规范、教学能力等[④]。美国优秀教师资格标准强调优秀教师应具备五项本领：增进学生的学习、掌握学科内容、监督评价学生、反思与学习、与社区沟通合作[⑤]。英国于 2021 年修订的教师专业标准强调教师要具备良好的学科和课程知识、合理安排与有效开展教学、准确有效地运用评估方法、有效管理行为、确保良好及安全的学习环境、履行更广

---

① Goodson I F. The principled professional. Prospects，2000，30（2）：181-188.
② 转引自郭晓平：《变化世界中的教师——1998 年<世界教育报告>导读》，《师资培训研究》1998 年第 4 期，第 47-50 页。
③ 联合国教科文组织：《反思教育：向"全球共同利益"的理念转变？》，联合国教科文组织中文科译，教育科学出版社 2017 年版，第 6 页。
④ Council for the Accreditation of Educator Preparation. 2022 Initial Level Standards.（2022-01-03）[2022-04-15］. http://caepnet.org/~/media/Files/caep/standards/2022-initial-standards-1-pager-final.pdf?la=en.
⑤ NBPTS. What Teachers Should Know and Be Able to Do.（2016-01-20）[2022-04-15]. https://www.accomplishedteacher.org/_files/ugd/0ac8c7_25be1413beb24c14ab8f6e78a20aa98f.pdf.

泛的专业责任①。

继上海在 2009 年、2012 年国际学生评估项目（Programme for International Student Assessment，PISA）测试中蝉联全球第一，2018 年，京沪苏浙四省（直辖市）再次获得 PISA 测试全球第一，我国在国际学生能力评估项目 PISA 测试中的卓越表现举世瞩目，也大幅提升了中国基础教育的全球吸引力和影响力。与此同时，PISA 测试的关联项目——TALIS 项目吸引了教育界同仁的目光。2016 年 2 月，OECD 公布 TALIS 成绩，上海教师的卓越表现一时成为国际教师教育理论与实践界重点关注的话题。学生的卓越表现与教师良好的专业素养息息相关，印证了"名师出高徒"。要培养面向现代化、面向世界、面向未来的社会主义建设者和接班人，教师需要拥有国际视野，适应教育国际化的大趋势，积极探索国际经验与本土化实践的有效融合。2016 年 9 月，中国学生发展核心素养研究成果发布，"核心素养"成为近年来教育研究的"热词"。2016 年 9 月，在浙江省杭州市召开的中国名师名校长论坛上，与会专家学者一致认为，要开展基于核心能力为方向的中小学教学改革，教师核心能力需要有较大的提升②。善之本在教，教之本在师，教师具备核心素养和能力是发展学生核心素养，落实立德树人根本任务的先决条件，这已成为新时代教师教育人的共识。

三、发展教师核心素养和能力是破解教师专业发展不均衡、不充分的必由之路

党的十九大报告做出了"中国特色社会主义进入新时代"的重大论断，明确提出"我国社会主要矛盾已经转化为人民日益增长的美好生活需要和不平衡不充分的发展之间的矛盾"。党的二十大报告进一步指出："明确我国社会主要矛盾是人民日益增长的美好生活需要和不平衡不充分的发展之间的矛盾，并紧紧围绕这个社会主要矛盾推进各项工作，不断丰富和发展人类文明新形态。"站在国家发展的新的历史方位，从更高的标准认识分析中国式现代化可发现，人民群众日益增长的对优质、公平、多样、便捷教育的需求与教育的供给能力不足、供给过程不均等、供给形式单一、供给体系不健全之间的矛盾已经成为我国教育发展的突

---

① Department for Education. Teachers Standards.（2021-12-01）[2022-04-15]. https://assets.publishing.service.gov.uk/government/uploads/system/uploads/attachment_data/file/1040274/Teachers__Standards_Dec_2021.pdf.

② 中国教育在线：2016 中国杭州名师名校长论坛举行 中外教育人探讨未来教师核心发展力.（2016-11-14）[2023-06-05]. https://zhejiang.eol.cn/zhejiang_news/201611/t20161114_1467599.shtml.

出矛盾。

我国教育扶贫普遍实施、智能教育蓬勃开展、教育公平深入推进……但依然存在教育发展不均衡、不充分现象①。目前，教育法律法规不够健全，教育结构有待优化，教育质量离国家需求与民众满意度尚有差距，教师之间的素养和能力参差不齐，教师失德现象时有发生，思想政治素养水平有待提升，尤其是"双减"政策出台后，为发挥课堂立德树人主阵地作用，对教师的教育教学能力提出了更高的要求。聚焦提升具有"核心价值"的教师素养和能力，一方面，以精准提升教师素养和能力为重点，能够助力个体教师专业的高效率提升；另一方面，通过全体中小学教师素养和能力的整体提升，助力教师队伍专业化建设，推进教育质量均衡、优质发展，有利于建设"人人可学、处处可学、时时可学"的终身教育体系。

加快建设教育强国、科技强国和人才强国，需要加快建设高素质专业化创新型教师队伍，教师核心素养和能力是教师专业发展的核心指标，加快建设教师核心素养和能力，是实现中国式现代化的根本保障。教师核心素养和能力的理论基础是什么？构成要素有哪些？其发展的机理是什么？教师核心素养和能力的实践样态如何？在建设教师核心素养和能力过程中应当给予何种政策支持？区域和学校应该塑造何种有利的组织文化？以上问题都是教师核心素养和能力建设的关键所在，需要予以明确回答。

第二节　教师核心素养和能力研究的价值

2014年9月9日，习近平总书记在同北京师范大学师生座谈时指出："各级党委和政府要从战略高度来认识教师工作的极端重要性，把加强教师队伍建设作为基础工作来抓。"②坚持把教师队伍建设作为基础工作来抓成为新时代教师队伍建设的基本原理。《中共中央关于制定国民经济和社会发展第十四个五年规划和

---

① 郅庭瑾、陈佳欣：《教育发展的不平衡与不充分》，《清华大学教育研究》2018年第3期，第10-13页。
② 习近平：《做党和人民满意的好老师——同北京师范大学师生代表座谈时的讲话（2014年9月9日）》，《人民日报》2014年9月10日，第2版。

二〇三五年远景目标的建议》提出"建设高质量教育体系""提升教师教书育人能力素质"。《新时代基础教育强师计划》则指出:"整体提升中小学教师队伍教书育人能力素质。"这些文件的颁发标志着党和国家从顶层设计层面更加关注教师的素养能力,凸显了教师核心素养和能力研究的现实价值。

一、学术价值

建构教师核心素养和能力理论是教师教育的重要研究内容,明晰教师核心素养和能力的概念、研究理路,建构学术话语,有助于丰富教师教育理论成果。

(一)澄清对教师核心素养和能力不做区分的模糊认识,构建教师核心素养和能力的新学术话语,丰富教师教育的学理成果

实证研究和国际比较研究显示,教师核心能力更易衡量和测评。在西方的话语体系中,学者探讨更多的也是外显的教师核心能力。内蕴的教师核心素养和外显的教师核心能力实然是两个概念。为了避免一线教师因理解有偏差而忽视教师核心素养的养成,对教师核心素养和教师核心能力予以明确区分,并加以辨析,阐释二者关系,构建教师核心素养和能力结构模型,阐明教师核心素养和能力结构体系及其发展机理,这不仅能够丰富国内教师教育研究成果,同时也能够为国际教师教育研究贡献新的学理成果。

(二)突破已有教师专业发展研究脉络的桎梏,尝试建构新的研究脉络

已有关于教师专业发展的研究往往围绕教师专业发展的内容、阶段、途径和方法等脉络展开,研究或侧重理论一隅,或就事论事,立场多限于教育学视域。本书聚焦于中小学教师,深入探索教师核心素养和能力习得的机理,开展优秀教师核心素养和能力发展的经验研究,构建教师核心素养和能力测评指标,研发教师核心素养和能力测评工具,开展教师核心素养与能力测评,诊断教师核心素养和能力现有水平,出具教师核心素养和能力的提升方案。本书从多学科视角出发,着力研究并回答教师核心素养和能力"是什么、如何测评、如何建设"的问题,突破了以往研究只单独分析某一方面的弊端,建构了新的研究脉络,以更好

地促进教师核心素养和能力的有序发展。

（三）建构教师专业发展研究的中国立场，争取国际教师专业发展的学术话语权

国际上有关教师能力发展方面的研究居多，但对教师核心素养关注不足，有关教师核心素养和能力建设的研究更是少见。本研究基于我国国情，融通国际视野，明晰具有中国特色的教师核心素养和能力的内涵、要素与结构，探索教师核心素养和能力习得的发生机理，开展教师核心素养和能力的测评与建设研究，并建构教师专业发展研究的中国立场。联合国教科文组织的《教育2030行动框架》（Education 2030 Framework for Action）对教师专业发展高度关注，本书的成果可提供教师专业发展的中国方案，贡献中国智慧，有助于争取国际教师专业发展研究的学术话语权。我们课题组受邀在加拿大多伦多召开的美国华人教育研究与发展协会会议上做教师核心素养和能力研究的专题汇报，得到与会者的高度赞誉；受邀赴加拿大多伦多大学进行教师核心素养和能力研究成果交流，得到多伦多大学教育学院时任副院长麦克杜格尔教授的充分肯定："This research result has some important innovations for teachers' core qualities and abilities research and will have a profound effect on the building teachers' professional knowledge and development."（这一研究成果对教师核心素质和能力的研究具有重要的创新，将对教师专业知识和发展的建构产生深远的影响）部分成果被收入 Artificial Intelligence in Education and Teaching Assessment（《教师教育教学的智能评价》）中[①]。

二、应用价值

明晰本书的应用价值有助于拓宽教师核心素养和能力研究的广度，不仅能够为科学诊断教师核心素养和能力提供参考与借鉴，还对科学精准提升教师核心素养和能力具有重要的引导作用。

（一）研究成果具有实践应用价值

教师核心素养和能力结构模型以及发展机理成果能够被应用于教师专业

---

① Wang W, Wang G M, Ding X B, et al. Artificial Intelligence in Education and Teaching Assessment. Berlin: Springer, 2021.

发展的实践，为教师专业发展注入新的时代内涵。教师核心素养和能力结构模型可以为教师的核心素养和能力测评提供学理依据。优秀教师核心素养和能力发展的典型建设经验具有实践推广价值，也是印证教师核心素养和能力的循证依据。教师核心素养和能力的测评结果能够为教师政策制定与实施、教师教育课程设置以及教师教育实践提供循证依据，还有助于教师教育工作者开展学术交流。例如，2021年7月16日，我们课题组受邀参加首届"中国·天府教师教育高峰论坛"，做了题为"教师核心素养和能力的理论与测评"的报告；2022年11月5日，受邀参加2022广东社会科学学术年会并在"共同富裕与粤东西北教育现代化"分会上做了"开展教师测评 精准助力教师队伍建设"的专题报告，分别重点介绍了教师核心素养和能力测评工具的研制及其应用，获得了与会者的积极反响。

（二）研究成果具有政策咨询价值

教师核心素养和能力发展的政策研究成果能够为党和国家以及地方政府有关教师政策的制定与实施提供参考。例如，构建我国教师核心素养和能力测评指标体系，可以将其应用于督导评估以及第三方评估，进而在一些省（自治区、直辖市）开展教师核心素养和能力建设监测的实践探索；有关促进教师核心素养和能力的测评结果，能够为党和国家以及地方政府制定教师政策提供循证依据；将有关教师核心素养和能力现状的测评报告提交至教育部、省（自治区、直辖市）政府或教育厅（教育委员会），可以发挥研究成果咨政建言的智库作用。我们基于教师核心素养和能力测评研究，向党和国家重要部门提交"县中教师发展""教师分级专业标准""引导教师加强'全德'建设"等咨政报告10篇，向天津市人民政府、天津市教育委员会提交《2019—2020年天津市基础教育发展报告（蓝皮书）》，从而发挥了教师教育研究的咨政建言作用。

三、社会价值

明晰本研究的社会价值即教师核心素养和能力研究对社会的重要贡献，有助于落实"提升教师工作能力、建设高质量教师队伍"等国家政策要求，有助于构建教师发展共同体，并有助于办好人民满意的教育。

（一）有助于落实国家政策

对于进一步贯彻、推进、落实《国家中长期教育改革和发展规划纲要（2010—2020年）》《教师教育振兴行动计划（2018—2022年）》《教育部关于全面深化课程改革 落实立德树人根本任务的意见》《国家教育事业发展"十三五"规划》《教育2030行动框架》《中共中央 国务院关于全面深化新时代教师队伍建设改革的意见》《深化新时代教育评价改革总体方案》等一系列国家政策中关于着力加强教师队伍建设、践行立德树人根本任务等相关内容，教师核心素养和能力建设研究是抓手，积极发挥了咨政建言作用。为进一步落实《深化新时代教育评价改革总体方案》，笔者作为编写组组长，参与编写《中共天津市委 天津市人民政府关于全面深化新时代教师队伍建设改革的实施意见》；笔者主研的"天津市中小学教师职称评价标准"，融入教师核心素养和能力建设研究成果，被天津市教育委员会、天津市人力资源和社会保障局采纳，相关文件已经于2021年11月颁布实施；教师核心素养和能力研究相关成果还被融入笔者深度参与的"教育专业学位类别简介及其博士、硕士学位基本要求"的编写和修订工作，以及"教育硕士专业学位研究生在线示范课程建设的策划、工作方案撰写、评选方法研制"等工作中。教师核心素养和能力建设研究，致力于服务教师教育政策的制定与完善，服务党和国家教师研修政策的决策循证，同时为中小学教师发展提供可行的培育路径参考，推动我国新时代教师专业发展政策的落实。

（二）有助于构建教师发展共同体

教师核心素养和能力建设研究，致力于形成教师教育政策制定与实施、组织文化、监督机制和教师专业发展的协同机制与共生平台，构建教师专业发展共同体，提升教师教育质量。教师核心素养和能力建设研究是教师教育决策者、教师教育管理者、教师教育培养者、在职教师和职前教师多方联动的结果。通过教师核心素养和能力的系统研究，并把此研究范式推广到其他职业核心素养和能力建设研究中，不仅可以进一步扩大本研究的适用面和影响力，还可以为其他职业核心素养和能力建设研究提供方法论参考。

（三）有助于办好人民满意的教育

建设高素质、专业化、创新型的教师队伍是建设人民满意的教育的前提和保障。教师核心素养和能力研究重在贯彻党和国家对教师队伍的要求,培育"四有好老师""四个引路人""大先生",做到"四个相统一",努力让教师做精于"传道授业解惑"的"经师"和"人师"统一者,助力培养一大批受人民欢迎的好教师,满足人民对优质师资的教育需求。教师的发展应该走在学生核心素养发展的前面。通过对教师核心素养和能力的把脉问诊,发现教师核心素养和能力的优势与短板,再经过高等师范院校、教师发展中心、中小学校等的精准建设,以及教师个人的主动发展,必将加速推进高素质、专业化、创新型教师队伍建设,为基础教育高质量发展提供坚实保障。

第三节 教师核心素养和能力研究的内容

基于教师核心素养和能力研究的战略需求和现实意义,本节主要阐述教师核心素养和能力研究的主要内容,首先明确研究对象与问题,然后基于研究问题确定研究内容,最后基于研究问题与内容划分子内容,并探讨子内容之间的相互关系,从而更好地明晰研究内容脉络。

一、研究对象与问题

本书在明确研究对象的基础上,提出教师核心素养和能力研究亟待突破的具体问题,便于对后续研究具体实施做出整体性规划。

(一)研究对象

本书研究对象是中小学教师核心素养和能力,即涵盖不同学段(主要包括小学、初中与高中,不含幼儿园与特殊教育)、不同学科的所有教师在从事教育教学和投身教研等立德树人活动中展现出来的具有核心价值的素养和能力。

(二)研究问题

根据本研究的综合性定位,依据教师核心素养和能力"是什么、如何测评、如何建设"的逻辑主线,研究沿着"学理研究—经验研究—测评研究—建设研究"的路径展开。

本研究的总体问题主要有三个：教师核心素养和能力是什么？如何测评教师核心素养和能力？如何建设教师核心素养和能力？对三个问题逐步细分，以确定研究内容。

二、研究内容

本书基于研究对象与问题，确定研究内容为教师核心素养和能力发展机理研究、经验研究、测评研究、建设研究，并进一步探讨这四个研究内容之间的关系，为本研究的顺利进行提供切实保障。

（一）教师核心素养和能力发展机理研究

本部分首先要明确教师核心素养和能力的内涵、构成要素与基本结构，进一步分析教师核心素养和能力发展的内生机理、外生机理，明确影响教师核心素养和能力发展的外部环境、内在动力，并探寻外部环境和内在动力如何作用于教师核心素养和能力的发展。该部分的核心在于从理论上循证"教师核心素养和能力是什么""发展机理是什么"的问题。

（二）优秀教师核心素养和能力发展的经验研究

本部分以优秀教师为例，剖析优秀教师专业发展过程中所具有的品质要素和能力要素，探寻优秀教师成长过程中的核心素养和能力发展要素，追问影响优秀教师核心素养和能力发展的关键因素，归纳总结优秀教师核心素养和能力的构成要素及影响因素。该部分的核心在于从实践上循证"教师核心素养和能力是什么""发展机理是什么"的问题。

（三）教师核心素养和能力的测评研究

本部分旨在厘清教师核心素养和能力测评的基本理论问题，对其进行系统的顶层设计（为什么评、为谁评、谁来评、评什么、怎么评），构建教师核心素养和能力测评指标体系，研制教师核心素养和能力测评工具，开展教师核心素养和能力调查，获取教师核心素养和能力的实践样态。该部分的核心在于构建教师核心素养和能力评估指标体系，回答"教师核心素养和能力如何测评""教师核心素养和能力现状怎样"的问题。

(四) 教师核心素养和能力发展的建设研究

本部分从国家、区域、学校等多层面开展建设研究，主要包括教师核心素养和能力发展的政策研究与组织文化研究两部分。教师核心素养和能力发展的政策研究，立足教师核心素养和能力发展的政策需求，分析我国现有政策的供给情况，研究如何补充与完善促进教师核心素养和能力发展的相关政策，并结合政策对教师核心素养和能力发展的作用路径，构建由政府、社会、学校共同组成的政策运行支持系统。教师核心素养和能力发展的组织文化研究，对促进教师核心素养和能力发展的组织文化进行本体探源，分析组织文化影响教师核心素养和能力发展的作用机制及关键因素，归纳优质学校组织文化的特征，系统研究促进教师核心素养和能力发展的学校组织文化。该部分的核心在于回答"如何建设教师核心素养和能力"的问题。

依据研究问题，本研究主要由四部分组成：教师核心素养和能力发展机理研究（研究内容1）、优秀教师核心素养和能力发展的经验研究（研究内容2）、教师核心素养和能力的测评研究（研究内容3）、教师核心素养和能力发展的建设研究（研究内容4，主要包括政策研究和组织文化研究）。各部分研究内容的关系具体如图1-1所示。四部分研究内容从理论建构、经验提炼、测试评估、政策保障、文化浸染等不同角度推进教师核心素养和能力研究。研究内容1和研究内容2主要回答"教师核心素养和能力内涵与特征、要素与结构、影响教师核心素养和能力发展的因素及其关系是什么"的问题。其中，研究内容1侧重质性分析和理论思辨，架构教师核心素养和能力的结构体系，分析教师核心素养和能力形成与发展的关键影响因素，探讨教师核心素养和能力形成与发展的各影响因素间的相互作用方式，为其他研究内容提供理论依据和基础；研究内容2侧重经验研究，通过对优秀教师发展经验的归纳概括，析出优秀教师的核心素养和能力构成的经验认识，获得教师核心素养和能力建设的经验指导，既与研究内容1构成呼应，也从经验入手为其他研究内容提供事实依据；研究内容3主要回答"如何测评教师核心素养和能力"的问题，构建教师核心素养和能力评估指标体系，开发教师核心素养和能力测评工具，对教师核心素养和能力现状进行测评；研究内容4主要回答"如何建设教师核心素养和能力"的问题：其一以政策建设为抓手，侧重国家宏观层面的建设；其二以组织文化为抓手，侧重学校组织文化微观层面的建设。

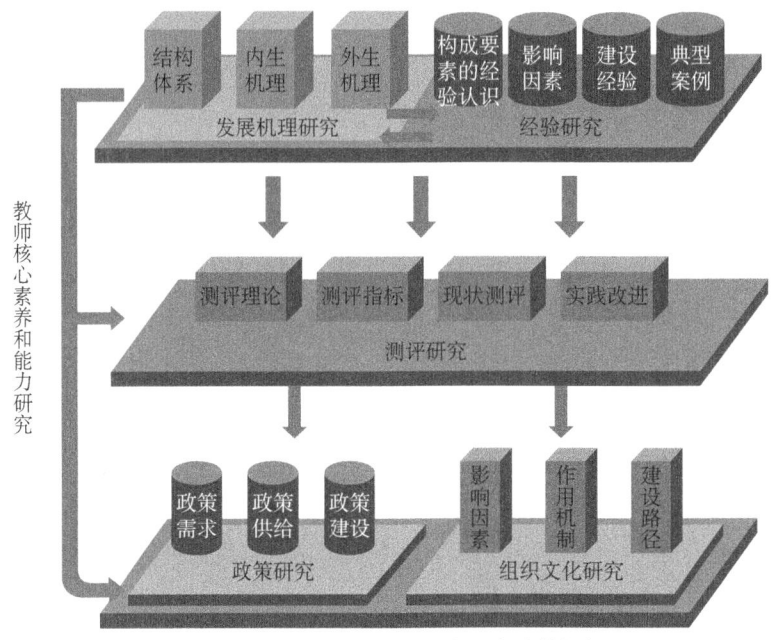

图 1-1 教师核心素养和能力研究总体框架

第四节 教师核心素养和能力研究的视角与方法

方法与问题不可分离，问题决定方法，方法为问题服务。基于上节的研究内容，本节进一步明晰研究的视角与方法。

一、研究视角

教师核心素养和能力是学科融合与跨学科的，本研究基于跨学科、多学科融合的视角开展理论与实践研究，借助实践唯物主义、需求层次理论等来透视教师核心素养和能力形成与发展的内生机理，借助政策学与组织行为学理论来谛视教师核心素养和能力形成与发展的外生机理；依托文化学、管理学等相关理论，通过对文化、组织文化、学校文化、区域文化等概念的梳理和辨析，力求明确促进教师核心素养和能力发展的组织文化；借鉴利益相关者以及 CIPP 等评价理论，立足国家教师教育政策制定与教师发展建设决策，统筹政府、学校、教师等重要利益相关者的需要，对我国教师核心素养和能力测评予以理性省思，构建教师核心素养和能力的测评框架，研发教师核心素养和能力测评工具，探寻人工智能大数据下的教师核心素养和能力智能诊断测评与施策。

本书借鉴循证教育的理念，开展教师核心素养和能力的研究。1999年，牛津大学的戴维斯（P. Davies）正式提出"循证教育"，将其定义为将个体教学与学习的专业智慧和来自外部系统研究的最佳证据相结合的一种教育范式[①]。其中，专业智慧是指教育者个人的经验或大众普遍认可的理论观点，最佳证据包括但不限于通过科学实证研究得到的科研成果。从戴维斯的定义可以看出，循证教育意味着在开展教师核心素养和能力研究时，不应仅仅基于经验证据进行教学实践决策，而应注重理论、科学研究成果和经验的有机结合，有机结合的多元证据是专业智慧的源泉。本研究力图通过教师核心素养和能力理论、教师政策、经验镜鉴、国际比较、实践样态等多元证据，对教师教育实践、教师教育理论与教师教育决策之间的一致性进行判断。

二、研究方法

本研究属于跨学科研究，以哲学、教育学、心理学、管理学、社会学、文化学等众多学科的相关理论做指导，从始至终均离不开演绎推理和逻辑思辨。除此之外，还主要用到如下方法。

（一）文献研究法

采用文献研究的方法，收集国内外相关文献，明晰教师核心素养和能力的内涵、要素、结构；搜集教育政策文本，探究教师核心素养和能力相关政策的发展脉络；收集国内外有关组织文化、学校文化、区域组织文化等方面的文献，阐释促进教师核心素养和能力发展的组织文化的意蕴。

（二）质性研究法

综合运用CiteSpace V、Nvivo 11.0、VOSviewer等软件，分析国际教师评估研究的热点领域与发展趋势，凝练教师核心素养和能力的测评指标，探明影响教师核心素养和能力发展的学校组织文化因素。

---

① Davies P. What is evidence-based education? British Journal of Educational Studies, 1999, 47(2): 108-121.

（三）比较研究法

采用比较研究法，对不同国家教师政策进行对比分析，厘清美国、英国、澳大利亚、新加坡、日本等国家关于优秀教师核心素养和能力的认识，探明典型国家优秀教师核心素养和能力的基本特征，将成果应用于促进我国教师核心素养和能力的发展。

（四）调查法

1. 访谈法

对国内知名教育学专家、教育行政管理者、教研员、一线教师等进行深度访谈，深入探寻关于教师核心素养和能力的构成要素、教师核心素养和能力形成与发展的影响因素，以及关于教师核心素养和能力发展的政策与组织文化建设相关问题。基于此构建教师核心素养和能力测评框架体系，细化教师核心素养和能力的测评指标，结合焦点小组（focus group）讨论的方式征询27位专家意见，综合问卷调查结果，最终建构了包括8个一级维度、22个二级指标、58个三级观测点、若干关键性表现的教师核心素养和能力测评指标体系。

2. 问卷调查法

对北京市、上海市、天津市、重庆市、山东省等31个省（自治区、直辖市）的3007名中小学教师进行抽样调查，征询关于教师核心素养和能力构成要素的意见，构建、验证和完善教师核心素养和能力测评指标体系，并征询山东省、河南省、内蒙古自治区、西藏自治区、新疆维吾尔自治区、上海市、江苏省等地教师意见，最终确定教师核心素养和能力测评指标体系。

基于教师核心素养和能力测评指标体系，研发专业化的教师核心素养和能力测评工具，选取代表性地区实施大规模测评，如对天津市4903名中小学教师实施了大规模测评。

在数据处理部分，借助SPSS软件处理的同时，与人工智能研究团队深入合作，针对此次测评开发的超参数优化法、随机森林方法，对教师核心素养和能力的实践样态进行智能诊断，并尝试对教师核心素养和能力发展规律进行循证。

第二章
教师核心素养和能力的理论审视

习近平总书记指出:"不忘历史才能开辟未来,善于继承才能更好创新。"[①]开展教师核心素养和能力研究,需要全面吸收和借鉴前人相关研究成果,站在更高起点上不断拓展和深化对于教师核心素养和能力的认识。本章基于已有研究,在明晰素养和能力内涵的基础上,进一步探讨教师核心素养和能力的内涵与构成要素,剖析教师核心素养和能力的影响因素,为教师核心素养和能力结构体系的构建及建设提供学理依据。

---

① 中国共产党新闻网:习近平在纪念孔子诞辰2565周年国际学术研讨会暨国际儒学联合会第五届会员大会开幕会上的讲话.(2014-09-25)[2023-08-11]. http://cpc.people.com.cn/n/2014/0925/c64094-25729647.html.

第一节 教师核心素养和能力的多维管窥

本节从历史和比较的视角概述国内外有关教师素养和能力的主要观点，明确教师核心素养和能力的内涵。

一、历史的视角

基于已有研究成果，本部分依次分析教师核心素养和能力，探究教师核心素养和能力的研究历程，明确教师核心素养和能力的内涵。

（一）教师核心素养

素养与素质既有联系又有区别，两者都指向个人相对稳定的心理品质，素质强调个人先天的生理基础，素养更偏重心理品质后天养成的过程，但在实践中，人们往往对素质和素养不加区分。教育部等四部门印发的《深化新时代职业教育"双师型"教师队伍建设改革实施方案》提出，"教师标准是对教师素养的基本要求"；《教育部关于实施全国中小学教师信息技术应用能力提升工程2.0的意见》中使用的是"教师信息素养"一词，由此可见，素养与素质已然成为同义词。《辞海》将素养界定为"修习涵养""平素的修养"[1]。《现代汉语词典（第7版）》将素养定义为"平日的修养"[2]。素养是由后天的养育、个体所受的各级各类教育、人生经历、个人已有生命实践积淀而成的[3]，其实质是人在后天习得的品质和态度，侧重后天习得的修养。对教师而言，其需要在教育过程中关注自身修养。正如张楚廷所说："教师们都明白，在进行素质教育时，自身素养的影响是很大的。当自己用自己的言行去影响学生而又必然力求有更好的影响时，自己也影响了自己，自己可能更加强自身的修养。"[4]这也正是马克思所讲的，人总是

---

[1] 辞海编辑委员会：《辞海（1999年版缩印本）》，上海辞书出版社2000年版，第1479页。
[2] 中国社会科学院语言研究所词典编辑室：《现代汉语词典（第7版）》，商务印书馆2019年版，第1248页。
[3] 叶澜：《"新基础教育"研究引发的若干思考》，《人民教育》2006年第7期，第4-7页。
[4] 张楚廷：《关注素质教育下的教师素养》，《中国高等教育》2006年第1期，第16-17页。

把自己"内在的尺度"运用于"对象",并在他所创造的世界中"直观自身"①。

将素养界定为个人修养一直是我国的传统认识,《归潜志》中的"士气不可不素养"、《汉书·李寻传》中的"士不素养,不可以重国"都强调个人修养。

我国较为重视教师素养的研究,但对教师素养的内在构成却众说纷纭,因素说、层次说、系统结构说等各种观点层出不穷。"因素说"将教师素养分为几种因素,这些因素构成了教师素养结构,但是关于其具体表现又存在分歧。五因素说认为教师素养结构包括教育观念、品德素养、文化素养、能力素养、身心素养等五个方面②。"层次说"有单层次说和多层次说之分:单层次说把教师素养分为生理素养结构层面、教师特有气质与个性结构层面、教师特有知识结构及能力结构层面;多层次说认为教师素养分为能力因素、非智力因素、体质因素,每一因素又可以分为四级。"系统结构说"将教师素养视为由动力系统、知识系统和能力系统构成的统一体。尽管上述观点表述不一、存有分歧,但多数研究者认同教师素养是多种素养的综合体,各素养具有功能互补和从属性。对于教师素养的学术研究,在教师教育实践活动中不同程度地促进了教师专业发展。

随着中国学生发展核心素养的提出和发布,学生发展核心素养成为教育领域的"热词",相关研究热潮席卷我国教育界。教师核心素养的意义以及构成要素也开始受到学界关注。譬如,有的研究者明确阐述了教师核心素养的意义:教师核心素养是培养学生创新能力与合作能力的前提③。有研究者认为应当从人的全面发展角度出发,教师核心素养应当是体现"促进人的全面发展、适应社会需要"这一要求的基本素养和能力④;其中,小学语文教师的核心素养是在小学语文教学组织与评价中体现出来的语文教育工具性、人文性、思想性素养⑤。有研究者初步提出了教师核心素养的构成要素:创新力是教师应该具备的核心素养⑥;理性思考是教师核心素养的首要条件,感性表达、有效沟通与反思能力是教师核心素养的重要部分⑦;挚爱是优秀教师核心素养⑧;心理健康是教师核心素养的构成

---

① 〔德〕马克思、〔德〕恩格斯:《马克思恩格斯选集·第1卷》,中共中央马克思恩格斯列宁斯大林著作编译局译,人民出版社1995年版,第47页。
② 邢丹、孙秀鸿:《21世纪基础教育教师素养探析》,《绵阳师范学院学报》2008年第6期,第116-118页。
③ 褚宏启:《学生核心素养及其培育——教育发展方式的转变》,《教育视界》2019年第1期,第4-7页。
④ 王陈丹:《建构主义视野下的美术教师核心素养》,《美与时代(中)》2016年第5期,第96-97页。
⑤ 胡晓容:《提高小学语文教师核心素养的对策》,《科学咨询(教育科研)》2016年第1期,第20-21页。
⑥ 葛建定:《创新力:教师应具备的核心素养》,《教育测量与评价(理论版)》2011年第11期,第60-61页。
⑦ 刘飞:《发展教师核心素养——实验创新与迁移素养》,《化学教与学》2018年第6期,第83-84页。
⑧ 姚跃林:《挚爱是优秀教师的核心素养》,《山东教育》2016年第36期,第64页。

要素①。

目前，学界对于教师核心素养的内涵和构成要素的瞩目成果还不多。迄今为止，学界对"教师核心素养是什么"仍无定论，有关教师核心素养构成要素的研究尚不系统，存在将教师核心素养与教师核心能力相混淆的现象。教师核心素养作为教师区别于其他职业最本质的特点，应该指向的是教师职业发展中最为核心的品性，当前研究对教师核心素养的基本理论研究尚未展开广泛讨论，这也正是本研究力图破解的问题之一。

(二) 教师核心能力

我国对教师能力的研究大致经历了三个阶段：萌芽期、发展期和成长期。萌芽期是指我国古代至中华人民共和国成立前的教师能力观，散见于我国的经典著作和人物论述之中，多是经验性的研究，侧重研究教师知识掌握和语言表达情况。发展期是自中华人民共和国成立至1999年，主要体现为教学能力本位的教师能力观，注重教师的基本教学能力，把教师能力等同于教学能力，对教师专业发展的重视程度不够。成长期指的是1999年至今，体现的是素质教育本位的教师能力观，对教师能力的研究更加系统，更加关注学生的主体性，将教师能力提高视为教师专业发展的关键要素。

由于对能力与智力、能力与技能、能力与知识等的理解不同，教师能力理论研究差异迥然，教师天赋能力理论、教师技能理论、教师胜任理论和教师潜力理论纷至沓来。朱旭东教授将教师能力理论分为结构性教师能力理论、教师能力三维度理论和基准性-鉴别性二维教师胜任力理论，其中，前两者的影响较大②。我国也有学者将研究视角聚焦在具体的课堂教学层面，如认为教师的教学能力包括组织教学能力、处理教材和运用资料的能力、课堂教学能力、交往能力，并在此基础上形成自己的教育艺术和教育机智③。进入20世纪90年代，研究的重点在教师的教学能力方面，有学者认为教师的教学能力主要包括教学认识能力、教学操作能力和教学监控能力，其中，教学监控能力是教师的教学能力结构中的高级形式，是其他教学能力和教学行为的调节中枢④。一些学者认为教师能力包括

---

① 李沐霖：《心理健康：教师的"核心素养"》，《湖南教育（D版）》2016年第12期，第47-48页。
② 朱旭东：《教师专业发展理论研究》，北京师范大学出版社2011年版，第99-108页。
③ 申继亮、王凯荣：《论教师的教学能力》，《北京师范大学学报（人文社会科学版）》2000年第1期，第64-71页。
④ 申继亮、辛涛：《论教师教学的监控能力》，《北京师范大学学报（社会科学版）》1995年第1期，第67-75页。

理解他人和与他人交往的能力、组织管理能力、教育研究能力等[1]。在对教师能力进行研究的过程中，许多学者意识到，教师能力作为教师从事教育活动的一种专业要求，必须通过相应的专业培养和实践训练才能逐步形成，其中，实践训练在教师能力的形成与发展过程中起着关键性的作用。教师能力是一个从低级向高级不断进阶发展的过程，这个过程是从外部和内部两方面进行的[2]。

管理学较为重视企业核心能力，并给出了具有一定共识性的界定，其中具有代表性的观点为：企业核心能力指的是企业开发独特产品、发展独特技术和发明独特营销手段的关键能力[3]。一些学者借鉴企业核心能力的含义，尝试界定教师核心能力。例如，朱超华将教师核心能力界定为：蕴涵于教师能力内质中、在教师能力系统中起主导作用、能使教师持续发展并在竞争环境中占据优势的专业能力，并依托系统论析出了设计能力、组织能力、预测能力、援助能力和评价能力，五大能力是教师核心能力的构成要素[4]；肖武平等将核心能力素质界定为：能把某职位中表现优异者与表现平平者区分开来的胜任素质或胜任特质，是一种潜在的较为持久的行为特征，包括人际沟通和影响力、成就导向、培养他人、个性特征、自我控制、专业化导向等要素[5]。李运华将教师职业核心能力界定为：教师顺利完成课堂教学任务的能力，包括监控授课能力、监控学情能力、监控教师情绪能力、监控教学反思能力[6]。也有研究者从教育学的角度将教师核心能力解读为教学规划和开发能力[7]，或反思能力、创新能力和终身学习能力[8]，或语言表达能力、课堂掌控能力、反思能力、创新能力、教育科研能力和终身学习能力[9]。

综上，学界对教师能力对于教师专业发展的意义认识越来越深刻，目前更加强调教师能力的可塑性，但关于教师能力、教师核心能力的界说还存有分歧。目前学界对教师核心能力的研究成果比对教师核心素养的研究成果更为丰富，但认

---

[1] 翟小宁、李学伟：《中学教师能力评价指标体系建构》，《教育研究》2010年第5期，第81-84页。
[2] 靳莹、王爱玲：《新世纪教师能力体系探析》，《教育理论与实践》2000年第4期，第41-44页。
[3] 陆杉：《供应链协同：基于核心能力理论的分析》，《企业经济》2008年第11期，第56-58页。
[4] 朱超华：《教师核心能力发展与教师管理模式变革的研究》，华南师范大学博士学位论文，2015年。
[5] 肖武平、翁汀辉、罗照盛等：《中学教师核心能力素质结构研究》，《新余高专学报》2006年第6期，第50-54页。
[6] 李运华：《教师核心能力视角下的小学教师课堂问题应对策略探析》，《教育探索》2016年第2期，第120-122页。
[7] 曾宝成、陈梦迁：《教师专业核心能力发展制度的知识基础》，《中国高教研究》2008年第12期，第48-51页。
[8] 吉丽娟：《新课程改革背景下教师核心能力分析》，《内蒙古电大学刊》2005年第8期，第67-68页。
[9] 谢战锋：《新形势下教师核心能力探讨》，《中国科教创新导刊》2007年第7期，第39-41页。

识存在较大分歧。教师核心能力应指向胜任教师职业和促进自身专业发展的关键能力,关于教师核心能力的基本理论亟待深入研究,这也正是本研究力图破解的问题之一。

二、比较的视角

立足国内外的研究成果,本部分通过分析和比较国内外学者的观点差异,为教师核心素养和能力内涵阐释奠基。

(一)教师核心素养

中世纪之前的西方特别重视修养,传统的"七艺"是最明显的例子[1]。工业革命之后,能力逐渐成为西方素养的内核。OECD 的"素养的界定与遴选:理念和概念基础"(Definition and Selection of Competencies: Theoretical and Conceptual Foundations)研究、PISA 以及欧盟委员会(European Commission)出版的《终身学习核心素养:欧洲参考框架》将素养的"能力说"推向世界,引起巨大反响。不过,这种过分强调能力的素养很大程度上遮蔽了个体本身的品质光辉,麦金太尔(A. C. MacIntyre)对此曾批评说:"我们确实所拥有的是道德的假象。我们仍在继续使用许多关键性词汇。但在很大程度上(如果不是自全部的话),我们在理论和实践(或道德)两方面都丧失了我们的理解力。"[2] "21世纪技能合作伙伴"(Partnership for 21st Century Skills)与美国教师教育院校协会(American Association of Colleges of Teacher Education, AACTE)联合发布的《21世纪预备教师的知识与技能》(21st Century Knowledge and Skills in Educator Preparation)中,对教师的核心素养做出了明确要求,分别是掌握技术性学科教学知识,遵照最新标准开展教学,运用多种教学方法,掌握学生发展心理规律,会使用多种方法评估学生,积极参与学习化社区活动,注重与同事合作,会创建多种情境教学,终身学习[3]。欧盟在多次教育会议中明确教师核心素养包括特定的学科知识;教育专业技能,如课堂的应对能力,熟练运用信息通信技术,能够

---

[1] 西方世界中的"七艺"源于古希腊的雄辩术、修辞学和文法,后期又有"四艺"之说,即算术、几何、天文和音乐。进入古罗马时期,文法、修辞、逻辑、算术、几何、天文、音乐成为教育的主要内容。约公元6世纪,著名学者卡西奥多鲁斯(F. M. A. Cassiodorus,约485—580年)把文法、修辞、逻辑("三艺")和算术、几何、天文、音乐("四艺")合并称为"七种自由艺术","七艺"由此得名。

[2] 〔美〕A. 麦金太尔:《德性之后》,龚群、戴扬毅等译,中国社会科学出版社1995年版,第4-5页。

[3] Partnership for 21st Century Skills, AACTE. 21st Century Knowledge and Skills in Educator Preparation.(2010-09-11)[2023-06-04]. https://files.eric.ed.gov/fulltext/ED519336.pdf.

培养学生的创新精神、数学能力、语言能力等横向能力，创设安全宜人的学校氛围；文化或态度层面，包括反思精神、研究意识、创新精神、合作精神与自主学习意识①。美国《21世纪预备教师的知识与技能》与欧盟对教师核心素养的界定更倾向于从能力视角进行，缺少内蕴的品性规定。由此可以看出，西方语境下的教师核心素养往往局限于能力，忽视了人本身潜在的多种品质，欠缺精准，不足以体现教师核心素养的丰富性。

（二）教师核心能力

国外对能力问题的研究源远流长，主要集中在三大领域：一是在心理学范畴内对能力的研究；二是对企业核心能力的研究；三是对职业能力的研究。英语中与"能力"相关的词有 ability、aptitude、literacy、skill、competence、competency、proficiency 等。其中，"ability"侧重后天习得的特别能力，"aptitude"侧重天赋能力，"literacy"和"skill"偏重应试学力②；对于真实学力，职业教育倾向使用"competence"，普通教育沿用"competency"，评价领域一般使用"proficiency"。近年来，国际研究中多采用"ability"作为职业能力的标准用词，侧重能力的可培养性。

词义的丰富性导致"能力"解释的复杂性，但基于职业的"能力"（ability），在英语语境下具有一种可以后天培养的性质，可塑性或者发展性是其重要内涵。在国内，对"能力"的解读多从心理学视角出发。能力被看作"一种心理特征，是顺利实现某种活动的心理条件"③。

国外研究者更多聚焦于教师能力的研究，研究脉络可分为三个阶段④。

第一个阶段为20世纪之前，这一时期整体表现为经验性研究，对教师的研究多是从经验总结的视角切入，缺乏有效的科学研究手段。

第二个阶段为20世纪初至80年代，主要表现为利用心理学和量化研究方法研究教师能力。1958年，美国颁布《国防教育法》，强化自然科学、数学和现代外语的教学，对教师的专业能力提出了新的要求⑤。苏联学者也曾提出12项能

---

① 王美君、顾盼斋:《论国际视野中的教师核心素养》，《天津师范大学学报（社会科学版）》2018年第1期，第44-50页。
② McClelland D C. Testing for competence rather than for "intelligence". American Psychologist, 1973 (28): 1-14.
③ 彭聃龄:《普通心理学（第5版）》，北京师范大学出版社2019年版，第408页。
④ 朱旭东:《教师专业发展理论研究》，北京师范大学出版社2011年版，第99-102页。
⑤ 吴式颖、李明德等:《外国教育史教程（第3版）》，人民教育出版社2015年版，第411页。

力：①对儿童要有感情；②能根据儿童的年龄，条理清楚、明白易懂地给儿童传授知识；③语言表达能力；④观察力；⑤感召力；⑥交际能力；⑦组织能力；⑧忍耐力和自制力；⑨善于控制自己的感情和情绪；⑩业务能力；⑪教学的想象力；⑫善于分配自己的精力[①]。

第三个阶段为 20 世纪 80 年代至今，研究成果丰富且聚焦，主要集中在教师胜任力方面，侧重分析教师胜任力的构成要素。毕斯考夫（T. Bisschoff）与格勒步勒（B. Grobler）对 1265 名教师实施胜任力调查，初步凝练了学习环境、教师的专业承诺、教师的教育基础、教师的反思、教师的合作能力、有效性和领导风格这些方面的教师胜任能力，并在此基础上利用结构化问卷进一步析出教育胜任力和协作胜任力两个主要因素[②]。丹尼尔森（Charlotte Danielson）认为教师胜任特征模型有四个维度：计划与准备、教师环境监控、教学和专业责任感[③]。对教师胜任力的研究为制定优秀教师专业标准奠定了基础。在胜任力模型基础上，美国全国专业教学标准委员会（National Board for Professional Teaching Standards，NBPTS）制定了优秀教师资格认证标准，强调优秀教师应该具备的知识、能力、态度和责任心，拥有有关人文科学和自然科学方面广阔的知识；拥有所教科目的专门知识及所包含的技能，如怎样组织课程、怎样组织和体现知识内容等；拥有一般的教学知识和特殊科目的教学法及评价学生学习的知识；拥有有关学生和人类发展的知识；拥有对来自不同民族和不同社会经济背景的学生实施有效教学的技能；拥有从学生的利益出发理智地运用这些知识的能力等[④]。

教师能力研究虽然是一个老话题，但仍是教育领域中不可忽略的内容。在教师能力具体分类研究中，学者更侧重于对教师能力的结构进行研究，主要探讨教师能力的构成要素，比较有代表性的观点为中小学教师能力主要有教学能力、管理能力、反思能力、科研能力、创造能力、信息技术运用能力与自学能力等。众多的研究者均从自身的理论逻辑出发对教师能力进行系统建构，反映出对教师能力进行系统建构的必要性。

---

① C. 涅德巴耶娃、黄云英：《教师必须具备哪些能力》，《外国教育资料》1982 年第 6 期，第 42-44 页。
② Bisschoff T, Grobler B. The management of teacher competence. Journal of In-Service Education, 1998, 24 (2): 191-211.
③ Danielson C. Enhancing Professional Practice: A Framework for Teaching. Alexandria: Association for Supervision and Curriculum Development, 1996.
④ 转引自朱旭东：《教师专业发展理论研究》，北京师范大学出版社 2011 年版，第 109-111 页。

第二节 教师核心素养和能力的内涵意蕴

教师核心素养和能力属于组合概念，本节从"教师""核心""素养""能力"来剖析教师核心素养和能力的概念内涵，分析出其具备的三大特征：共同性、统帅性与可建设性。

一、教师核心素养和能力的内涵

职业是社会分工的产物，劳动对象、劳动工具以及劳动形式的不同造成职业的千差万别。尽管划分职业的标准各有差异，但不同职业表现的特征是一致的，社会性、规范性等构成了职业的主要特征。对于教师职业而言，促进学生全面而有个性发展，乃至促进社会发展是其社会性的主要内涵。遵守教师职业道德规范是教师职业规范性的内在要求，探讨教师核心素养和能力不能脱离教师的职业特性，同时还应揭示其本质。鉴于"教师核心素养和能力"属于组合概念，通过分析"教师""核心""素养""能力"四个子概念的本质属性，本书认为"专业""促进社会发展""促进学生发展"等是教师核心素养和能力概念中应呈现的关键词，对关键词采用叠加和层层递进的方式加以界定，形成教师核心素养和能力的概念，便于更好把握教师核心素养和能力的内涵与基本特征。

（一）教师的本质属性分析

基于对教师的特殊身份、特殊的职业功能及社会对其专业性要求，教师的核心素养和能力应凸显教师身份的专业性。教师是履行教育教学职责的专业人员，但仅凭这一界定，无法对教师职责及身份进行清晰解读。"特质模式"认为，专业是基于专业知识和职业道德而建立起来的职业群体[①]。这意味着教师作为专业人员必须具备专业知识和职业道德，且应该具有特殊的素养，具备相应的能力。基于这一点，教师核心素养和能力的概念界定应体现出"专业"内涵。

"特质模式"认为，衡量专业的一个重要标准是它具有不可替代的社会功能。从教师职业的功能来看，其本体功能是发展人，促进学生的健康发展；其社

---

① 吴金辉：《教师专业发展的理论与实践》，中国传媒大学出版社2006年版，第1-2页。

会功能是通过为社会培养高质量、高素质的国民，提高国家的政治、经济、文化水平；其固有功能是促进教师自身发展，使教师在专业实践的过程中获得成长，获得尊严，获得幸福与快乐。促进学生发展、社会发展、教师自身发展，这是教师职业特有的，其他职业无法替代的功能。基于这一点，教师核心素养和能力的概念界定应指向于促进"学生发展""社会发展""教师自身专业发展"。

在"特质模式"看来，要使专业人员提供专门服务，需借助特殊之力对其进行培养[①]。将教师视为专业人员并非表示教师已经达到了专业水准与专业要求，而是将教师作为持续发展的个体，依照社会对教师的定位和期望，促进教师不断努力，不断追求专业成长，不断提升专业地位。"权力模式"认为，教师的工作必须体现国家意志。国家和政府通过设定行业标准和专业操守等方式对教师的专业性进行规范[②]，指导教师不断进行专业提升，以达到专业要求。因而，教师核心素养和能力的概念界定应体现教师成长发展过程，以体现"为了适应教师的职业要求"的发展目标。

（二）核心素养和能力的本质属性分析

基于对教师核心素养和能力特殊的时代背景、逻辑起点、归属与向度的分析，本书认为教师核心素养和能力概念应体现社会动力性、个体动力性，应落脚于核心素养和能力并体现关键性。

教师核心素养和能力的提出是对知识时代、信息时代的回应，是对"未来社会需要什么样的教师"的回答。教师核心素养发展的重要驱动力包括时代与科技变革、经济与社会发展[③]。教师核心素养和能力的研究必须考虑时代变化赋予教师的全新职能[④]。基于以上分析，本书认为，教师核心素养和能力的概念界定应反映出当前社会变化对教师发展提出的新要求，在概念阐述上应具有"为了适应社会发展"的语义表达。

核心素养和能力的一端联结着"社会需求"，另一端联结着"人的需求"。OECD 认为，核心素养要反映对个人需求的关注，要能帮助个人满足各个生活领

---

① 劳凯声：《教师职业的专业性和教师的专业权力》，《教育研究》2008 年第 2 期，第 7-14 页。
② 王晓莉：《教师专业发展的内涵与历史发展》，《教育发展研究》2011 年第 18 期，第 38-47 页。
③ 周平艳、魏锐、刘晟等：《提出 21 世纪核心素养的驱动力研究》，《华东师范大学学报（教育科学版）》2016 年第 3 期，第 22-28 页。
④ 王光明、张永健、吴立宝：《教师核心能力的内涵、构成要素及其培养》，《教育科学》2018 年第 4 期，第 47-54 页。

域的重要需求并带来益处[①]。心理学范畴下的能力是一种个体的能力，教师核心能力研究的重要逻辑起点是教师个人的成长需求。基于以上分析，本书认为，教师核心素养和能力的概念界定应体现和反映出对教师专业发展需求的关照，应具有"为了教师自身发展"类似的表述。

形式逻辑学的概念界定以"邻近属+种差"方式进行，教师核心素养和能力的邻近属是素养和能力，种差是核心。在我国，素养主要被理解为"修习涵养""平素的修养"，这说明素养落脚于修养和品性，强调通过平日的训练和实践积累形成。"能力"一词侧重"能胜任""能完成"[②]。因此，教师核心素养应强调内蕴性，核心能力应强调外显性。教师核心素养和能力的概念界定应将"品性和能力"作为落脚点。

教师核心素养和能力不同于其他素养和能力，而是具有核心性的教师素养和能力，需要对"核心"二字做深入解读。《现代汉语规范用法大词典》认为，核心侧重在事物中起主要作用或中坚作用的部分[③]。综合以上观点，本书认为，核心具有决定作用、主要作用、领头作用，强调对事物发展的统帅引领，所以教师核心素养和能力的概念界定应体现出"统帅"二字。

（三）教师核心素养和能力概念的形成

通过以上对"教师"和"核心素养和能力"本质属性的分析，本书认为，教师核心素养和能力的概念界定中应体现出"专业""发展""适应需求""统帅""品性""能力"等核心词，进而采用叠加和层层递进的方式，完成教师核心素养和能力的概念界定，具体过程如下：教师核心素养和能力落脚于品性和能力，所以，概念界定应该是"教师核心素养和能力是教师应具备的……品性和能力"；教师核心素养和能力应凸显专业性，所以"教师核心素养和能力是教师应具备的……专业品性和能力"；教师核心素养和能力应体现统帅性，所以"教师核心素养和能力是教师应具备的……具有统帅作用的专业品性和能力"，将"为了适应社会的发展需求""促进自身专业发展""为了适应教师自身职业要求"等叠加，将教师核心素养后天养成的途径具体化为外部培训与自身努力，外部培训包括教师接

[①] OECD. The Definition and Selection of Key Competencies: Executive Summary. (2005-05-27) [2023-06-05]. https://www.oecd.org/pisa/definition-selection-key-competencies-summary.pdf.

[②] 朱超华：《教师核心能力论》，广东高等教育出版社2007年版，第25页。

[③] 周行健、余惠邦、杨兴发：《现代汉语规范用法大词典（上卷）》，学苑出版社1997年版，第440-441页。

受和参与教师教育，自身努力则融于自身所从事的教育教学及教研活动中。

综上，本书将教师核心素养和能力概念界定为：教师在接受和参与教师教育、从事教育教学以及投身教研等活动中形成和发展的，能适应社会发展需求、教师职业要求，并能促进自身专业发展的具有统帅作用的专业品性和能力。

二、教师核心素养和能力的特征

本部分依据教师核心素养和能力概念，结合社会学、政策学、教育学等多重理论，探寻教师核心素养和能力的特征，为凝练教师核心素养和能力的构成要素奠基。

（一）共同性

根据概念"教师核心素养和能力是在接受和参与教师教育、从事教育教学以及投身教研等活动中形成和发展的"，教师核心素养和能力的形成与发展贯穿于教师职前培养、入职、在职以及职后等各个阶段，映射到新手教师、成熟教师、专家教师等各类教师，涉及小学、中学等各个学段，是所有中小学教师应具备的素养和能力。

从社会学的角度来看，概念中提及的"教师核心素养和能力是教师能够适应社会发展需求的专业品性和能力"，说明教师核心素养和能力可折射出教师群体素养和能力与社会变迁的联系，体现了教师群体对大数据、人工智能等不断发展的新技术的积极应对，体现出所有教师对社会发展需求的适应。从政策学的角度来看，概念中提及"教师核心素养能力是教师能够适应教师职业要求的专业品性和能力"，这一点凸显了《小学教师专业标准（试行）》《中学教师专业标准（试行）》等国家政策制度对教师群体的职业行为、职业态度、职业方式的规范要求，体现出对所有教师的职业要求。从生命哲学的视角来看，概念中提及"教师核心素养和能力是促进教师自身专业发展的专业品性和能力"，这一点关照教师群体生命意义的建构，在促进学生发展的同时更帮助教师重构生命价值，这种建构以个体形态开始却以群体形态完成，体现出对所有教师专业发展的促进。

将共同性作为教师核心素养和能力的首要特征，不同于将核心素养和能力视为教师的高级素养和能力[①]，意在强调教师核心素养和能力不是指向某个教师、

---

① 张华：《论核心素养的内涵》，《全球教育展望》2016年第4期，第10-24页。

某类教师的素养和能力,而是所有教师应具备的素养和能力。

(二)统帅性

相较于非核心素养,教师核心素养和能力具有统帅性,能够统领其他素养和能力,共同促进教师专业发展。从系统学的视角来看,系统内部的所有要素是作为一个相互作用的整体而存在的,系统内所包含的元素(节点)所具有主动性和能动性的强弱影响着元素间相互作用的方式①,其中,系统内占支配地位的要素决定着要素间冲突的性质和系统发展方向②。将教师素养和能力作为一个系统,教师核心素养和能力与非核心素养和能力各元素之间发生非线性相互作用。相较于非核心素养和能力,教师核心素养和能力所包含的节点主动性与能动性更强,以点带面,更能促进其他节点的不断完善,增强教师素养和能力体系的适应性,从而对教师专业发展起统帅作用。

将统帅性作为教师核心素养和能力的重要特征,不同于将核心素养和能力看作基础性素养和能力③。如前文所述,"核心"具有决定作用、主要作用、领头作用。借鉴袁恩桢关于市场的基础性作用与决定性作用的认识④,我们认为,如果强调教师核心素养和能力对教师专业发展起基础性作用,那么非核心素养和能力就是在弥补核心素养的不足;如果强调教师核心素养和能力对教师专业发展起决定性作用,那么非核心素养和能力就受核心素养和能力的统帅(图2-1)。相比基础性,统帅性更能表明教师核心素养和能力在教师专业发展中的作用。

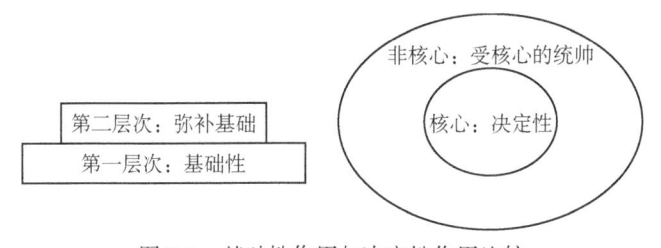

图 2-1 基础性作用与决定性作用比较

---

① 梅莉:《基于复杂系统科学视角下的网络组织理论研究》,《技术经济与管理研究》2015 年第 12 期,第 27-31 页。
② 李小平:《从动力学的观点看冲突和冲突的干预》,《江苏社会科学》2011 年第 2 期,第 15-21 页。
③ 常珊珊、李家清:《课程改革深化背景下的核心素养体系构建》,《课程·教材·教法》2015 年第 9 期,第 29-35 页。
④ 袁恩桢:《从市场的基础性作用到决定性作用的演变》,《毛泽东邓小平理论研究》2014 年第 1 期,第 25-28 页。

(三)可建设性

根据概念"教师核心素养和能力是教师在接受和参与教师教育、从事教育教学以及投身教研等活动中形成和发展的"可知,这一概念与"先天论"的观点截然对立[①],教师核心素养和能力更加强调后天形成与发展,侧重养成性。意向图式理论中的"道路隐喻的映射模型"告诉我们,发展一方面强调发展方向与发展结果(对应图 2-2 中 A 地到 B 地的二维空间变化)[②],另一方面强调发展效率、发展外力、发展进度(对应图 2-2 中开始到结束的时间与做功)[③]。这与基于差异的发展哲学对于发展的理解保持一致。基于差异的发展哲学认为,发展的实质是"求差",是个体打破原来的平衡格局,取得一种表现出与自己既往或与别人不同的具有正向意义的差别(正向意义强调发展方向);发展的动力是发展需求与发展存在之间的差异;发展的过程要兼顾发展成本和发展收益(强调发展效率)[④]。

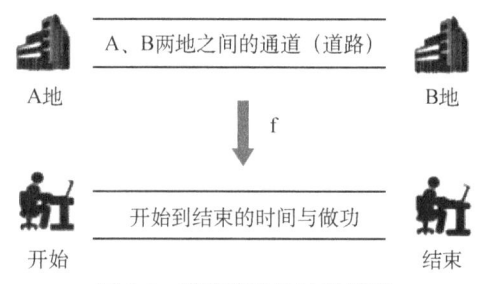

图 2-2 道路隐喻的映射模型

根据概念"教师核心素养和能力是教师能适应社会发展需求、教师职业要求,并能促进自身专业发展的具有统帅作用的专业品性和能力",教师核心素养和能力的发展所求之差即为教师个体发展不平衡不充分的现状与社会发展需求(公民关于教育日益增长的高品质要求)和教师职业要求(教师对自身专业发展的美好要求)之间的矛盾。为了高效、充分地解决这一矛盾,需要提高教师发展效率,避免低效建设。党的二十大报告指出,"加快建设教育强国、科技强国、

---

① 丁念金:《析"中国学生发展核心素养"研究成果的五十个不足》,《教育导刊》2018 年第 1 期,第 5-11 页。
② 图 2-2 中,B 地表示发展的目的地,可被视为发展方向;发展意味着由 A 地到达 B 地,"到达"意在强调发展结果。
③ 图 2-2 中,开始到结束的时间与发展效率有关;做功与发展外力、发展方向、发展进度有关。具体来说,做功是物理学中的术语,经典力学中的"做功"的定义为:当一个力作用在物体上,并使物体在力的方向上通过了一段距离,力学中就说这个力对物体做了功。做功的两个必要因素是作用在物体上的力和物体在力的方向上通过的距离,前者强调发展要有外力;后者强调发展要有方向、有进度。
④ 王众托:《系统工程引论(第 4 版)》,电子工业出版社 2012 年版,第 8 页。

人才强国,坚持为党育人、为国育才,全面提高人才自主培养质量,着力造就拔尖创新人才,聚天下英才而用之",这就对加快建设教师核心素养和能力提出了新要求。党和国家政策及组织文化是重要推动力量。通过教师治理,课题组精准开展政策与组织文化建设,靶向教师核心素养和能力的形成和发展,凸显教师核心素养和能力的可建设性。

三、教师核心素养和能力的关系

共同性、统帅性与可建设性分别从教师核心素养和能力指向的人群、对教师专业发展的作用及其形成过程三个方面进一步框定了教师核心素养和能力所具有的三个特征。任何一个特征都不足以自证教师核心素养和能力。教师核心素养和能力的三个特征是一个有机统一的整体,其要素构成必须同时满足三个特征,此为遴选教师核心素养和能力的一个指标。

教师核心素养是教师在接受和参与教师教育、从事教育教学以及投身教研等活动中形成和发展的,能够适应教师职业要求和自身专业发展所必需的关键的专业品性,具有共同性、统帅性和可建设性。"共同性"是指全体教师都应该具备的共有素养;"统帅性"是指统领其他素养,是具有上位特征的素养;"可建设性"是指教师核心素养的形成不是一蹴而就的,而是在教师专业成长过程中生成、更新、变化的,是通过教师教育培养与培训、教师教育治理等教师专业建设活动以及个人学习和教育实践获得的。

教师核心能力是教师在接受和参与教师教育、从事教育教学以及投身教研等活动中形成和发展的,能够适应教师职业要求和自身专业发展所必需的关键能力,具有共同性、统帅性和可建设性。"共同性"是指全体教师都应该具备的共有能力;"统帅性"是指教师从事教育教学活动所需要的具有统领地位和包容性的能力;"可建设性"是指教师核心能力的形成不是一蹴而就的,而是在教师专业成长过程中生成、更新、变化的,是通过教师教育培养与培训、教师教育治理等教师专业建设活动以及个人学习和教育实践获得的,具有可发展的特性。

教师核心素养和核心能力两者都是教师专业发展中必须具备的关键要素。袁枚《续诗品·尚识》中有云:"学如弓弩,才如箭镞。识以领之,方能中鹄(鹄:箭靶的中心)。"教师核心素养作为具有统帅作用的内蕴专业品性,侧重教师的"识"和"德";教师核心能力作为具有统帅作用的外显能力,侧重教师的"才"。立德树人是教师教育教学活动的"鹄",教师核心素养和能力中的"识"

如弓弩,"才"如箭镞,"德"以领之,方能中"鹄"。教师核心素养和能力,内外交融,一隐一显,实现互联互通,从两个方面共同指向立德树人根本任务的贯彻落实,旨在更好地促进教师专业发展。

第三节 教师核心素养和能力的影响因素

世界上的事情是复杂的,是由诸多方面的因素决定的,教师核心素养和能力也不例外。教师核心素养和能力的发展,既受教师个体内因的影响,同时也受外界环境的影响。教师核心素养和能力的发展是内因与外因交互关联、共同作用的结果[①]。教师个体实践、教师政策和学校组织文化等均是影响教师核心素养和能力发展的重要因素。

一、个体实践

唯物辩证法强调,环境会影响人的发展,但环境对人的影响需要通过个体的实践活动来实现。内因是事物变化和发展的根本,是事物运动的源泉和动力。教师的个体实践是影响教师核心素养和能力发展的内驱动力,具体包括教师的教育教学实践活动、教科研活动、参与学校管理等活动。

教师的教育教学实践活动是教师核心素养和能力发展的源头。在实践活动中,教师逐步成长,实现由适应客观环境到追求自我实现的动态发展[②]。在不断的实践中,教师逐步超越现有外部条件的限制,创造新的条件,不断生成和发展自身素养和能力。与此相反,缺少教育教学实践活动的教师,则缺少发展的根基,无法回应国家及时代的发展需要、学校的办学需求和学生的学习需求。

教师的教科研活动是教师核心素养和能力发展的重要载体。基础教育改革实践已经促使中小学校长和教师充分认识到教科研活动对教师专业发展的重要价

---

① Wang G, Kang Y, Li F, et al. An evidence-based study on the current status of Chinese secondary school mathematics teachers' autonomous learning capacity across demographic and contextual factors. Frontiers in Psychology, 2022 (13): 1042838.

② 申燕、吴琳娜、张景焕:《优秀教师成长历程的质性研究》,《当代教育科学》2009 年第 6 期,第 25-29 页。

值。教师对自身专业发展的认识、理解和信念并不来自外部环境,而是从个体内部建构的。教师通过参加教科研活动,不断更新自己的知识与经验,从而有效克服自身经验的局限性和片面性,促使自身核心素养和能力的不断跃升,真正实现教科研的带动作用。

教师参与学校管理是教师核心素养和能力的重要实践形式。学校是教师专业成长的重要场域,参与学校管理是促进教师成长的活动之一。教师在参与学校管理过程中更深刻地理解教育的社会属性,更深入地了解教师团队之间的沟通合作,从而促使教师不断增强包括沟通合作能力在内的核心素养和能力。

总之,教师的个体实践是促进教师核心素养和能力发展的内部动因,外界环境对教师的各种需求和要求终归要通过教师的实践活动来实现。教师只有置身实践之中,方能不断超越自我,实现教师核心素养和能力的切实发展。

二、教师政策

教师专业素质的建设需要树立科学的教育发展观,高度认识加强教师队伍素质建设的战略意义,建立健全教师队伍素质建设的政策机制。教师政策是党和国家为调动教师的积极性,提高教育质量,对教师的要求及待遇方面做出的准则性的规定[①]。尤其是改革开放以来,我国颁布了一系列政策文件,规范和促进了中小学教师队伍建设。改革开放以来的教师政策的重点虽然不尽相同,但提升教师职业吸引力、提高教师培养质量、加大教师培训力度、激发教师专业发展活力均是加强教师队伍建设的重要举措。

(一)以地位和待遇为抓手,提升教师职业吸引力

OECD 的研究表明,世界上半数以上的国家都在担心优质教师和紧缺学科教师的供给问题[②]。提升教师职业吸引力不仅能够吸引优质人才从教,保障优质教师供给,还能改善教师队伍结构,缓解紧缺学科教师供给不足的问题。正因如此,教师职业的吸引力已成为世界各国教师政策的重要关注点。提高教师社会声望和福利待遇,增强教师的职业认同感和专业自主权是世界上大多数国家尤其是教育强国的普遍做法。例如,芬兰在 PISA 测评中多次位居世界前列,该国教师

---

① 孙绵涛:《教育政策论:具有中国特色的社会主义教育政策研究》,华中师范大学出版社 2002 年版,第 318 页。

② 转引自谌启标:《教师教育改革政策的国际比较研究》,法律出版社 2014 年版,第 7 页。

具有较高的社会地位，成为最吸引年轻人的职业，同时芬兰教师也有较高的专业自主权，能够全权处理课程大纲、学生评估、校园改善和社会参与，甚至被赋予拥有更多坚持己见的自由和权利，因此教师的职业认同感、职业幸福感和职业忠诚度同样居于世界领先位置[①]。

改革开放以来，为提升教师职业吸引力，我国高度重视提高教师地位，保障教师工资与福利。在恢复发展时期，国家对师范生实施单独招生、提前录取、公费教育、毕业分配工作等政策优惠，并通过设立教师节、建立特级教师荣誉制度等，提高教师的社会地位，提高并保障中小学教师工资待遇，以此来提升教师职业的吸引力。在法制规范时期，除了延续上一阶段的政策举措之外，我国还通过立法确立了教师的专业地位，对教师的工资及福利待遇的保障也更加具体，不仅明确规定了教师的平均工资水平不低于或者高于国家公务员的平均工资水平，还完善了对教师津贴、住房、医疗等方面的法律保障。在振兴发展时期，为进一步吸引优秀人才从教，国家实施免费师范生政策，扩大教育硕士招生名额，将优质教育资源向师范生倾斜，同时加大对优秀教师的表彰力度，通过引导社会舆论，积极营造尊师重教的社会氛围，以提升教师的社会地位。进入新时代，党和政府在提升教师职业吸引力方面除了继续落实关于教师地位待遇的各项举措外，还首次明确教师为国家公职人员，并将提升教师的政治地位、社会地位、职业地位作为教师队伍建设的目标。党的二十大报告中进一步强调"弘扬尊师重教社会风尚"，彰显了党和政府努力增强教师职业认同感和提升职业幸福感的决心。

（二）从"合格"走向"卓越"，不断提高教师培养质量

职前培养是促进教师专业发展的首要环节。改革开放至今，我国教师政策一直为扩大教师培养规模、提升教师培养质量保驾护航，教师培养的价值取向逐渐从"合格"走向"卓越"。改革开放初期，教师队伍数量严重不足，制约了教师培养质量的提升。为尽快培养合格教师，在恢复发展时期和法制规范时期，国家大力发展师范教育，鼓励非师范院校参与师范生培养，扩大教师培养规模，以缓解教师数量不足问题。伴随教师数量问题的基本解决，提升教师培养质量的需求日益凸显。

振兴发展时期，社会的进步推动教师培养的价值取向逐渐由"合格"走向"卓越"。21世纪以来，国家通过采取一系列强有力的举措，提升了教师培养质

---

① 沈伟、李倩儒：《教师地位及其支持制度的国别比较：基于中国、日本、韩国、芬兰、以色列的考察》，《外国教育研究》2020年第10期，第39-53页。

量。首先，加强师范生生源建设。在教育部直属师范大学开展公费师范生教育，以优质的平台吸引优秀人才从教，从源头上加强中小学教师队伍建设。其次，实施卓越教师培养计划。改革教师培养模式，提出大学、政府、中小学"三位一体"的协同育人模式，鼓励多方参与教师培养，以丰富的资源保障师范生培养质量。再次，相继出台《教师教育课程标准（试行）》《小学教师专业标准（试行）》《中学教师专业标准（试行）》《普通高等学校师范类专业认证实施办法（暂行）》等政策文件，国家通过建立教师相关标准，对教师培养过程和质量进行规范与管理，并将其作为师范专业认证以及各种层次教师培训质量循证的要素。最后，改革教师资格制度，严格把好"入口关"。

进入新时代，教师的角色与使命有了新的内涵。《中共中央 国务院关于全面深化新时代教师队伍建设改革的意见》《教师教育振兴行动计划（2018—2022年）》《新时代基础教育强师计划》等文件为新时代"卓越"教师的培养做出了部署，促使新时代教师向着践行立德树人根本任务，在实现"高素质专业化创新型教师队伍"的建设路径上不断砥砺前行。

（三）以服务教师专业成长为旨向，全方位加大教师培训力度

教师培训是促进教师专业发展的主要环节。从恢复发展时期为满足合格教师要求，以学历补偿为主的职后培训，到法制规范时期以适应素质教育改革需要，补充知识、提升技能为主的继续教育，再到振兴发展时期以促进专业发展为主的分级、分类、分科的专项培训，我国教师培训的人力、物力、财力投入在不断增加，教师培训的覆盖面和影响力在不断扩大，教师培训的制度在不断完善[①]。尤其是 2010 年，教育部"国培计划"全面启动，国家加强教师培训的顶层设计、示范引领，使得教师培训的专业化程度大幅提升：培训形式不断丰富，短期集中培训、远程培训、置换脱产研修、名师工作室建设、线上线下相结合的混合式研修等相继开展；培训方式不断创新，参与式学习、体验式学习、行动学习、现场学习、网络学习等推陈出新；培训层次分类更加细化，《中小学幼儿园教师培训课程指导标准》的出台为不同学科、不同发展阶段甚至不同教学能力水平的教师提供了培训指导与质量循证的依据，确保了"分层培训""按需施训"的实效。

当前，按时完成规定学时的教师培训已成为中小学教师资格五年一周期定期

---

① 廖晶、王光明：《中小学数学教师"五高"培训模式的建构与应用》，《数学教育学报》2017 年第 5 期，第 17-19 页。

注册的必要条件。进入新时代,教师教育新体系得以完善,教师教育的社会保障体系和运行机制不断完善,多元化的教师教育师资队伍建设得以充分重视,教师教育师资队伍正在成为促进基础教育教师专业成长、提升教师培训质量的生力军。

(四)以管理体制改革为突破口,不断激发教师专业发展活力

教师管理体制是促进教师专业发展的外部保障。管理体制合理与否在相当程度上决定了教师专业发展活力的强弱。改革开放以来,我国教师政策围绕教师资格制度、教师聘任制度、教师职称制度、教师资源配置、教师工资待遇等方面持续深化改革,不断激发教师专业发展的热情与活力。首先,严格教师资格准入,实行教师资格定期注册制度,注册不合格者不得从事教育教学工作,适度增加教师专业发展压力。其次,通过建立教师聘任制度、完善教师职称制度等来畅通教师职业发展渠道,增强教师专业发展动力。再次,积极提升教师工资待遇与社会地位,为教师专业发展提供保障。最后,通过改革教师编制,调节教师资源配置,创新提出义务教育教师"县管校聘"的管理体制,让教师从"学校人"变成"系统人",确保教师专业发展的机会均衡。

总体来说,改革开放以来,党和国家对教师工作充满关怀。党的十四大以来,历届党的全国代表大会报告中都对教师工作做出了明确部署。党的十四大报告指出"加强师资队伍的培养和建设";党的十五大报告指出"尊师重教,加强师资队伍建设";党的十六大报告指出"加强教师队伍建设,提高教师的师德和业务水平";党的十七大报告指出"加强教师队伍建设,重点提高农村教师素质";特别是党的十八大报告指出"把立德树人作为教育的根本任务……加强教师队伍建设";党的十九大报告指出"落实立德树人根本任务……加强师德师风建设,培养高素质教师队伍,倡导全社会尊师重教";党的二十大报告指出"加强师德师风建设,培养高素质教师队伍,弘扬尊师重教社会风尚"。可以说,党对教师队伍建设的基本方略不仅为中小学教师职业发展提供了良好的社会环境、政策保障,也为中小学教师专业成长提供了价值引领。据教育部 2021 年教育统计数据,我国中小学教师突破 1000 万,教师队伍结构得到优化,教师配置得到较大改善,生师比逐渐降低,高学历教师所占比例提高,中小学教师素质得以提高,教师队伍的活力进一步释放[①]。与此同时,我国教师队伍建设的瞩目成绩也得到了国际社会的关注和认可,而这些成绩的取得均得益于我国教师政策体系的

---

① 靳晓燕:《教师队伍建设取得突出成就》,《光明日报》2017 年 9 月 3 日,第 4 版。

逐渐完善和政策举措的精准高效。

随着中国特色社会主义进入新时代，教师是教育发展第一资源的战略意义更加彰显。面对新方位、新征程、新使命，加强教师核心素养和能力建设，是适应新时代教育事业发展的内在需要，是践行立德树人根本任务、落实人才培养需求的根本保障。促进教师核心素养和能力的发展，需要强有力的政策支持。提升教师职业的吸引力、提高教师培养质量、加大教师培训力度、增强教师专业发展活力是促进教师专业发展的有效举措，可为教师核心素养和能力发展的政策建设提供启示。但为确保这些举措能为教师核心素养和能力的发展精准护航，仍需探明政策对教师核心素养和能力发展的影响路径，廓清在政策落实过程中需要解决的问题。为此，政府、社会、学校等多方面应加强协同，以建设保障政策有效运行的支持系统。

三、学校组织文化

学校作为培养人的专门机构，是一种特殊的社会组织，学校组织文化是关于学校文化有目的有意识建设的产物。学校组织文化是学校长期积淀下来的，为学校全体成员所认同和遵循的价值观念和行为方式的总和，主要包括精神文化、制度文化、行为文化和物质文化[①]。下文主要从以上四个方面分析影响教师核心素养和能力发展的学校组织文化特征。

（一）学校精神文化

学校精神文化是学校全体成员或大部分成员所创造和遵循的价值观念和精神成果。影响教师核心素养和能力发展的重要学校精神文化主要包括愿景信念、群体意识和共享价值观。

1）愿景信念。愿景信念包含学校教师群体共同的美好愿景和教师的专业信念两个方面。愿景能引导与激励教师对学校和自身未来的发展进行意象描绘，能帮助教师在不确定的教育教学实践中明确发展的方向；信念能使教师将个体的实践活动持久地聚焦于目标，增强教师核心素养和能力发展的坚持性。简言之，愿景信念给予了教师核心素养和能力发展的目标方向与动力系统。

2）群体意识。群体意识对教师核心素养和能力的发展具有较大影响，主要

---

① 杨蕊：《影响教师核心素养和能力发展的学校文化因素研究》，《当代教师教育》2019 年第 4 期，第 25-31 页。

体现在认同感、师德教风、和谐人际等方面。认同感包括教师对学校文化的认同感和对专业的认同感，文化认同感是凝聚学校所有教师的精神纽带，专业认同感是教师工作积极性和职业幸福感的源泉。认同感使教师核心素养和能力的发展充满主动性。师德师风建设有利于规范教师的职业道德行为，有利于教师以心育心、以德育德，使教师核心素养和能力的发展更有温度。和谐人际有利于教师与领导、同事、学生、家长等建立良好的关系，是教师核心素养和能力发展的润滑剂。简言之，群体意识对教师核心素养和能力的发展具有群体支持和群体约束作用。

3) 共享价值观。共享价值观是学校和教师坚守的伦理哲学与学校成员做事的准则，涉及学校的办学理念、学校精神、使命责任等方面。学校的办学理念间接反映着学校的办学指导思想和人才培养目标。学校精神是学校长期积淀的学校群体心理状态。学校的使命责任蕴含着学校应担负的责任。教师将共享价值观吸收、调整、融合到自身教育教学实践中后，会更加明晰学校的价值、学校的教育目的、教育准则，进而会产生奋力追求目标的行为，从而促进自身核心素养和能力的发展。简言之，共享价值观保障教师核心素养和能力的发展更具社会性。

（二）学校制度文化

学校制度文化是学校在长期的教育实践中形成和发展起来的规范体系，是规范学校和教师良性发展的保障，主要包括专业学习制度、管理制度和组织结构。制度文化是学校精神文化的外显载体。

1) 专业学习制度。教师的专业发展离不开专业学习制度，专业学习制度主要包括教研科研制度、培训学习制度、同伴协作制度等。教研科研制度为教师探寻教育教学规律、深挖教育问题的原因提供了制度保障；培训学习制度有利于规范教师的阅读学习、实践学习、观摩学习等各类学习，使教师核心素养和能力的发展摆脱随意性；同伴协作制度有利于教师群策群力，产生教育智慧，使教师核心素养和能力的发展摆脱个体性。简言之，专业学习制度使教师核心素养和能力的发展更具群体规范性。

2) 管理制度。管理制度是学校对管理机制、管理原则、管理方法以及管理机构设置的规范，主要包括激励机制、监督机制、职称晋升机制等。有效的激励机制可以激发教师工作热情，学校对教师进行精神激励、物质激励、荣誉激励，体现了学校对教师工作的认可。激励制度可以满足教师发展的情感需求和物质需求，使教师更能自觉、主动地发展自身核心素养和能力。健全的监督机制能够督促教师严格自律，学校对教师的教学等进行跟踪监督和问责，有助于教师更加明确自身职责、及时纠偏，促使教师核心素养和能力的发展因循正确的轨道。合理的职称晋升机制和评价机制可以帮助教师看清发展路径，促进教师自我诊断、自我反思，促使教师核心素养和能力的发展具有内生性和自觉性。简言之，管理制度使教师核心素养和能力的发展更具外部约束性。

3）组织结构。学校组织具有"松散—耦合"的特征，组织成员之间既相互联系又彼此保持独立[①]。"组织结构"这一节点下又包含人本管理、非正式组织、扁平化结构三个方面。人本管理有利于挖掘教师的潜能，充分调动教师的工作积极性和发展主动性，为教师核心素养和能力的发展创造条件。非正式组织有利于教师基于情感、兴趣，自发形成学习交流组织，有利于增强教师的工作安全感和协作性，促使教师核心素养和能力在宽松的空间发展。扁平化结构有利于消除教师工作的机械化和被动化，唤醒教师核心素养和能力发展的活力。简言之，学校组织结构使教师核心素养和能力的发展充满人文关怀性。

（三）学校行为文化

一所学校的文化真正确立并形成，主要体现在全体师生具体的实实在在的行为上[②]。学校成员在精神文化折射下展现出来的行为方式体现了学校的行为文化，主要包含创新实践、协作支持和校长引领三个方面。

1）创新实践。教师的创新实践是教师运用各种方法对自己的教育教学进行创新的行为，主要包括创新教学改革、开发校本课程、反思教学实践。创新教学改革有利于教师改进教学方法、优化教学模式等，提高教学对时代和学生发展的适应性，培养更适应社会发展需求的人才。开发校本课程是学校教师、领导等依托学校资源，为解决学校的实际教育问题而进行的课程开发，是教师核心素养和能力发展的特色路径。反思教学实践可以帮助教师及时回顾教学、分析得失、查找原因、寻找对策、以利后行，使教师核心素养和能力的发展摆脱已有的惯性。简言之，教师的创新实践有利于教师不断突破自我、超越自我，给教师核心素养和能力的发展注入新的活力。

2）协作支持。协作支持表现为教师集体备课、同伴观摩、对话交流等行为。共享、合作、互助的文化环境，能够满足教师群体发展的需要，是教师专业

---

① 孟静怡、柳斯邈、宋婷娜：《促进还是阻碍：学校组织结构对教师工作满意度影响的实证研究》，《现代教育管理》2018年第12期，第79-84页。

② 陆建国：《学校文化是什么》，《上海教育科研》2012年第6期，第1页。

成长的必要条件。教师集体备课有利于教师群策群力，对课程标准和教材进行深入研读，对学情进行更客观的分析，进而使教学计划更精准。同伴观摩有利于教师在互相切磋和互相学习中交流教育教学经验。对话交流可以使教师及时进行教学信息的互换，实现有效教学信息的及时流动和传播。简言之，协作支持改变了教师核心素养和能力发展单兵作战的状态，有助于实现教师协同发展。

3）校长引领。现行中小学实行党组织领导下的校长负责制，校长的示范引领对教师核心素养和能力的发展具有重要影响，主要体现在对学校的价值领导、对学校教学工作的教学领导以及对学校组织管理工作的组织领导。睿智的校长时刻关注自身发展，而非仅仅作为行政管理者，会在管理与教学之间找到合理的平衡点。更为重要的是，校长通过创设发展型学校愿景，将学校发展的主流价值和教师专业发展的现实诉求紧密相连，带动教师在日常教学实践中注重提升核心素养和能力，同频共振同成长。简言之，校长引领可以成为教师核心素养和能力发展的榜样力量。

（四）学校物质文化

学校物质文化是学校文化的外在呈现，是学校成员在教育实践过程中创造的各种物质设施等以物质形态为对象的表层文化。这一层面的影响因素主要包括资源设备和学校环境两个方面。

1）资源设备。资源设备主要包括教学资源、教学所用的设备设施以及学校实验室与图书馆等。丰富的教学资源包括教师教学所需要的教材资源、案例资源、影视图片资源以及课件资源，这些资源是教师发展教师核心素养和能力的重要支撑。教学所用的设备设施主要包括计算机、打印机、复印机、教学仪器、教学软件、智能黑板等硬件和软件设施，在当前大数据、云课堂、智慧校园等信息化环境下，这些设备设施拓展了教师核心素养和能力的发展渠道。学校图书馆定期添置的图书、订购的期刊可以帮助教师开阔眼界、了解最新的专业发展资讯，助推教师核心素养和能力的发展。简言之，资源设备是教师核心素养和能力发展的资源保障。

2）学校环境。学校环境既包括学校的空间环境，也包括学校的人文景观，主要体现在学校的地理位置、办公条件、人文景观、教师形象等方面。有研究表明，学校的环境与教师的教学状况存在显著的正相关关系[1]，学校的建筑风格、

---

[1] 王永刚：《教育环境对教师教与学状况影响程度的实证研究》，《当代教育科学》2017年第3期，第51-55页。

园林景致、办公环境被教师感官直接触及，可以愉悦教师心情，为教师开展专业活动提供轻松舒适的工作环境。简言之，学校环境是教师核心素养和能力发展的自然生态保障。

学校是教师核心素养和能力发展的重要组织场域，学校组织建设的精神文化、制度文化、行为文化、物质文化，是涵养教师核心素养和提升教师核心能力的重要因素，而如何使得教师核心素养和能力沐浴在公平正义的学校组织文化雨露中，还需要进一步进行循证研究。

第三章
我国中小学优秀教师成功经验镜鉴

"学为人师,行为世范"(宋高宗:《文宣王及其弟子赞》)是广大教师崇高的职业追求。"令公桃李满天下,何用堂前更种花。"(白居易:《奉和令公绿野堂种花》)一批又一批的优秀教师在平凡的岗位上书写不平凡的故事,他们或是党和国家评选的优秀教师,或是无冕名师,但他们一生均在追求教书育人的至诚、至善;一生都在教育工作岗位上谱写至真、至美。他们成长历程中体现出来的教师核心素养和能力要素及影响因素对于其他教师既是经验镜鉴,又是探索优秀教师成长规律的重要循证。

第一节　优秀教师经验体现的实践逻辑

"圣人抱一为天下式。"（老子：《道德经·第二十二章》）尽管优秀教师的成长千差万别，每一位优秀教师的成长之路充满了偶然，但众多优秀教师核心素养和能力的形成与发展存在一定的必然，即优秀教师核心素养和能力的形成与发展遵循共性规律。本研究通过对国家"万人计划"教学名师朱玉宾进行深度访谈，旨在剖析优秀教师在其专业发展过程中所体现出来的品质要素和能力要素，探寻优秀教师专业发展经验中的实践逻辑。

国家"万人计划"教学名师是我国高层次人才特殊支持计划的重要组成部分，是我国唯一面向各级各类教师的国家级人才项目。其遴选标准重点关注候选人的政治和师德表现，突出候选人的教育教学一线工作实绩和育人实绩。2018年3月29日，教育部公布了国家"万人计划"第三批教学名师名单，共评选出195人。时任天津市静海区实验小学教师的朱玉宾就是其中的一位。国家"万人计划"教学名师、全国模范教师朱玉宾将其宝贵经验主要概括为以下几个方面。

国家"万人计划"教学名师朱玉宾的个案研究

一、要有激发教师成长的教育情怀——享受教育人生的幸福

教育的幸福是支撑一名教师持续成长的原动力！这就是我们成长路上行驶的汽车的引擎。教育的幸福是什么？是一种对孩子们天然的亲近，发自内心的爱与期冀，以及在这一过程中获得一种精神上的愉悦。其实，一名教师有了真正的教育幸福感，就会迸发出无穷无尽的动力，而所获得的那些奖励和荣耀只不过是它的附属品罢了。教师的幸福源于哪里？我自己理解为两个方面。

（一）学生思维碰撞出精彩的那一刻，是教师最大的幸福

教师的工作是"传道授业解惑"，做教师首先要教书，也就是说，做教师要守住自己的本分，做教师就要立足于课堂之内，不要总想着钻营课堂之外的一些东西，凡是没能把本心放在课堂里的都已不再是纯粹的教师！如果你用心于自己的专业，尤其是在课堂上，你会享受到真正的教育幸福。

【案例】

$$8-6-4=-2$$

当年我在教学一年级上册"连加与连减"这一课时，先是借助摆小棒的直观操作活动，让学生感知什么是连加和连减，再在感性经验逐步积累的同时，抽象为数学表达式，建立连加与连减的数学模型：a+b+c 和 a-b-c（限于一年级认知水平），之后，我让学生自己举出一个连加或连减的算式，有一个孩子突然举了一个这样的算式：8-6-4，这可真是一石激起千层浪！有的学生认为是连减，有的学生认为不是。我问那些认为不是的孩子："为什么不是连减呢？"他们高声喊着："8减6再减4，根本减不开！所以不是连减！"这些孩子的声音刚落下，就有一个小男孩喊了出来"减得开，8减6得2，2再减4得-2！所以这就是连减"。当时的我惊诧了，随之是那种惊喜，忙问道："你怎么知道等于-2的？"孩子自豪地说："姐姐上中学，我从她的书中学会的！"多棒的孩子！孩子思维飞扬的那一刻，我真的体味到了做老师的幸福！

（二）优秀教师无悔付出与慢慢变老，陪孩子们慢慢长大是教师的幸福

教师不仅教书，更要育人。教师是在一天24小时中与孩子相处最长的人。教师是与孩子虽没有血缘关系却最亲近的亲人。如果说亲情是天然的，是人与生俱来的本性，那教师与学生之间的情感则是无私而又纯真的！其实，很多时候不是我们老师在教学生，而是孩子们在用他们的纯真教我们，在感动着我们。每每看到那些学生，心中就会涌起"必须要有所为"的动力，我要陪着他们慢慢长大，我要让他们快乐健康地成长，这是教师的一份责任。

【案例】

老师！祝您生日快乐！

在教过的学生中有这样一个孩子，头脑聪明，数学成绩也不错，却活泼好动，不爱写字，尤其语文作文就写几句话，作业经常是没人盯着根本一个字也不写。语文老师愁得脑袋疼。但是，他特别喜欢科学课程，尤其喜爱生物，总是在校园里观察蚂蚁，或者捉只蜗牛，入神观察，还经常将其藏在铅笔盒里并带进课堂。记得教他到三年级时，学年期末考试中，他的科学成绩全年级第一——98分。我只教他们到三年级，就去教别的年级了，在一年以后的7月14日，当时我的手机中突然收到一条短信："朱老师！祝您生日快乐！您的学生MYL。"我真的很惊喜！因为我记得那是在三年级的一个大课间，我坐在操场上，MYL也坐到我身边，问："朱老师，你的生日是什么时候？"我为了难为一下他，就出了一道题："我生日的日期是月份的2倍，日期和月份的和是21，你自己算

吧。"没想到，他很快就算出来了！我当时还夸了他，只不过我的生日都是按农历算罢了！一年以后，我已经不教他们了，可他却还是记得我的生日，并发来祝福短信！真是个有心的孩子！那一刻作为教师真的很幸福！就在2019年6月28日的中午，我下班回家的路上正好碰到了他和他的妈妈，他高兴地喊了声"朱老师好"，我这才发现他长得又高又壮，妈妈说："正努力复习，准备高考呢！"路遇自己教过的学生我真的很高兴。

一名教师，没有了教育情怀，就会把教书育人当成一种累赘和倦怠；一名教育官员，没有了教育情怀，便体味不到真正的教育幸福。

二、要有促进成长的催化剂——拥有一颗感恩的心

一颗种子逐渐长大、长成，不仅需要种子本身对生命成长的渴望，更需要肥沃的土壤、新鲜的空气、充足的水分和阳光，以及适宜的生长环境。每位教师都是一颗种子，从发芽到长成，会得到很多的帮助。一个人的成功存在必然性与偶然性，成功的人往往会常怀一颗感恩之心。

（一）感恩学校

有学校才会有教师，没有教师也不会有学校。任何一位教师的发展与成长都离不开学校。因为学校是教师成长的舞台，并且为教师的发展搭建了广阔的平台。从教26年，我只走过了两所学校，相对于很多人来说，这样的阅历太单薄了，但是，我所走过的这两所学校都是好学校。一所是我从天津市静海县师范学校毕业后被分配到的天津市静海县大郝庄乡大十八户中心小学，另一所就是现在的天津市静海区实验小学。可以说，没有这两所学校的培养就没有今天自己的发展，所以我无论走到哪里，都不曾忘记它们。农村学校，那是一片教育的热土，让我的教育之心更为纯净，也是燃起我教育梦想的地方；县城学校，那是一片教育的沃土，是我教育生命的再次新生，是淬炼我教育生命的地方。所以，我感恩我的学校。学校是土地，我们是种子，种子在大地的哺育下才会发芽，长成参天大树。

（二）感恩导师

在成长的不同阶段，我得到了不同导师的指导和帮助，可以说他们是我教育生命中的贵人，在我成长的道路上，他们一路扶持，一路呵护，对他们我始终心怀感恩。因为我是一个普通人，有时还是个木讷的人，能一路走到今天，离不开这些贵人。做人是要讲良心的，俗话讲得好："受人滴水之恩，当涌泉相报。"

他们不仅在专业方面指引我，更在做人方面给我做出榜样！导师就是我成长路上的航标，更是我扬帆远行的舵手。

（三）感恩同事、学生和学生家长以及家人

在自己成长的路上，有太多的同事给予了无私的帮助，对那些真心帮助我的人，我永远当他们是朋友；还有那一批又一批的学生，他们的纯真质朴就是我不断前行的动力。

那些孩子们的家长更让我感恩，因为每个孩子都是父母生命的延展，是每个家庭的希望，他们把自己的孩子亲手送到我们的班级里，这是一种真诚与信任啊！

还有自己的家人，每一个成功者的背后都会有家人默默地付出。因为家庭和事业是人生发展的双轨道，不可失衡。

我自知自己并不是一个聪明的人，但是，好像这一路走来很受上天的眷顾！为什么？我想因为我始终心怀感恩。拥有感恩之心，就拥有了自己成长的催化剂，因为心怀一颗感恩之心，我才会心境平宁、恬淡、从容、雅致，才会感受到自己的责任，不敢懈怠，一直向前。

唯有感恩做人，方能敬业做事。

三、要有保障成长的路径——通过内外兼修发展个人素养和能力

一名教师，有了教育情怀，有了感恩之心，只是为自身的快速成长提供了可能。教师的发展本质上是专业的发展，教师发展自己的专业才是守住了本分。教师专业的发展必须要凭借有效的路径才能取得实效。

（一）在农村做教师——教育梦想的起点

清苦的境地，是最能磨砺人的地方，也是我梦开始的地方。

初到大十八户小学时，一切都是那么简单而又朴素。没有教具，就自己制作；没有实物投影，就利用传统的小黑板。一次，教学"直线和线段"一课时，要想将抽象的数学知识转化为形象的视觉信息，电脑课件是最好的工具。可当初在整个乡镇都没有一台电脑。即便外部条件不足，依然挡不住一名有教育理想的教师钻研上进的步伐。于是，我绞尽脑汁，在制作教具上苦思冥想、煞费苦心：首先，我在硬纸片上镂空出一条线，放在幻灯投影机上，再用两张纸片盖在两端，使"直线能向两方无限延伸"的特性动态地投射到了教室的墙壁上，也深深地印在了孩子们的脑海中。正是这一"土得掉渣"的方法，使整堂课变得鲜活、灵动。

教好我的学生，让农村里的孩子和城里的孩子一样快乐、聪明，享受一样的优质教育，这是当时的我最大的教育梦想！为了提升自身的业务素养，我在加强教学实践的同时，注重两方面能力的提升。

1. 磨练外功

教师的"外功"那就是练嘴皮子、制作教具和使用教学设备，如当时学校里最先进的媒体——投影幻灯机。

初上讲台时，自己的音质还可以，但是语速特别快，吐字不清。静心思考，我将其归因于自己的语言表达能力不强。于是，没事了我就读课文，练绕口令，逐渐使自己的发音清晰准确。再后来，我进一步认识到，语速过快不仅仅是语言表达的问题，更深层次的是自己在教学中缺少了一种"慢"的艺术和意识。例如，对教学重难点的模糊认识才是导致自己语速过快的症结所在，这其实就是一种教育意识的缺失。这就引起了我对教材的认真分析和学习。

数学教学，单靠一张嘴、一支粉笔和一块黑板是远远不够的。小学数学讲究从具体到抽象，因此，一些教具的作用是非常重要的，它们是学生思维的脚手架。当时，我的课堂里最奢侈的教具只是几张简单的幻灯片，多数时候都是就地取材，涂上黑墨汁的牛皮纸摇身一变成为口算条、课题条；讲到角时，几截高粱秆、几枚大头针就是教具。因为喜欢所以钻研，因为爱才会不辞辛苦。

2. 修行内功

"修行内功"就是不断反思自己的课堂教学，不断地学习、借鉴他人经验，不断补足自己的过程。在不断的教学实践中，我遇到了很多问题和困难，在困境中不断彷徨、思索、探寻，学会了反思。曾子曰："吾日三省吾身。"我的反思集中在教学实践中，每节课下来我都会在教案的后面记下自己的教学心得。如此日积月累，我对教育教学的认识逐步加深了，自身的教育理念也得以不断升华。那一摞又一摞的手写教案和反思，就是自己苦修内功、自我悟道的见证，更是我无限美好青春时光的化身，也见证了我由蛹变蝶的历程。

悟己道，是一条很难的路。在悟道的路上，有时需要先求道，再修己道，最后才会得道。为了使自己的课堂更生动有效，我到处寻找教学的"秘方"，太少了，只得向书本学习。我1992年参加工作，才200多元的工资，后面逐渐在涨，到了1994年我就每年花费300多元开始订阅各种教学刊物，如《数学教育学报》《学科教育》《小学数学教育》《小学数学教师》《小学教学设计》《小学语文教学》等，并不时地去书店购买一些教育书籍来看，从这些书籍杂志中，我获取了大量的经验型和理论型的营养，温润着我的求学之路、成长之路。

在农村的16年，不断的磨砺奠定了我扎实的教学基本功，16年青春激情的投入也换来了丰硕的教学成果，并取得了众多荣誉，而每一个荣誉的背后浸透了无数的艰辛。当我走过去的时候，回头看看，曾经的那些痛与泪却是风轻云淡，每当我走进教室，看到那一个个鲜活的生命时，我就会深深感受到自己肩上的责任；每当孩子喊我一声"老师"时，我就会感到一丝温馨与甜蜜；每当我看到孩子们一天天健康长大时，我才会真正领悟到做教师的幸福与伟大。在农村的16年，是我教育人生的丰厚积淀！

（二）在县城做教师——教育生命的新生

2007年底，曾在偏远农村任教16年的我，被选调到了县城静海实验小学（简称"实验小学"）任教。实验小学是一片教育的沃土，那里一流的教育环境和良好的教学氛围促使着我更加奋力向前。在课堂里，我引领孩子们徜徉在数学知识的海洋中，与他们一同经历发现、一同快乐成长。此外，我抓住一切机会主动学习，积极参加教科研活动，认真反思，努力提升自身的综合素养和能力。在调入实验小学一年多的时间里，我在优质课评比、基本功大赛、师德演讲比赛、班级管理金点子评比、班会设计方案中均获得一等奖，做各级公开课10余次，所带的班级在接手一年多的时间里，就被评为"三好班集体"，得到了学生家长的广泛赞誉，家长们还送来了"师德高尚，爱生如子"的锦旗。良好的成长环境给我的教育梦想插上了飞翔的翅膀，悄然间，已过而立之年的我又开始了新的征程。

宽广的发展平台拓展了我的教育视野，提升了我专业化发展的速度与质量。在这里，我寻找到了专业发展的快车道！

1. 科学化、专业化的研究道路

在教师专业发展的道路上，我们更多的时候是裹足不前，这往往是因为我们只是满足于经验的积累，缺少了科学化和专业化的研究方法与路径。在实验小学的日子里，我学会了一套科学化的研究方法和路径。首先，发现基于课堂的真问题；其次，结合教学实践提出一个值得讨论的话题，和教师们共同针对这个话题摆现象，分析其产生的原因，讨论解决的办法；再次，在此话题基础上，将其提炼、加工、确立为教研专题，进行课堂观察研究，寻找问题产生的根源及其解决策略；最后，将这一系列研究结论作为一种假设，进行系统化的课题研究，也就是将其立项为科研课题，进行阶段性的、科学性的教育教学研究，得出规律性的方法、策略或理论。遵循这样一种基本路径，我的专业能力得到了极大的提升。

2. 自我施压，自我磨砺

在教育之路上执着前行，犹如千秋苦旅，前行悟道，悟我之大道。永远在路上，做教育路上的苦修者。虽苦，却依然执着。其中是怀揣教育梦想的一种自我加压。这种压力，其实也是一种动力，使我一直走下去，尽管前行的路上满是荆棘，我也不会停下。宝剑锋从磨砺出。即使是一把钝刀，总磨就会变成一把利刃。我的成长历程中，磨砺的切入点就是磨课。磨课，要磨我对教材的理解与把控，要磨我对学生的了解与预判，要磨我对课堂教学设计的基本能力，更要磨我对课堂驾驭的技能与艺术。每磨一节课，就是一段艰苦的历程；每磨一节课，就会刷新我对教育教学的认知；每磨一节课，我就会离教育的真谛更近一步。磨课！这是一种凤凰涅槃似的历程。每学期我都会做研讨课，每学期都会参加各级各类培训研修活动，有时还要参加一些比赛。

每一次磨课，或是讲座，对于我来说都是一种洗炼和淬炼。在这不断的捶打中，我逐渐完成了从石墨到金刚石的重组锻造，教育教学的指向也由当初的"我怎么教"转变为"我教什么"，最后指向为"学生怎么学"，教师的教是为了学生的学：教师就要教智慧，智慧地教；学生就要学智慧，智慧地学。其宗旨就是：以"知"启"智"、以"智"悟"道"、以"道"树"人"、以"求知、悟道、做人"为宗旨的数学教育思想。

走过了27年的教师生涯，我从农村来到城市，这不仅是平台与视野的变换，也是一种"知思并行"的不断淬炼，更是一种教育生命的循环重生。没有农村从教的教育人生是不完美的，是不利于名师成长的。农村学校是教育的根基，那里是清苦的地方，是梦开始的地方，是最好的磨砺之地，在那里是接受最淳朴教育的淬炼之地。城市学校则是教育人生放飞之地，是凝华结晶之地，更是开启更广阔的教育新生之地。

回首我的成长之路，支持我一步步走到今天的就是自己心中的教育梦——就是教好所有的学生，让学生们健康成长、快乐学习，让学生们都能成为正直诚实的人、对社会有用的人、有智慧的人、全面发展的人，让孩子们闪耀的生命和我的教育人生相互成就。因此，我仍将怀揣一颗感恩的心，继续沿着实现教育梦想的道路前进。

名利、荣誉非我所欲也，曾经的绚丽虽然足够照亮生命的夜空，但却不能使我的脚步停留，我仍将继续前行，"向青草更青处漫溯"，去追寻教育生命中那一抹永不褪去的新绿。

透过国家"万人计划"教学名师朱玉宾老师的成长足迹可以发现，朱老师有浓浓的教育理想情怀，在教书育人中享受教育人生的幸福，有坚定的从教信念与仁爱之心；具有感恩之心，感恩学校、感恩导师、感恩同事、感恩学生及家长，使其处于良好的人际关系之中，从一个侧面说明朱老师具有良好的沟通合作能力；磨练外功，修行内功，是朱老师锤炼自己教育教学能力的写照；科学化、专业化的研究道路，是朱老师研究创新能力形成的心路历程；自我施压、自我磨砺的过程，反映出朱老师具有非常强的学习发展能力。在涵养思想政治素养、道德素养和教育理想精神等核心素养方面不断追求卓越，努力发展沟通合作能力、教育教学能力、研究创新能力和学习发展能力，是朱老师作为国家"万人计划"教学名师所拥有的教师核心素养和能力要素。从朱玉宾老师这一优秀教师的典型案例中，我们可以循证到优秀教师在其专业成长发展过程中所体现出来的教师核心素养和能力的八大要素，这也是优秀教师专业发展经验的实践逻辑。其他优秀教师是否也具备这些要素？影响因素是什么？蕴含的教育智慧是什么？等等。对于这些问题，今后还需要加大样本量，以进行进一步的循证。

第二节 优秀教师经验蕴含的教育智慧

"桃李不言，下自成蹊。"（司马迁：《史记·李将军列传》）剖析杨屹、魏书生、孙双金、祝禧、贾桂清、程红兵、张桂蕊、黄爱华、贲友林、龚雄飞、李元昌、唐江澎、曾军良、王淑清等优秀教师的成长道路，有助于进一步探寻优秀教师成长过程中所蕴含的教师核心素养和能力发展要素，追问影响优秀教师核心素养和能力发展的关键因素，寻觅到优秀教师专业成长蕴含的教育智慧。

一、优秀教师拥有的核心素养

优秀教师的成长是诸多环节和诸多因素共同作用的结果。教师教育阶段的学习积淀为教师的成长奠定了根基，这一阶段系统化的培养训练体现的是党和国家对高素养专业化创新型教师的殷切期待，同时也反映出社会对优质教师人才的需求。优秀教师在准教师的培养过程中，除了重视第一课堂以及第二课堂的学习效益外，还要高度重视教育实践环节的见习观摩和实习锻炼，努力学习榜样教师的从教情怀、高尚的师德行为、卓越的班级管理和独特的教育教学实践做法等，愿意聆听优秀教师感人的优秀事迹，感悟他们的优秀品质，并重视通过实习检验和调整自身的所学所思所行。进入日常教学场域，追求卓越的教师在充分学习和借鉴优秀教师经验的同时，会不断反思自身不足，始终以优秀教师标准为准绳砥砺自己，不断强化从教情怀，主动涵养那些党和国家期待、人民需要的核心品质，不断发展教师核心素养。

（一）思想政治素养

通过对优秀教师的成长经历进行凝练可发现，他们均具有较高的思想政治素养，表现出具有理想信念、爱国主义、政治认同、法治意识等思想政治素养。例如，孙双金老师特别强调每周三的下午政治学习对于自己成长的价值[1]；曾军良老师指出每单周周二晚上6:00—8:00是自己集中学习政治与时事的时间，对于坚定教育信念作用巨大[2]；魏书生老师决定把自己的一生交给党安排，立志不辜负党的信任，要为国培育人才[3]。优秀教师的思想政治素养不仅表现为自己具有较高的政治觉悟、爱国情怀，还表现为培养学生具有较高的思想政治素养。例如，王淑清老师注重激发和培养学生爱党爱国的情怀，教育学生懂得"传承民族技艺"是自己的责任，让学生在专注制作剪纸、刺绣、中国结、篆字、布老虎等作品的过程中感受和理解爱国主义[4]；唐江澎老师强调，爱国精神比一个人的见识才能更重要，要将国家情怀融进学生的血液，使学生热爱国家、遵纪守法、行为自觉，敢于担当时代重任[5]。

（二）道德素养

通过对优秀教师的成长经历进行梳理可发现，他们均具有较高的道德素养，表现出良好的社会公德、职业道德、家庭美德、个人品德。

教师职业道德是每一位优秀教师在各自经历中都会反复提及的关键字眼。例如，张桂蕊老师注重教师职业道德，她认为一名优秀教师一定要树立高尚的道德情操和精神追求，要甘为人梯，乐于奉献，关爱学生。她甚至认为，学生最生动、最具体、最深远的教育就是教师高尚的师德[6]。

除了教师职业道德，众多优秀教师认为社会公德、家庭美德、个人品德也是

---

[1] 孙双金：《孙双金与情智教育》，北京师范大学出版社2015年版，第9页。
[2] 曾军良：《曾军良与魅力教育》，北京师范大学出版社2018年版，第100页。
[3] 魏书生：《魏书生与民主教育》，北京师范大学出版社2015年版，第3页。
[4] 转引自陈锁明、聂延军：《成长中的教育家——全国优秀校长办学思想录》，北京师范大学出版社2010年版，第83页。
[5] 唐江澎：《唐江澎与体悟教学》，北京师范大学出版社2013年版，第342页。
[6] 张桂蕊：《张桂蕊与语文拓展式教学》，北京师范大学出版社2015年版，第94页。

教师必须具备的道德素养。例如，黄爱华老师认为，魅力是一个教师人格、道德、知识、智能等素质的综合体现①。其中，道德和人格是教师魅力非常重要的方面，这里的道德不仅仅是教师职业道德，还涵盖个人自身的品德和教师的公德心。杨屹老师认为家庭美德是人非常重要的素养，家庭成员彼此关爱、彼此尊重，才能营造家庭的温馨舒适和宁静惬意②。王淑清老师强调教师要养三德，即为人之德、为事之德、为民之德③。

与思想政治素养具有一致性，很多优秀教师还认为，教师的道德素养不仅仅表现为教师自己要具有道德素养，还应该教育学生具有道德素养。例如，贲友林老师认为，教师要有意识地培养学生从小树立起具有道德色彩的个性心理特征，包括正直和诚实④；龚雄飞老师认为，小学教育是孩子们接受正式教育的起点，要用他们能够理解的童话方式让学生接受高尚的道德情操，为他们的人生成长奠基，这就叫立德树人⑤。

（三）人文与科学技术素养

通过对优秀教师的成长经历进行凝练可发现，他们均具有较高的人文与科学技术素养，具体包括人文素养、科学技术素养、数字素养。

很多优秀教师认为，教育是"为人"的事业，教师必须具备良好的人文素养。例如，程红兵老师认为，做教师要有人文精神，要对乡土与社区有热情，要具备社会关怀和人文关怀⑥。张桂蕊老师指出，语文课应是充满人文性的，教师要不断提高自己的人文素养⑦。黄爱华老师指出，教师对学生的人文关怀，如教师一句体贴的话语、一个鼓励的眼神、一次信任的微笑、一个尊重的姿势，都能唤醒学生沉睡已久的意识和潜能，所以教师要不断提高自己的人文素养⑧。

很多优秀教师认为，为了做好教育，教师还需要具备科学技术素养。李元昌老师认为，自己的语文教学之所以能"突出重围"，原因在于他掌握了一点农业科学、生产技术，能把学生的语文学习延伸到当地的生产领域，指导学生把初中

---

① 黄爱华：《黄爱华与智慧课堂》，北京师范大学出版社2015年版，第125页。
② 杨屹：《杨屹与情趣教育》，北京师范大学出版社2015年版，第17页。
③ 转引自陈锁明、聂延军：《成长中的教育家——全国优秀校长办学思想录》，北京师范大学出版社2010年版，第82页。
④ 贲友林：《贲友林与学为中心数学课堂》，北京师范大学出版社2016年版，第176页。
⑤ 龚雄飞：《龚雄飞与学本教学》，北京师范大学出版社2016年版，第132页。
⑥ 教育部师范教育司：《程红兵与语文人格教育》，北京师范大学出版社2015年版，第39页。
⑦ 张桂蕊：《张桂蕊与语文拓展式教学》，北京师范大学出版社2015年版，第112页。
⑧ 黄爱华：《黄爱华与智慧课堂》，北京师范大学出版社2015年版，第105页。

的一些学科知识同当地的生产劳动结合起来,培养了他们学以致用的能力。据此,李元昌认为,一个有作为的教师,不但要有深厚的专业学识、高超的教学本领,也要懂得生产,具备科学技术素养①。

很多优秀教师认为,在今天这个时代,教育事业要做好,教师还必须具备数字素养。例如,贲友林老师认为,即使语言不通,只要有足够的技术工具,学生就有能力完成学习任务②。龚雄飞老师指出,真正的课堂一定是学生的"活动场""情感场""思维场",要实现教学模式的转变,教师必须能很好地运用现代教育技术,最大可能地调动学生的学习热情③。曾军良老师认为,教育是繁重复杂的劳动,需要智慧、耐心、技术和情感,没有技术,教育的光芒会受到一定的遮蔽④。

(四)教育理想精神

通过对优秀教师的成长经历进行凝练可发现,他们均具有较高的教育理想精神,具体表现为具有从教情怀和仁爱之心。

从教情怀是指路明灯,是前进的灯塔。很多优秀教师强调从教情怀的重要性。例如,魏书生老师指出,从教情怀会使平凡的工作变得宏大,会使教师愿意探索教学中无穷无尽的学问,寻求做好教育的多种做法⑤。正是在从教情怀的指引下,张桂蕊老师才会有更执着的教育追求,更坚定的教育信仰,更独立的教育见解,更系统的教育思想⑥。孙双金老师更是明确表达了从教情怀对自己的影响:做一名优秀教师的理想,让学生沉醉在课堂;做一名杰出校长的理想,让校园充盈人文光芒⑦。曾军良老师从教以来一直在探索理想的教育,探索如何做一名理想的教师、如何培养理想的学生⑧。从教情怀给予了优秀教师克服万难的勇气,使优秀教师拥有砥砺前行的动力。

仁爱之心是教师从教的灵魂,很多优秀教师强调教师要具有仁爱之心。例如,杨屹老师指出,教师对学生的仁爱之心,比他的学识和才能更重要⑨。魏书

---

① 李元昌:《李元昌与乡土教育》,北京师范大学出版社2015年版,第11页。
② 贲友林:《贲友林与学为中心数学课堂》,北京师范大学出版社2016年版,第98页。
③ 龚雄飞:《龚雄飞与学本教学》,北京师范大学出版社2016年版,第12页。
④ 曾军良:《曾军良与魅力教育》,北京师范大学出版社2018年版,第111页。
⑤ 魏书生:《魏书生与民主教育》,北京师范大学出版社2015年版,第2页。
⑥ 张桂蕊:《张桂蕊与语文拓展式教学》,北京师范大学出版社2015年版,第286页。
⑦ 孙双金:《孙双金与情智教育》,北京师范大学出版社2015年版,第2页。
⑧ 曾军良:《曾军良与魅力教育》,北京师范大学出版社2018年版,第32页。
⑨ 杨屹:《杨屹与情趣教育》,北京师范大学出版社2015年版,第203页。

生老师指出，很多优秀的教师都是非常热爱学生的，对学生充满了仁爱之心[①]。孙双金老师强调，教师要爱学校、爱学生、爱教育，只有教师爱学校、爱学生、爱教育，教师才愿意默默奉献，才能真正做到为人师表[②]。仁爱之心是教师美好心灵的彰显，没有仁爱之心，教师将失去立德树人的情感基础。

二、优秀教师拥有的核心能力

优秀教师的核心能力是优秀教师在接受和参与教师教育、从事教育教学以及投身教研等活动中形成和发展的，能适应社会发展需求、教师职业要求，并能促进自身专业发展的具有统帅作用的专业能力。

（一）教育教学能力

通过对优秀教师的成长经历进行凝练可发现，优秀教师均具有较高的教育教学能力，具体表现为具有较高的学科理解能力、教学设计与实施能力、教学评价与反思能力。

教师承担着教书育人的重任，没有对学科的充分理解，教师则会失去教书的基石，很多优秀教师尤其注重学科理解能力。例如，张桂蕊老师指出，优秀教师一定是优秀的教学专家，应该对教学内容有深刻的领悟[③]。程红兵老师指出，我对语文教育思想、语文学科性质、语文教育价值、语文教学风格、语文教学模式、语文测评等语文教学领域的许多方面进行过批判，但批判的前提是对语文学科有充分的认知和理解[④]。

教学设计与实施分别是教师的起点和关键环节，优秀教师都非常重视教学设计能力和教学实施能力。例如，张桂蕊老师指出，优秀教师应该能基于对教学内容和学生的充分了解，把两者很好地结合在一起并进行教学设计[⑤]。杨屹老师指出，精心地准备每一节课已经成了自己的一种教学习惯。在准备的时候，他会从宏观和微观多个层面进行教学设计与分析；而在教学实施时，他会注重结合实践需要，制作精美教具[⑥]。为了取得良好的教学效果，祝禧老师在教学实施中特别

---

① 魏书生：《魏书生与民主教育》，北京师范大学出版社2015年版，第142页。
② 孙双金：《孙双金与情智教育》，北京师范大学出版社2015年版，第20页。
③ 张桂蕊：《张桂蕊与语文拓展式教学》，北京师范大学出版社2015年版，第287页。
④ 教育部师范教育司：《程红兵与语文人格教育》，北京师范大学出版社2015年版，第4-5页。
⑤ 张桂蕊：《张桂蕊与语文拓展式教学》，北京师范大学出版社2015年版，第286页。
⑥ 杨屹：《杨屹与情趣教育》，北京师范大学出版社2015年版，第9页。

喜欢和学生做"活动",他会在硬纸板上画上动物头像轮廓,并将其剪下来做头饰;会组织学生表演"美丽的大公鸡""骄傲的孔雀";每周会组织学生参加朗诵比赛、表演大赛;会组织学生去狼山春游、去田野踏青、去长江边野炊、去电器厂参观等,正是这些"活动",使学生感受到了语文学习的魅力①。教学设计能力给了教师遨游于教学海洋时以正确的导航,教学实施能力体现了教师面对风云变幻时的应对能力。

教学评价与反思能力是教师对自己的反观和省思,很多优秀教师都注重回过头来看教学,反思是使教师受益"最大化"的成长方式。例如,张桂蕊老师指出,优秀教师会时刻关心教什么、为什么教、如何教②,她会经常思考社会发展的走向,以把握学科发展的走向,把握学术发展的前沿③。程红兵老师指出,优秀教师不断进取的动力就来自自己的实践、反思,再实践、再反思,正是对自我的不断评价和反思,不断实践和反思,优秀教师才会不断超越自我,成为专家型教师④。

(二)研究创新能力

通过对优秀教师的成长经历进行凝练可发现,他们均具有较高的研究创新能力,具体表现为具有较高的教学研究能力、教育创新能力。

教学研究能力表现出优秀教师对教育问题的不断探索和不断钻研,正是在不断地研究中,优秀教师提出了他们独特的教育理念和教学理论。例如,杨屹老师明确指出,在近20年的教育教学探索中,她依据儿童心理发展及母语学习特点,逐渐形成了独具特色的小学语文"情趣"教学理论⑤。孙双金老师痴迷于研究语文教学艺术,研究语文课堂教学的艺术特征,研究和实践课堂教学的"空白艺术",研究和探索如何在朗读后留空白、在设问后留空白、在板书中留空白、在作业中留空白⑥。

教育创新能力表现出优秀教师对教育的不断超越。例如,张桂蕊老师认为,教育思想是需要不断创新、与时俱进的⑦。提出独特的教育理念和教学理论往往

---

① 祝禧:《祝禧与文化语文》,北京师范大学出版社2015年版,第10页。
② 张桂蕊:《张桂蕊与语文拓展式教学》,北京师范大学出版社2015年版,第107页。
③ 张桂蕊:《张桂蕊与语文拓展式教学》,北京师范大学出版社2015年版,第286页。
④ 教育部师范教育司:《程红兵与语文人格教育》,北京师范大学出版社2015年版,第26页。
⑤ 杨屹:《杨屹与情趣教育》,北京师范大学出版社2015年版,第27页。
⑥ 孙双金:《孙双金与情智教育》,北京师范大学出版社2015年版,第11页。
⑦ 张桂蕊:《张桂蕊与语文拓展式教学》,北京师范大学出版社2015年版,第286页。

是优秀教师最突出的创新表现,例如,程红兵老师提出语文人格教育,张桂蕊老师提出语文拓展式教学,孙双金老师提出情智教育,杨屹老师提出情趣教育,李元昌老师提出乡土教育,贾桂清老师提出觉醒教育,唐江澎老师提出体悟式教学等。创新包括却不止于教学理念和教学理论的提出,教育创新表现在教育教学的很多方面。例如,张桂蕊老师认为,教师创新的表现多样,包括教师发现新情况、新问题、新趋势,善于捕捉新机遇,采取新措施,建立新机制,教师要敢于超越自己,不断更新教育思想,不断确立发展的新目标[1]。

(三)沟通合作能力

通过对优秀教师的成长经历进行凝练可发现,他们均具有较高的沟通合作能力,具体表现为具有较高的人际沟通能力和团队合作能力。

教师是与人打交道的职业,很多优秀教师都具有善于与学生沟通、与家长沟通、与领导沟通、与其他教师沟通的人际沟通能力。例如,程红兵老师认为,综合课程就是要改变学科门户独立、互不相干的现状,为此各个学科的教师之间必须加强沟通[2]。张桂蕊老师强调,为了让学生的语文思维活起来,教师必须做好与学生的沟通工作,要沟通课本内外、课堂内外、学校内外,为了拓宽视野,教师要多与其他教师展开沟通与交流[3]。贲友林老师认为,在与学生的交流、沟通过程中,教师会越发明白学生的想法和感受,对于教学来说,沟通具有不菲的价值[4]。

团队合作会使教师之间实现资源共享,互助互进。很多优秀教师高度重视与其他教师的合作。例如,张桂蕊老师在教育中不是在孤军奋战,而是一个先行者、示范者、发动者,是一个领跑人,是带领群体前进的领袖,是引导群体发展的协调人[5]。魏书生老师强调,教师要处理好和他人的关系,要千方百计和教师、学生、领导建立互助的合作关系[6]。杨屹老师则深情地写道,在教育的路上她不孤独,和朋友一起牵手看教育的风景是一件惬意的事情[7]。

---

[1] 张桂蕊:《张桂蕊与语文拓展式教学》,北京师范大学出版社2015年版,第286页。
[2] 教育部师范教育司:《程红兵与语文人格教育》,北京师范大学出版社2015年版,第39页。
[3] 张桂蕊:《张桂蕊与语文拓展式教学》,北京师范大学出版社2015年版,第47页。
[4] 贲友林:《贲友林与学为中心数学课堂》,北京师范大学出版社2016年版,第27页。
[5] 张桂蕊:《张桂蕊与语文拓展式教学》,北京师范大学出版社2015年版,第286页。
[6] 魏书生:《魏书生与民主教育》,北京师范大学出版社2015年版,第2页。
[7] 杨屹:《杨屹与情趣教育》,北京师范大学出版社2015年版,第23页。

（四）学习发展能力

通过对优秀教师的成长经历进行凝练可发现，他们均具有较高的学习发展能力，具体表现为具有较高的自主学习能力和专业发展能力。

教师要有所进步，就需要不断地学习，而这种学习以自主学习为主，很多优秀教师具有较高的自主学习能力。例如，孙双金老师强调，自己之所以能够在各级大赛中取得佳绩，主要得益于潜心读书[1]。张桂蕊老师认为，自己努力、刻苦地向身边人学习，从实践中学习，才使自己在教育上有那么一点点小小的突破[2]。杨屹老师直言，经过多年的摸索与探究，她逐渐认识到任何优秀的教育教学经验都必须要有坚实的理论基础，于是她加大了教育理论的学习，在理论与实践的不断结合中，最终形成了"情趣教学法"[3]。优秀教师的成长经历启示我们，自主学习能力对于丰富教师的知识、扩展视野、涵养性情、滋润心灵、提升境界，进而使教师不断突破自我，改变自身的教育理念和方法是非常重要的。

教师的专业发展不是一气呵成的，需要教师对自己有正确的职业规划和设计，很多优秀教师具有较高的专业发展能力。例如，孙双金老师强调，他对自己具有明确的发展规划和详细安排，规划寻找属于自己的位置[4]。魏书生老师非常注重教师要制定出可行而有利的规划，然后根据规划，从一点一滴做起，一以贯之，持之以恒，最终向党和人民交上一份满意的答卷[5]。张桂蕊老师发现自己的知识积累不够，便制订了清晰的自学计划，并按部就班地利用工作之余挤时间学习[6]。教师的专业发展不是静静地等待的过程，需要教师依照自己的实际情况，进行系统的规划，优秀教师的专业发展能力是对教师发展非常重要和关键的能力。

尽管不同优秀教师的成长呈现出不同的轨迹，但优秀教师群体表现出来的素养和能力要素是基本一致的，他们共同拥有体现统帅地位的四个核心素养和四个核心能力。思想政治素养赋予了优秀教师彰显党和国家意志的科学的世界观、正确的人生观和价值观，道德素养突出了优秀教师"人之模范"的德行品质，人文与科学技术素养彰显了优秀教师追求人文底蕴、尊重科学和与时俱进的可贵品质，教育理想精神则昭示了优秀教师奉献教育的崇高追求，教育教学能力是优秀

---

[1] 孙双金：《孙双金与情智教育》，北京师范大学出版社2015年版，第4页。
[2] 张桂蕊：《张桂蕊与语文拓展式教学》，北京师范大学出版社2015年版，第22页。
[3] 杨屹：《杨屹与情趣教育》，北京师范大学出版社2015年版，第9页。
[4] 孙双金：《孙双金与情智教育》，北京师范大学出版社2015年版，第6页。
[5] 魏书生：《魏书生与民主教育》，北京师范大学出版社2015年版，第3页。
[6] 张桂蕊：《张桂蕊与语文拓展式教学》，北京师范大学出版社2015年版，第24页。

教师教书育人的鲜明个性特征，研究创新能力是优秀教师具有发现问题、提出问题、分析问题和解决问题能力的标识，沟通合作能力体现出优秀教师拥有的交往互动指数，学习发展能力则是优秀教师得以持续发展的必要保障。

第三节 优秀教师经验生成的影响因素

春播桃李三千圃，秋来硕果满神州。在长期的教学实践中，成长起来一批又一批优秀教师，"自闻颖师弹，起坐在一旁"（韩愈：《听颖师弹琴》）。优秀教师的经验是宝贵的教育财富，探明他们经验的生成原理始终是教师教育研究者的矢志追求。

一、已有研究对优秀教师经验影响因素的探讨

国外研究者非常重视教师经验的重要价值，热衷于探讨优秀教师经验生成的来源。在斯滕伯格（R. J. Sternberg）看来，专家型教师的成长得益于知识的学习与经验的积累，经验和知识的作用不容小觑[1]。费斯勒（R. Fessler）从两种因素出发分析优秀教师的成长：从个体成长的因素看，教师个人成长的环境和经历成为教师发展不容忽视的影响因素，特别是教师的家庭环境、生活中的关键事件、教师自身的性格等都会深刻影响教师的个人成长；从教师浸润的学校组织因素来看，教师是生存于学校组织中的个体，教师的个人成长必然受到学校组织文化氛围的影响，学校各种规章制度、学校领导的管理风格、学校对于教师成长的期待与支持等，都会不同程度地作用于教师的专业发展[2]。而在另外一些研究者看来，教师个体的生活经历、教师职业生活的学校文化场域以及各种特殊事件，构成了影响优秀教师专业发展的关键因素[3]。在凯尔克特曼（G. Kelchtermans）看来，教师专业发展与教师个人的个性特征相关，教师期待成为怎样的教师、有怎

---

[1] Sternberg R J, Horvath J A. A prototype view of expert teaching. Education Research, 1995, 24（6）: 9-17.
[2] 杨秀梅：《费斯勒与格拉特霍恩的教师发展影响因素论述评》，《外国教育研究》2002年第5期，第35-38页。
[3] Glatthorn A. Teacher development. In Dunkin M. The International Encyclopedia of Teaching and Teacher Education. Oxford: Pergamon Press, 1995: 412-422.

样的职业追求、日常生活中对教师职业的体会等，构成了影响教师专业发展的第一维度；学校生活的熏陶、规约和助力，形成了教师专业发展的第二维度；而国家教师政策的倾向以及对教师职业的整体规划，成为影响教师专业发展的第三维度[1]。国外还有研究者指出，积极的学校组织文化氛围会有效促进教师终身学习，增进教师与其他群体的合作交流，进而深度影响教师的专业发展进程[2]。教师专业发展（Professional Development，PD）计划研究显示，激励措施、特定的重点主题和课程设置等是衡量项目是否优秀的特征，这些特征如果被成功纳入教师PD计划并实施，就有可能提高教师PD计划的质量[3]。一项关于学校组织文化对教师专业发展的干预实验研究发现，学校组织文化的干预越深入，对教师专业发展的可持续影响就越大[4]。

我国研究者也注重从理论思辨与实践调查的角度审视优秀教师的成长之路，以此探寻他们成长过程中的经验与发展规律，期待能够为教师群体的成长服务。与国外学者的观点相似，胡定荣从三方面解读优秀教师的成长规律：其一，个体背景是解读优秀教师首要考虑的因素，这些因素包括教师的家庭环境、学习经历、教育年限，甚至包括教师任教的学科、学段和学校等因素；其二，优秀教师成长与个人努力、专家指导、同伴协助以及学校领导的支持密不可分；其三，关键事件，诸如公开课、教学比赛、教学中的挫折等，会在优秀教师成长中烙下不可磨灭的印迹[5]。在一些研究者看来，尽管教师的教龄、受教育年限、学校类型、学校的支持等因素在优秀教师成长过程中会发挥一定的作用，但教师自身的努力，尤其是教师自身的教学反思以及不断进修学习则起到更为关键的作用，成为优秀教师不断突破自我、成就自我的"密钥"[6]。鲁林岳对50位特级教师的调研证实了这一观点，60%的教师认为自身的成功与执着的追求密切相关，高达

---

[1] 张雅慧、蔡辰梅：《教师脆弱性的根源与应对：凯尔克特曼的观点及启示》，《外国教育研究》2019年第5期，第66-77页。

[2] Postholm, M B. Teachers' professional development: A theoretical review. Educational Research, 2012, 54 (4): 405-429.

[3] Popova A, Evans D K, Breeding M E, et al. Teacher Professional Development around the World: The Gap between Evidence and Practice. Working Papers, 2019.

[4] Admiraal W, Schenke W, De Jong L, et al. Schools as professional learning communities: What can schools do to support professional development of their teachers? Professional Development in Education, 2021, 47 (4): 684-698.

[5] 胡定荣：《影响优秀教师成长的因素——对特级教师人生经历的样本分析》，《教师教育研究》2006年第4期，第65-70页。

[6] 王嘉毅、魏士军：《影响中小学优秀教师成长的因素分析——以30位优秀教师的成长经历为样本》，《当代教师教育》2008年第3期，第32-36页。

80%的特级教师热衷于自主学习探索①。除此之外,将教师的动态发展过程进行片段式解剖,分析处在不同发展阶段的优秀教师具体受哪些因素影响,也可以揭示出优秀教师成长的阶段性特征。优秀教师在工作适应期会呈现出盲目冲动的特征;在目标定向期则尝试将理论与教学实践融合统一,解决现实教学中面临的难题;进入自我探索期则充分发挥个人主动性,反复学习观摩其他优秀教师的教学,不断尝试塑造具有自我风格的教学;经过不断的积累最终进入成熟创造期,将自身丰富的教学经验升华为理论②。可以说,优秀教师的成长是一个复杂的过程,在这个过程中,教师个人的职业追求、不断进取的学习探究精神,以及学校组织文化的支持、教师政策的助力等都发挥着不可或缺的作用③。

二、影响优秀教师核心素养和能力发展的因素

对优秀教师的成长经历进行凝练可发现,影响优秀教师核心素养和能力发展的因素包括国家的政策支持、优秀的组织文化与教师的自我评价。

(一)国家的政策支持

优秀教师普遍认为,国家的政策是影响自己发展的一个非常重要的因素。例如,贾桂清老师生长于政治纷争的特殊时期,他回忆说在那个特殊时期,个体的发展是受限的。不过,缘于国家后来的良好政策,自己有幸能读大学,还被分配到一所中学做教师④。由此可见,国家的政策会直接影响教师发展的机会和可能性。

除了国家的政治政策之外,更多的优秀教师表达了新课程改革以来教育政策对自己发展的重要影响。例如,龚雄飞老师强调,2004年中国大地上刮起一场教育改革的旋风,教育部在4个省(自治区)进行了高中新课程改革的试点,此时他也已经在汨罗进行了一些改革尝试,觉得自己应该到中国教育改革的最前沿去。于是他选择海南省海口市作为自己进行高中新课程改革的实验地⑤。无独有偶,李元昌老师也提到,新课程改革倡导综合实践活动课程的开设,这是其"乡

---

① 鲁林岳:《特级教师成长历程与成功因素调查:分析与思考》,《中小学管理》2011年第5期,第8-12页。
② 申燕、吴琳娜、张景焕:《优秀教师成长历程的质性研究》,《当代教育科学》2009年第6期,第25-29页。
③ 赵清明、郝俊英:《浅析中学优秀教师成长过程及影响因素——优秀教师成长规律个案探究》,《沈阳大学学报(社会科学版)》2013年第4期,第256-258页。
④ 龚春燕:《贾桂清与觉醒教育》,北京师范大学出版社2015年版,第8页。
⑤ 龚雄飞:《龚雄飞与学本教学》,北京师范大学出版社2016年版,第20页。

土教育"理论的政策支持背景。新课程改革主张新理念、新教材，这一教育政策促使其开始探索如何利用农村的教育资源开展语文社会实践活动①。张桂蕊老师也同样提到，课程改革是国家制定的一项政策，为了贯彻落实并扎实推进这一政策，学校根据自身的教师培养与配备，以及设施设备状况，研究课程设置的问题并最终做出了小学以综合科为主、初中实行综合和分科相结合的课程设置方案。这一方案得到了国家课程改革领导组和各位专家的高度重视，曲沃成为全国率先设置综合课程、率先使用综合学科教材的试点县②。由此可见，新课程改革作为国家的重要教育政策，影响了很多教师的发展，给教师提供了新的教学思路和突破口。

还有很多优秀教师专门对教师培训政策对自身及其他教师的发展予以强调。例如，张桂蕊老师指出，培训政策对教师的影响很大，经过培训，一张白纸上画了最好的图画③。而贲友林老师也指出，南京市小学教师培训中心曾组织一个小学数学骨干教师研修班听他的课，当时，他们带了两个秒表：一个秒表计上课过程中他言说的时间；另一个秒表计上课过程中学生思考、交流、讲解、活动、练习的时间。他在那节课的言说时间是 9 分钟，学生交流、言说等的时间是 30 多分钟。这使很多教师有所触动，那就是课堂的改变不妨从减少教师的话语量开始④。龚雄飞老师指出，他参与了很多省教育厅组织的中小学教师培训项目，很多教师在培训中得以成长和进步⑤。由此可见，教师培训政策影响了很多教师的发展，培训给了教师新的教学视野和新的洞见，也是提高各种教师素养的最重要抓手。

综上可见，国家的政策支持是教师专业发展的重要支持，我国目前的教师培养制度、资格制度、技术职称制度、教研制度、荣誉制度等是影响教师专业发展非常重要的外在政策因素。

（二）优秀的组织文化

对优秀教师的成长经历进行梳理可发现，优秀的组织文化是影响优秀教师职业发展的另一重要因素。

贾桂清老师认为，身边的领导给予他支持与力量，激励他不断向前，领导的

---

① 李元昌：《李元昌与乡土教育》，北京师范大学出版社 2015 年版，第 15 页。
② 张桂蕊：《张桂蕊与语文拓展式教学》，北京师范大学出版社 2015 年版，第 59-60 页。
③ 张桂蕊：《张桂蕊与语文拓展式教学》，北京师范大学出版社 2015 年版，第 65 页。
④ 贲友林：《贲友林与学为中心数学课堂》，北京师范大学出版社 2016 年版，第 149 页。
⑤ 龚雄飞：《龚雄飞与学本教学》，北京师范大学出版社 2016 年版，第 30 页。

话语常常让他感受到一种期待的力量,哪怕是批评也隐喻了教诲。领导充满期待与关爱的眼神、饱含真情的叮嘱是他改进教学的动力源泉。身边的同事总是那么亲切、那么温馨,这使他的精神世界涌动着真挚的情怀。理解之花总是那样地骄人,因为理解的背后是宽容的风,是关爱的雨。领导和同事的支持是他在寒冬中的一堆篝火、黑夜里的一盏灯光[①]。

张桂蕊老师强调,为了进行有效的校本研训,老教师用他们的经验、年轻教师用他们的热情共同研究、分析、学习,"帮老、提新、攻难点"的学校组织文化促进了每一位教师的发展[②]。

黄爱华老师谈到,初上讲台稚嫩懵懂的他得到了学校卢老师的爱护和耐心教诲,卢老师细致的指导和亲自上示范课促使他刻苦学习、不断改进;学校积极为他创造了上公开课、比赛课的机会,为他搭建了锻炼与展示的平台,这使他品尝到了教学的乐趣,体验到了成功的喜悦,为前进的步伐注入了更大的动力[③]。

综上可见,充满公平正义、关爱支持的学校组织文化有助于教师在教育路程上定型、完善和发展。优秀的组织文化有利于教师树立教育理想精神,提高教师的教学热情,坚定教师的教育信念,使其形成良好的教育习惯,并引导教师不断求实创新。

(三)教师的自我评价

对优秀教师的成长经历进行检视可发现,自我评价是影响优秀教师发展的重要因素。

魏书生老师认为,人脑分为动力部分和工作部分,两者不能互相取代。教师的发展也是如此,愿意教书是教师职业发展的最强劲动力。在教书中,他感受到精神的满足、灵魂的安宁,获得了生存的幸福感和价值感,迷恋教书也就使教学困难和压力变成了机遇和动力。在此动力的推动下,他不断考虑如何能让自己获得更大的发展和进步,会对自己的教学进行点评,会对自己的教学效果进行分析,会对自己的不足进行反思,会根据实际情况调整和改变教学,这是工作部分。魏书生老师反复强调,学生按照语文知识树学习语文,就像司机按照交通

[①] 龚春燕:《贾桂清与觉醒教育》,北京师范大学出版社2015年版,第25-26页。
[②] 张桂蕊:《张桂蕊与语文拓展式教学》,北京师范大学出版社2015年版,第65页。
[③] 黄爱华:《黄爱华与智慧课堂》,北京师范大学出版社2015年版,第5页。

路线图到没有去过的地方一样，做到了心中有数就会少走许多冤枉路①。教师的发展也是如此，只有做到心中有数，才可能使自己的发展有指向、有路径。由此可见，魏书生老师非常注重教师的自我评价对自身发展的影响。

曾军良老师强调，外因是进步的条件，内因是进步的根本，如果要在事业上做出更大的建树，就必须对自己保持清醒而正确的认知，对教学保持冷静的判断，在正确的评价、判断、学习中不断突破自己，不断探索新的教育实验②。

龚雄飞老师强调，在汨罗工作的时候，他感受最深的是全市建立起了一套公平的高中教育质量评价体系，还建立起了统一的教师考评制度。通过考评，他获得了奖励，但更重要的是，通过考评，他越发清晰地了解到自己的优点和不足，越发明白自己需要努力奋进的方向，对自我清晰的认知和评价是影响他发展的非常重要的因素③。

由此可见，优秀教师的发展得益于他们对自我的客观评价、清晰认知和理性判断。教师的知识、才能通常是处于离散、朦胧状态的，需要教师不断地挖掘、发现和开发。教师对自己的认知越全面、越客观，则越能克服自我评价偏见，即过分高估自我或贬低自我，进而越有可能获得自我发展、自我完善。优秀教师正是能够保持对自己的客观评价，才准确把握自己的发展状态和发展趋势，才能进行准确的自我发展设计和规划，才能不断自我完善。

优秀教师的成长过程是教师自身努力的结果，此外还依赖于党和国家相关教师政策的支持。优秀教师能够积极感知国家教师政策和学校组织文化的温暖，充分沐浴在教师政策的缕缕阳光下，浸润在组织文化的和风细雨中，主动践行国家、地方政策要求以及学校的规章制度，积极参与创生组织文化，身体力行地营造出风清气正的教师专业发展主旋律，更为重要的是，优秀教师能够紧握成长的"牛鼻子"，紧紧围绕具有核心价值的教师素养和能力，反思自身优势与不足，积极主动地发展教师核心素养与能力，努力成为大国良师，向着教育家的方向不断砥砺迈进。这些因素既是影响优秀教师成长发展的重要因素，也是优秀教师专业成长所蕴含的教育智慧。影响优秀教师专业发展的个体因素具体有哪些，外部因素是什么，具体有什么样的影响路径，还需要进一步的循证研究。

---

① 魏书生：《魏书生与民主教育》，北京师范大学出版社 2015 年版，第 2 页。
② 曾军良：《曾军良与魅力教育》，北京师范大学出版社 2018 年版，第 11 页。
③ 龚雄飞：《龚雄飞与学本教学》，北京师范大学出版社 2016 年版，第 18-19 页。

三、优秀教师的经验形成受学校组织文化、教师政策和个体因素的综合影响

优秀教师的经验形成和发展是学校组织文化、教师政策和个体因素多因素相互作用的综合结果。优秀教师成长过程离不开内外部因素的共同作用,外部因素决定了优秀教师发展的速度,内部因素则影响了优秀教师发展的成效①。

优秀教师兼备教师核心素养和能力,在人们的印象中,他们既是拥有高尚师德修养的典范、教书育人的表率、教育教学的专家;同时又是教师队伍的翘楚,在教育教学中成绩突出、成果显著,是同事中的楷模和领军人物,深受同事、学生的尊敬和公众的认可。优秀教师通常对教育教学抱有研究热情,教研能力在同行中相对突出,有些成立了名师工作室,对其他教师具有十分显著的引领辐射作用。

优秀教师的成长既受自身特质的影响,也与学校组织文化、教师政策等外在因素密切相关。内外因素相互作用,共同推动优秀教师不断突破自我、实现自我。在众多影响优秀教师成长的内外因素中,学校组织文化特别是精神文化对优秀教师的成长意义非凡,教师地位政策、教师个体实践活动的作用同样不容忽视。

(一)学校精神文化是促进优秀教师发展的重要文化因素

在研究者眼里,文化层次的构成犹如"洋葱",精神文化位于文化的内核,制度文化是精神文化的外在表现,行为文化是制度文化的具体表征,物质文化作为最外面的表皮,包裹其他文化。学校组织文化作为文化的子系统,深刻体现着文化的层次特征,是物质文化、行为文化、制度文化和精神文化的统一。对于优秀教师成长而言,不同层次学校组织文化的作用各不相同,其中学校精神文化对于优秀教师的成长影响最大,制约着优秀教师核心素养和能力的发展②。学校精神文化是教师个体、学校乃至一个区域组织的各种教育认识、教育观念、理念意识等观念形态的集合,蕴含着学校独特的历史积淀、教育理想追求。学校精神文化是一所学校区别于其他学校的标志性特征,承载了全校师生共同的教育理念和

---

① 赵清明、郝俊英:《浅析中学优秀教师成长过程及影响因素——优秀教师成长规律个案探究》,《沈阳大学学报(社会科学版)》2013年第2期,第256-258页。
② 康玥媛、李健:《优秀教师核心素养和能力发展的影响因素研究——基于我国31个省市自治区1960份问卷的实证调查》,《当代教师教育》2019年4期,第17-24页。

追求,这为优秀教师的成长奠定了不可替代的独特文化氛围。学校作为师生共同成长的舞台,优秀教师在学校精神文化的熏陶下不断认识自我、突破自我、超越自我,完成从新手向成熟的华丽转身,并在此过程中实现自身核心素养和能力的跃迁与升华。学校精神文化对优秀教师成长的作用往往是默化、潜隐的,正如荀子所说:"蓬生麻中,不扶而直;白沙在涅,与之俱黑。"(《荀子·劝学》)再如,天津市南开中学教师在"允公允能,日新月异"精神的熏陶下,在严修、张伯苓两位先生的表率下,"使南开教师群体做到了对教育对学生的'一致、认真、热心',更使适应新形势、具有新思想、充满活力、风范可钦的教师活跃在南开校园"[①]。

(二)凸显教师地位的政策是关键外部导向因素

教师地位政策是影响优秀教师核心素养和能力形成与发展的重要外部导向因素。教师地位政策是政治地位、社会地位、职业地位的统一体,并通过社会认知作用于教师个体,促进教师以教书育人为志业,不断涵养思想政治素养、道德素养,提升教育教学本领,向着优秀教师的目标不断迈进。教师是履行教育教学职责的专业人员,这是《中华人民共和国教师法》赋予教师的法定职业地位。基于这一政策要求,教师专业标准和社会对"教师"的专业属性及专业技能提出了更高的要求,这一政策直接影响到教师对自身专业性的高标准定位,在一定程度上提升了教师专业成长的水平。

进入新时代,党和国家对教师职业的政治属性要求更为明确,教师的政治地位更加突出。党和国家强调教师要为党育人、为国育才,要坚持成长为"四有好老师""四个引路人",做到"四个相统一",这为优秀教师坚定从教情怀、秉持仁爱之心、努力实现中华民族伟大复兴指明了工作方向,成为优秀教师提升自我的重要动力。除此之外,党和国家高度重视尊师重教社会氛围的营造,引导全社会崇敬教师、爱戴教师,提高教师待遇保障,这些为优秀教师的形成与发展提供了良好的政策导向和政策支持,全面支撑起教师核心素养和能力的发展。

(三)个体实践活动是优秀教师成长的内在力量

外在环境为教师的成长创造了不容忽视的氛围条件,但这些条件作用的发挥离不开教师自身的教育实践活动,个人实践活动是教师专业发展的根本因素所

[①] 天津南开校史研究中心:《天津南开中学史》,人民出版社2015年版,第90页。

在，决定着教师核心素养和能力的形成与发展。优秀教师的养成和发展是一个由个体逐步适应外界客观环境到追求内在自我实现的动态发展过程，越到发展的后期，个体内在因素对其发展的影响越大，主要表现为促使个人实现理想和目标[①]。教育实践不仅是教师身份认同的生成场域，同时也是不断建设教师核心素养和能力的重要场域。只有教师置身其中，个体实践活动才能真正唤起教师的理想和信念。因此，教师在个人实践活动，如教学实践活动、教育科学研究活动、学校管理活动等过程中，可以展示和提升教师核心素养和能力。

四、优秀教师核心素养和能力发展的三重路径

影响优秀教师核心素养和能力形成与发展的因素可分为三类：教师政策因素、组织文化因素和教师个体因素，前两种为外部因素，最后一种为内部因素。教师政策因素包括教师地位政策、教师待遇政策、教师权利义务政策、教师教育政策、教师管理政策；组织文化因素由表及里依次为物质文化、行为文化、制度文化和精神文化；教师个体因素包括教师主体意识、教师个体实践活动、教师职业幸福感、教师个体经历等因素。优秀教师是外部因素和内部因素交互作用的结果，精神文化外因是首要影响因素，教师地位政策是关键社会保障因素，优秀教师核心素养和能力的形成与发展是内外因素综合作用的结果。基于全国范围的实证调查发现，组织文化中的精神文化因素、教师政策因素中的教师地位政策因素、教师个体因素中的个体实践活动因素都会显著影响优秀教师核心素养和能力的发展，并且这三个因素均具有正向作用[②]。

我们的循证研究表明，在优秀教师核心素养和能力发展的三个显著影响因素中，影响程度由大到小依次为学校精神文化因素、教师地位政策因素、教师个体实践活动因素[③]。优秀教师经验的形成过程是教师核心素养和能力不断发展的过程，促进这一过程的形成需发挥组织文化、教师政策和个体实践的合力作用，促进教师"破茧成蝶"。路径一是加强地区和学校的优质组织文化建设，特别是建设凸显公平正义的、兼具学校深厚文化底蕴和新时代气息的学校精神文化。为优

---

① 申燕、吴琳娜、张景焕：《优秀教师成长历程的质性研究》，《当代教育科学》2009 年第 6 期，第 25-29 页。

② 康玥媛、李健：《优秀教师核心素养和能力发展的影响因素研究——基于我国 31 个省市自治区 1960 份问卷的实证调查》，《当代教师教育》2019 年 4 期，第 17-24 页。

③ 康玥媛、李健：《优秀教师核心素养和能力发展的影响因素研究——基于我国 31 个省市自治区 1960 份问卷的实证调查》，《当代教师教育》2019 年 4 期，第 17-24 页。

秀教师群体的形成营造良好的组织氛围，为优秀教师搭建更好的专业发展平台，在潜移默化的感化中推进优秀教师核心素养和能力的提高、境界的提升。路径二是健全制度保障，以政策法规等提升教师的政治地位、社会地位和职业地位，切实保障优秀教师的发展权益，吸引更多的优秀人才争相从教、乐教善教，激励优秀教师可持续、高质量发展。路径三是增强教师参与个体实践活动的主动性，提高其发展规划能力和实践优化能力，为教师提供专业化、精准化"滴灌式"指导，推动教师更多、更好地参与教学实践活动、教育科学研究活动以及学校管理活动等，在个体实践活动过程中切实提升教师核心素养和能力，最终实现建设一支高素质专业化创新型的中小学教师队伍的目标。无论是外部因素，还是内部因素，均共同作用于教师专业发展的密码——教师核心素养和能力[1]。教师核心素养和能力的内涵是什么，有哪些构成要素，结构框架能否模型化，未来仍需要予以明晰。

---

[1] 黄浩：《教师队伍建设要走出"概念丛林"——中国教育科学论坛（2019）召开》，《中国教师报》2019年4月24日，第2版。

第四章
教师核心素养和能力的结构模型

　　结构是关键,结构决定功能。明确了教师核心素养和能力的内涵,厘清了教师核心素养和能力的特征,就可以深入探求教师核心素养和能力的构成要素,进而构建教师核心素养和能力的双螺旋结构模型,以更好地落实立德树人根本任务。

第一节　教师核心素养和能力的构成要素

欲明晰教师核心素养和能力的内涵与特征，需要确定教师核心素养和能力的构成要素，并在此基础上进一步明确教师核心素养和能力的外延。

一、教师核心素养的构成要素

教育是功在当代、利在千秋的德政工程，为准确回答"培养什么人"的教育问题，界定教师核心素养和能力的外延，必须站在党领导教育事业的基本立场和政治站位上，由此，思想政治素养必然是教师必备的核心素养。管培俊、郭戈、马宪平、王炳明以及李源田等专家在接受访谈时均非常赞同这一观点，强调思想政治素养应该作为教师核心素养的首要指标。有鉴于此，本书对前期研究成果中将教师核心素养主要分为道德素养、文化素养和教育精神予以适当调整[①]，将教师的思想政治素养从道德素养中独立出来，作为教师核心素养的一级维度。

教师核心素养主要包括思想政治素养、道德素养、人文与科学技术素养、教育理想精神，四大素养均符合教师核心素养的概念及特征，其中，思想政治素养规约教师专业发展的方向，道德素养是教师专业发展的本源保障，人文与科学技术素养是教师专业发展的本体保障，教育理想精神是教师专业发展的动力所在。

（一）思想政治素养

思想政治素养符合教师核心素养的概念及特征，并通过规约教育活动的方向实现统帅作用，属于教师核心素养的首要素养。

1. 思想政治素养适应社会发展需求和教师职业要求

从教师职业要求的角度来看，教师肩负国家重任，承担着使学生学习、使学生接受主导政治文化并加以规范化的重任[②]。教师是政治文化传播者，需要给予

[①] 王光明、张楠、李健等：《教师核心素养和能力的结构体系及发展建议》，《中国教育学刊》2019年第3期，第81-88页。
[②] 孙英：《论思想政治教育功能与主流意识形态传播》，《湖北社会科学》2014年第4期，第177-179页。

学生正确的思想引导与启迪，使其形成价值观认同[1]，这就要求教师具有思想政治素养。从社会的发展需求来看，当前社会思潮多样化趋势明显，个人主义、实用主义、拜金主义盛行，因此弘扬社会主义核心价值观，将习近平新时代中国特色社会主义思想作为思想指针，是时代赋予教育的崇高使命。教师作为学生意识形态的引领者，作为政治社会化的主要负责人，必须具备思想政治素养，"深刻领会'两个确立'的决定性意义，增强'四个意识'、坚定'四个自信'、做到'两个维护'，坚持'四个相统一'，争做'四有'好老师，当好'四个引路人'"[2]，如此才能肩负起培养德智体美劳全面发展的社会主义建设者和接班人的重任。《中共中央 国务院关于全面深化新时代教师队伍建设改革的意见》明确提出，"将全面从严治党要求落实到每个教师党支部和教师党员，把党的政治建设摆在首位，用习近平新时代中国特色社会主义思想武装头脑，充分发挥教师党支部教育管理监督党员和宣传引导凝聚师生的战斗堡垒作用，充分发挥党员教师的先锋模范作用"。《新时代基础教育强师计划》进一步强调"全面加强中小学教师思想政治建设，落实意识形态工作责任制"，以此保证教师队伍建设正确的政治方向。由此可见，无论从适应社会发展需求的角度，还是从教师职业要求的角度来看，教师都必须具备思想政治素养。

2. 思想政治素养具有共同性和可建设性

《中共中央 国务院关于全面深化新时代教师队伍建设改革的意见》明确提出，要提高"用习近平新时代中国特色社会主义思想武装头脑"，这说明思想政治素养不仅仅是对某类教师、党员教师的要求，而是对全体教师的共同要求，是全体教师都需要具备的核心素养之一，具有共同性。教师具有思想政治素养意味着教师要在思想上自觉坚持党的领导，在态度上坚决服从党的领导，在行动上坚定维护党的领导，坚决维护以习近平同志为核心的党中央、全党的核心地位[3]。教师思想政治素养的形成离不开正确的理论引导，在接受和参与教师教育的过程中，各种形式的理论宣讲、形势与政策教育、党课可以不断提高教师的政治理论水平，减少教师思想认识上的混乱。教师在从事教育教学以及从事教学研究活动的过程中，政府和学校会对教师提出明确的政治要求，要求教师坚守"政治底线"，学校还会通过树立先进典型，通过模范引领示范，促进教师思想政治素养

---

[1] 马英华：《论高校教师的政治责任》，《思想政治教育研究》2015年第6期，第40-43页。
[2] 教育部：教育部等八部门关于印发《新时代基础教育强师计划》的通知.（2022-04-02）[2022-04-16]. http://www.moe.gov.cn/srcsite/A10/s7034/202204/t20220413_616644.html.
[3] 付德波：《加强高校教师党支部政治建设》，《中国高等教育》2018年第22期，第50-52页。

的提高。这说明思想政治素养符合本书教师核心素养和能力概念中提到的"是在接受和参与教师教育等活动中形成和发展的专业素养",具有可建设性。

3. 思想政治素养具有统帅作用

教师的思想政治素养包括理想信念、爱国精神、政治素养和法治意识。其中,理想信念涉及"为谁培养人""培养什么人"的根本问题,是彰显教师为谁服务的根本问题。爱国精神重在促使教师将爱党爱国作为从教的使命,在教育教学活动中塑造学生深厚的爱国情怀。政治素养强调教师要从政治的高度看待、分析和处理教育教学过程中的各种问题。法治意识是教师对中国特色社会主义法治的推崇、坚信和践行。思想政治素养所包含的各指标要素确保了教师专业发展的方向:理想信念确保教师思想政治素养的方向,是教师思想政治素养的价值底色;爱国精神是教师思想政治素养的方位,是教师思想政治素养的精神亮色;政治素养是教师思想政治素养的灵魂,是教师思想政治素养的精神颜色;法治意识是教师思想政治素养的航标,是教师思想政治素养的社会意志本色。

(二)道德素养

道德素养符合教师核心素养的概念及特征,是教师专业发展的本源保障,属于教师核心素养。

1. 道德素养适应社会发展需求和教师职业要求

从教师职业要求来看,教育天然具有道德属性,教师的教育生活必须是一种"道德"生活,教师的工作是一项"道德"工作,教师必须引导学生崇善、扬善、为善,这就要求教师能为善、导善、劝善,具备道德素养。作为完整的人,教师首先是公民。"教师从来都不仅仅是'学校成员',而且首先是'社会成员'。教师首先不是受学校委托,而是受社会委托承担教师这一社会角色的,即所谓'社会代表者'角色。作为与学生无亲无故的成年人,教师与社会之间实际上订有一份'契约',教师必须按照这份'契约'的要求,'代表'社会引导学生成长发展。这份'契约'在基本层面上规限着教师应当做什么,不能做什么。"[1]与此同时,作为社会成员的教师也并非仅仅在学校场域中工作、生活,而是也在家庭、社区、网络等社会场域中生存与生活。[2]杜威指出,"不可能存在两套伦理

---

[1] 吴康宁:《学校究竟是什么——重申学校的社会属性》,《教育研究》2021年第12期,第14-21页。
[2] 吴康宁:《学校究竟是什么——重申学校的社会属性》,《教育研究》2021年第12期,第14-21页。

原则，一套是为学校生活准备的，另一套则是为校外生活准备的……学校的道德责任，以及学校管理者的道德责任，是对于社会而言的"[1]。"师者，所以传道授业解惑也。"（韩愈：《师说》）自古以来，我国就将道德形象视为教师的最基本形象[2]。相较于单纯在教育教学活动中传授知识的"经师"，人们更推崇能够在各个场合中以自身言行举止对晚生后学施以积极影响的"人师"。《〈公民道德建设实施纲要〉学习读本》指出，专门业务就是所谓的"职业"，"它既是以社会分工为纽带的社会关系，又是个人所从事的正当业务及对社会承担的必要职责，并且还是人们以之为主要生活来源的社会活动"[3]。职业道德就是适应各种职业的要求而必然产生的道德规范，是人们在履行本职工作过程中所应遵循的行为规范和准则的总和[4]。相应地，教师的职业道德是教师从事教育教学活动时的基本行为规范，是教师自己对职业行为的自觉要求[5]。故而，教师职业道德评价指标主要发挥导向教师"专业人员"道德身份建构的功能。职业道德涵盖了从业人员与服务对象、职业与职工的关系[6]。结合《新时代中小学教师职业行为十项准则》《中小学教师职业道德规范（2008年修订）》等政策文件来看，对教师职业道德的实践要求主要可划分为两类，并分别对应这两种关系：第一类对应"职业与职工"，指向教师在教育教学活动中与自身本职工作的关系，指教师在规范从教、传授专业知识的同时潜心育人，即"教书育人"；第二类对应"从业人员与服务对象"，指向教师在教育教学活动中与他人尤其是学生的关系，指教师在人品学问方面作为别人学习的榜样，即"为人师表"。"教书育人"与"为人师表"反映着社会的发展要求和职业要求。综上所述，教师涵养道德素养必然需要适应社会发展需求和教师职业要求。

2. 道德素养具有共同性和可建设性

"学为人师，行为世范"（宋高宗：《文宣王及其弟子赞》）是社会对教师职业的期待，也是教师职业自身的内在要求，是全体教师必备的品质之一。国家通过职前职后等各种教育形式来提升教师的道德认识，先后颁布了《中小学教师职业道德规范》《关于加强中小学教师职业道德建设的若干意见》《新时代中小学教师

---

[1] 〔美〕杜威：《杜威全集·中期著作（1899—1924）：第四卷（1907—1909）》，陈亚军、姬志闯译，华东师范大学出版社2012年版，第215页。
[2] 全国十二所重点师范大学：《教育学基础（第3版）》，教育科学出版社2014年版，第143页。
[3] 本书编写组：《〈公民道德建设实施纲要〉学习读本》，人民出版社2001年版，第5-6页。
[4] 本书编写组：《〈公民道德建设实施纲要〉学习读本》，人民出版社2001年版，第87页。
[5] 全国十二所重点师范大学：《教育学基础（第3版）》，教育科学出版社2014年版，第143页。
[6] 本书编写组：《〈公民道德建设实施纲要〉学习读本》，人民出版社2001年版，第87-91页。

职业行为十项准则》《关于加强和改进新时代师德师风建设的意见》等相关的文件政策,规约着所有教师的道德行为,彰显着毋庸置疑的共同要求。《新时代基础教育强师计划》提出,"常态化推进师德培育涵养,将各类师德规范纳入新教师岗前培训和在职教师全员培训必修内容"。这也充分体现出道德素养要求的共同性特征。教师的道德素养是教师通过接受教育以及在教育教学实践中的摸索和努力而获得的,是教师在专业实践中通过深刻感知、广泛学习、深入反思,有意识地将道德要求用于专业工作、专业活动中而形成的,具有可建设性。

3. 道德素养具有统帅作用

道德是多种因素的综合体,教师应具备的道德素养不是单一的某种道德素养,而是社会公德、职业道德、家庭美德、个人品德等多种道德素养的综合体。在这四个要素中,社会公德是教师在社会交往中应该遵循的行为准则,是社会活动中显现出来的品性,具有直接的行为示范价值;职业道德规定了教育活动中的可为与不可为,是教师职业活动的操守,是专业活动的德性;家庭美德是教师在家庭生活中应该遵循的行为准则,是家庭活动中显现出来的品性;个人品德是个体在慎独活动中应该自觉遵循的行为准则,是人性的最真实体现,直接影响其"三观"的形成。

(三)人文与科学技术素养

人文与科学技术素养符合教师核心素养的概念及特征,是教师专业发展的本体保障,属于教师核心素养。

1. 人文与科学技术素养适应社会发展需求和教师职业要求

从教师职业要求的角度来看,教师肩负教育重任。教育实质上就是赋予人以文化生命,发展人的文化属性的活动。教育天然地隐含着文化的教育,教育过程就是"以文化人""文化育人"的过程。教师职业"化人""育人"的内在要求需要教师具有文化修养。从社会的发展需求来看,当代社会,科技迅速发展,知识量激增,课程体系交融,需要教师摆脱就专业论专业、就知识论知识的窘境,做到"眼中有知""心中有人"。人文与科学技术素养可以帮助教师用更"专业""科学""有内涵""有时代性"的文化来"化人""育人"。由此可见,教师的人文与科学技术素养必然要适应社会发展需求和教师职业要求。

2. 人文与科学技术素养具有共同性和可建设性

教育是教书育人的事业，教师利用丰富的人文、科学、技术等内容引导学生不断掌握适应时代和社会需要的本领，才能高品质地培育党和国家需要的社会主义建设者和接班人。对于全体教师而言，不断提升人文与科学技术素养，既是教师职业的内在要求，也是教师适应时代变化、技术更新、实现自我成长发展的题中之义，这体现着人文与科学技术素养的共同性。教师具有人文与科学技术素养，意味着教师能将人文、科学、技术等内化于心，内化为自己关于人的知识与思想；意味着教师能将人文、科学、技术等外化于行，外化为自己的举止与行为。内化于心、外化于行的人文与科学技术素养是国家或组织通过将人文、科学、技术等固化于物，以文字或符号的方式将文化知识固化于文本资料，凝化于制度、规章等制度体系中，潜移默化于组织文化氛围中，通过要求教师参与实践活动，强化教师的人文与科学技术素养。教师人文与科学技术素养的养成是一个不断发展的过程，教师教育阶段为准教师的人文与科学技术素养的养成奠定了基础，日常的教育教学促使教师不断深化自身对人文精神、科学品质和技术理性的理解与践行，职后培训更为教师系统提升人文与科学技术素养创造了条件，从而促进教师人文与科学技术素养的不断迭代升级，这体现了人文与科学技术素养的可建设性。

3. 人文与科学技术素养具有统帅作用

人文与科学技术素养涵摄人文素养、科学素养、数字素养，是这些素养的集合，并在其中发挥着统帅作用。在这三个要素中，人文素养促使教师从人文关怀的角度审视教育教学目标，做到"目中有人"，使教师的教育行为符合"为人""成人"的目的，保障教育活动合目的；科学素养重视求真、理性、批判精神，可以保障教育活动合规律；数字素养可以帮助教师将教育教学与现代信息技术深度融合，通过教育创新破解新时代的教育矛盾，保障教育活动合时代。人文素养、科学素养与数字素养协同作用，共同发挥"保障"合力，保障教育的活动质量。

（四）教育理想精神

教育理想精神符合教师核心素养的概念及特征，是教师专业发展的动力所在，是教师核心素养的重要指标构成。

1. 教育理想精神适应社会发展需求和教师职业要求

人之为人的根本是精神，从教育职业要求来看，教育以"仁而爱人"为旨归，使学生成"人"，为此就必须关注学生的精神成长，注重对学生的精神引领，这要求教师必须具有教育理想精神。从社会发展需求来看，社会的发展就是人的发展，当今社会强调通过挖掘人的潜能，实现仁者能仁。教育要促成人的解放，必须将人本身视为发展的终极价值与目的，这就需要一种精神，从而为人提供价值支撑、行为向导和力量整合。教育理想精神能提升教师的职业获得感、成就感、荣誉感与幸福感，助力教师在教育教学中解放学生、成就自我发展。以中国式现代化推动中华民族伟大复兴，教师要切实成为中华民族伟大复兴的"圆梦人"，这是新的社会需求和职业要求，为教师理想精神注入了新内涵。为此，教师形成和发展的教育理想精神必然要适应社会发展需求和教师职业要求。

2. 教育理想精神具有共同性和可建设性

马克思指出，"作为确定的人，现实的人，你就有规定，就有使命，就有任务"[①]。党和国家的政策方针为广大教师应该树立什么样的教育理想精神做了"规定"。作为新时代教师，落实立德树人根本任务就是每一位的教师的使命担当，对于教书育人具有远大抱负、高尚情操，应该是每一位教师的共性追求，为此，教育理想精神具有共同性。教育理想精神形成和发展于教师教育的实践活动，成熟于教育教学实践。在教育教学实践以及教学研究活动中，教师又会对其教育理想精神不断进行调整、完善和强化，这体现了教育理想精神是在接受和参与教师教育、从事教育教学以及投身教学研究等活动中形成和发展的，具有可建设性。

3. 教育理想精神具有统帅作用

教育理想精神涵摄着从教情怀和仁爱之心等素养。从教情怀体现了教师对教育活动的希望、追求和向往，推动着教师追求真善美的教育，是教师教育活动的方向动力；同时是人们对教育理想精神的确认和坚信，帮助教师坚信教育的真善美，支撑教师践行教育理想精神，是教师教育活动的践行动力。仁爱之心体现在教师在工作中具体展现出的从教行为上，体现了教师对学生的责任担当和享受教育的真善美。从教情怀和仁爱之心协同作用，共同在教师专业发展中发挥"动

---

① 〔德〕马克思、〔德〕恩格斯：《马克思恩格斯全集·第 3 卷》，中共中央马克思恩格斯列宁斯大林著作编译局译，人民出版社 1960 年版，第 329 页。

力"作用。

二、教师核心能力的构成要素

能力是通过实践反映出来的,能力的形成是实践、社会需要等多重要素综合作用的结果。判断教师核心能力需综合考虑社会和时代发展对教师职业的要求,同时需结合教师职业的内在属性以及教师在教育实践中的表现。教师是实践、关系与精神三种本性统一的存在[①]。"实践性"意味着教师是培育生命的主体,"关系性"体现教师根据自己与他者的关系界定自我,"精神性"表明教师是具有自我内在意识的主体。教师的实践性体现在教师教书育人活动中,是教师职业属性的内在要求;教师的关系性体现在教师与其他主体(如同事、学生、家长等)的交互中,是教师社会属性的表现;教师的精神性体现在教师自我的精神成长中,是教师自我发展的元能力。

依据上述维度,在前期研究中,我们曾将教师的核心能力区分为教育教学能力、沟通合作能力、学习创新能力[②]。在征求意见过程中,专家认同前期研究成果,并给出进一步完善建议。管培俊、郭戈等专家指出教学研究能力是中国基础教育的特色,在我国教师专业发展过程中发挥着重要作用;李业平和宋冬生等专家认为学习离不开反思,反思保证教师专业化的学习;郭戈等专家还建议对于教师核心能力的方向、动力与保障的类型做进一步划分。教师的专业成长不能忽视传统经验的影响,特别是在征询管培俊、万明钢、马宪平和王炳明等专家意见时,他们普遍提出不能忽视教研活动对教师成长的影响。因此在既有教师核心能力体系的基础上,我们对教师核心能力进行进一步的剖析,从专业能力、社会能力和元能力等角度将教师核心能力分解为教育教学能力、研究创新能力、沟通合作能力和学习发展能力。

对教师核心能力的再次探讨既需要从概念界定、特征入手,同时不能忽视教师职业教书育人的特有属性,既要考察社会发展、时代进步对教师教育教学能力、研究创新能力、沟通合作能力、学习发展能力的新要求,同时还需坚守教师发展中取得的优秀经验,做到国际性与民族性、社会性与职业性、时代性与传统性相统一。依照上述判断标准核定教师核心能力,教育教学能力、研究创新能

---

① 郭芳、朱旭东:《论教师哲学的内涵建构》,《教师教育研究》2014年第4期,第1-8页。
② 王光明、张永健、吴立宝:《教师核心能力的内涵、构成要素及其培养》,《教育科学》2018年第4期,第47-54页。

力、沟通合作能力、学习发展能力符合教师核心能力的内涵、特征，同时契合教师职业的多重属性。

（一）教育教学能力

1. 教育教学能力适应社会发展需求和教师职业要求

教育教学能力是教师职业的内在要求。教师的工作在于传授学生知识和基本技能，启发学生思考，引导学生追求真善美，促进学生的德智体美劳全面健康发展，这些是教师义不容辞的责任和义务，是教师职业要求的首要内容。国家颁布实施的众多教师专业标准中，均将教育教学能力作为重要指标。我国于 2012 年颁布的《中学教师专业标准（试行）》《小学教师专业标准（试行）》均强调"突出教书育人实践能力"，教师资格证考试更是将教育教学能力视为教师的必备能力。美国的示范核心教学标准也突出强调教师的教育教学能力[1]。

教育教学能力是文化传承发展的内在要求。教育既是塑造人的活动，也是继承和发展文化的主要渠道，传承发展文化的主要责任在教师，课堂是传播、继承、发扬文化的主阵地，教师的教育教学则是主要途径。从孔子的杏坛到苏格拉底的诘问，从夸美纽斯的班级授课到杜威的民主课堂，不同文化通过教师的教学得以传播。离开教师在课堂中的教学活动，离开教师的教书育人，谈论文化的传承和发展将是一句空话。

提高教育教学能力是新时代赋予教师的新使命、新要求。当前我国已经进入新时代，人民对于优质教育的需求与当前教育发展不平衡、不充分的矛盾愈加突出。优质教育不仅需要优质的教育资源，更需要一流的师资队伍，只有依靠一流的师资才能将优质资源合理、充分利用，成为优质教育促进教育现代化的有力保障。正如联合国教科文组织在《反思教育，向"全球共同利益"的理念转变？》中指出的那样："必须比以往任何时候都更加重视教师和教育工作者，将他们作为全面推动变革的力量。"[2]

提升教育教学能力是教师自我成长的内在要求。从"准教师"到新手教师，再到成熟教师、优秀教师甚至专家型教师，教育教学能力是最有显示度的差异，提升教育教学能力成为教师不断升级换挡的重要表征，也是教师从新手逐渐走向

---

[1] 刘正伟、李玲：《美国中小学教师国家专业标准改革评述》，《比较教育研究》2016 年第 1 期，第 52-58 页。

[2] 联合国教科文组织：《反思教育：向"全球共同利益"的理念转变？》，联合国教科文组织中文科译，教育科学出版社 2017 年版，序言。

成熟的重要标志。为此，教师形成和发展的教育教学能力要适应社会发展需求和教师职业要求。

2. 教育教学能力具有共同性和可建设性

教育教学能力贯穿教师职业生涯。教育与人类社会的形成和发展相始终，教师是人类历史上最古老的职业之一。教书育人是所有教师共同的天然使命与职责，既是教师教育教学的应然目的，也是教师言传身教的必然要求。教师通过讲解、传授、问答、探究、合作等不同形式向学生传递信息，发展学生的核心素养，启发学生的智慧，润物无声，践行立德树人。教育教学能力是全体教师必须具备的核心能力之一，具有共同性的特征。教育教学能力的形成与发展非一日之功，而是伴随着教师专业成长的整个生涯。践行师德、学会如何教学、学会如何育人既是师范生的重要毕业要求，也是师范生需要形成的教育教学本领的重要内容。"准教师"在教师教育阶段发展教育教学能力，既需要接受教育理论和思想的教育与洗礼，也离不开教材分析、教学设计、上课技能，以及践行师德、学会教学和学会育人等实践活动的涵养。从"准教师"到新手教师，再到成熟教师、优秀教师甚至专家型教师，通过有效的教学研究活动以及有组织的教师培训活动等，加速教师的专业发展。总之，教育教学能力的形成和发展离不开个人的努力，同时也离不开外部因素的推力，后者体现着可建设性。

3. 教育教学能力具有统帅作用

教育教学能力是多种能力涌现、生成的结果。教育教学能力不是单一的表现，而是学科知识理解、教学设计与实施、教学评价与反思等多种能力集合、融合的表现。教学是一个复杂的系统活动，包括教学准备、教学实施、教学管理、教学评价等环节，每一环节需要的能力是不同的，只有所有环节有机协调、共同作用，才能有效提升教育教学效果。对应教学的系统环节，教育教学能力统帅学科知识理解、教学设计与实施、教学评价与反思等能力，促使教师从系统化的角度开展教学，促进学生全面发展。

（二）研究创新能力

1. 研究创新能力适应社会发展需求和教师职业要求

研究创新能力是时代发展的必然要求。当今世界发展日益迅速，知识爆炸、技术更新迭代的速度前所未有，可持续发展等新理念、新思想成为人类世界共同的追求。如何在快速发展的时代培养具有核心素养、关键能力的人才，是世界各国面临的挑战。教师被联合国教科文组织视为迎接新挑战、破解新难题、推动世界健康发展的重要力量。人们期待教师能够更加有效地将人类积累的经验传递给下一代，更加高质量地促进学生的全面发展。这一切都对教师提出了新的要求，教师需要更加深入地研究学生情况、教学内容，探索更加有效的教学方法，革新现有的教育教学形式，努力成为高素质专业化创新型教师。研究创新能力是教师职业的内在要求。尽管不同国家在教师专业标准中对教师教学提出的要求不尽相同，但引导教师钻研教学、革新教学方式、倾听学生需求是共同的要求。我国《小学教师专业标准（试行）》《中学教师专业标准（试行）》中均要求教师"把学科知识、教育理论与教育实践有机结合，突出教书育人实践能力"。

研究创新能力是教师专业成长的要求。伴随着互联网、大数据、人工智能等技术的不断进步，知识迭代更新的速度不断加快，教学内容更新的速度也在不断加快，增加了具有时代特征的新的内容，如STEM[科学（science），技术（technology），工程（engineering），数学（mathematics）]、VR（virtual reality，虚拟现实）、AR（augmented reality，增强现实）、MR（mix reality，混合现实）、CR（cinematic reality，影像现实）等，采用新的教学形式，如翻转课堂、慕课等成为学校教育新形态。"双减"政策的实施对于教师提升课堂教学效率、发挥学校立德树人主渠道作用提出了新的要求，教师已有的经验在新的教学面前难免存在不适应的情况，这就需要教师不断钻研教学，积极探索创新教学。学生需求的多样化要求教师深入研究教学，不断创新。不同时代的学生需求千差万别，作为"数字原住民"的当代学生的需求是多样的，甚至家长对教育的需求也呈多样化。如何在新的时代条件下满足学生、家长对学校教育教学的新期待，需要教师不断思考、研究，这就需要教师具备研究创新能力。对教师而言，教学研究活动是发展研究创新能力的重要路径。教学研究活动是我国教育教学多年来积累的优秀经验，大量优秀教师的教学经验通过教学研究活动实现普遍共享，为中青年教师提供了重要的经验借鉴。中华人民共和国成立70多年来，我国涌现了一批又一批的创新型教师，教学研究活动发挥了重要作用。当下智慧教育以及"互联网+"等新一代信息技术在教学研究活动中的应用，为促进教师教学研究创新能力开辟了新路径。

2. 研究创新能力具有共同性和可建设性

教育教学所具有的创造性特征越发凸显，教师今天面对的学生是拥有鲜活生命的复杂主体，学生的兴趣、情感、意识等千差万别，他们具有较强的数字素养，获取信息的渠道在不断拓宽，这需要教师在教育教学过程中针对学生的特点因材施教，创造新的教学方式和手段，激发学生学习动力，提高教育教学质量。高质量的教学设计、高质量的班级管理、高质量的第二课堂活动的设计等也离不开创新思考和研究。追求卓越是教师的天职，追求高质量的教育教学，落实立德树人教育根本任务，需要每位教师都具备研究创新能力。更何况在机器已经能够进行深度学习的时代，教书匠型的教师可能会被智能机器替代，如何创新应用新一代信息技术，更是对教师的研究创新能力提出了新要求。为此，研究创新能力不是教师的高阶能力，更不是只有卓越教师才具备的能力，而是每位教师都应具备的能力，是对教师的共同性要求。

研究创新能力是不断生成和发展的，伴随教师专业成长的整个过程。研究创新能力具体包括教学研究能力和教育创新能力。教学研究能力是指教师有目的、有过程、有方法地解决教学问题的能力。"准教师"阶段的教学研究往往表现为教师引导下的师范生练习，如微格教学等。这一时期的教学研究是浅层次的，对于教学内容、教学方法的研判限于教师的指导和师范生间的合作探讨。进入日常教学阶段，教学研究活动成为教师研判学生、研究教学内容和教学方法的重要途径。在我国，自20世纪50年代开始，教学研究活动成为教师贯彻"双基""三中心"的重要抓手[①]，特别是2001年课程改革以来，校本教学研究成为教师日常工作的重要组成部分[②]，对教师专业成长起到重要的推动作用[③]。专家访谈中，管培俊特别强调，教学研究是我国教育积累的宝贵经验，对于提升教师的能力起到至关重要的作用。教师教学研究能力的形成和发展彰显了可建设性。创新能力的生成和发展是渐进的，需要经过反复地学习、训练、观摩、借鉴。在教师教育阶段，师范生通过不断练习掌握备课、上课的技巧，习得教学设计的方法，学会利用数字技术搜集新的教学资料。在教育硕士等研究生学习阶段，师范生不断掌握有意识地用专业眼光看待教育实践问题的能力、用专业知识分析教育实践问题的能力、用专业知识解决教育实践问题的能力，能够基于教育实践，揭示教育实践系统内部各要素之间的必然、普遍性和本质联系，能够应用教育规律对教育实践的规定、做法或现象等做出合规律解释，以及掌握应用教育规律创新设计实践问

---

① 王晓玲、胡慧娟：《论学校教研方式的转变》，《教育科学研究》2012年第2期，第28-31页。
② 吴立宝、栗肖飞：《中小学校本教研的困境、成因与突破路径》，《课程·教材·教法》2019年第6期，第125-130页。
③ 肖川、胡乐乐：《论校本教研与教师专业成长》，《教师教育研究》2007年第1期，第17-21页。

题的解决方案的能力①，这是"准教师"形成和发展研究创新能力的开端。日常教学阶段，教师需要不断学习新的教学理念，更新教学方式，不断探究学生的发展需求，实现创新能力的不断深化。教科研活动则是教师系统提升创新能力、更新教学理念、探索教学技巧、分享新的教学经验的活动过程，教师的创新能力因不断参与教科研活动而得到提升。教师的创新能力的形成和发展体现了可建设性。

3. 研究创新能力具有统帅作用

研究创新能力是教师教育教学活动中研究能力和创新能力的统一体，其中，前者带有工具理性，后者带有价值理性。教师通过职前"教育科学研究方法""教育测量与评价"等课程的学习，毕业论文等实践活动的涵养，以及职后教研活动和科研活动的深入开展，习得教育教学的研究方法和技能，形成和发展研究能力，在教育教学的活动中彰显实践创新能力，并以创新教学设计、教学案例、论文、著作、教学成果等形式表现出来。研究创新能力统帅着教学设计、教学实施、作业设计、教学管理、教学评价、班级管理、第二课堂、说课和评课等各项活动中的研究创新能力，促使教师不断追求卓越，成为教师专业发展的再生力。

(三) 沟通合作能力

1. 沟通合作能力适应社会发展需求和教师职业要求

沟通合作能力是教师职业具有天然社会属性的内在要求。沟通与合作是对教师职业的社会性和示范性要求。社会是异质群体的集合，不同群体的诉求离不开彼此的交流、对话。对于教师而言，加强多元主体对话、交流，是理解学生需求、家长期待和增进理解的重要方式。家、校、社合作，师师、师生等不同群体之间实现主体间性的协同育人②，对于教师的合作能力也提出了新要求。沟通合作能力成为教师专业标准的重要内容。国际培训、绩效、教学标准委员会（International Board of Standards for Training Performance and Instruction，IBSTPI）制定的教师能力标准中的第一条就是有效的交流沟通③，我国《小学教

---

① 王光明、苏明宇、张楠：《教育硕士生实践创新能力测评的价值、要素和关键性表现》，《学位与研究教育》2022年第5期，第30-36页。
② 王延文、王光明：《关于教育中"主体间性"的一些认识》，《天津大学学报（社会科学版）》2004年第3期，第211-215页。
③ 李高峰：《IBSTPI 教师能力标准述评》，《当代教育科学》2013年第8期，第8-10页。

师专业标准（试行）》《中学教师专业标准（试行）》也将"沟通与合作"视为教师必备的能力。沟通合作能力也是我国师范专业认证中必须要达到的 8 个毕业要求之一。沟通合作能力是教师专业成长的需要。教师在自身的专业发展上不能做"独行侠"，而应是"三人行必有我师"，在与他人的沟通与合作中习得最新的内容，发展自我，从而更好践行立德树人根本任务。

2. 沟通合作能力具有共同性和可建设性

教育是教师与学生主体间交往的实践活动，教师对话交流的对象是活生生的人，这决定了教育活动是教育主体之间的主体间性活动[①]。教师、学生、家长、同事等作为教育活动的主体，不仅存在生理方面的差异，而且在知识、技能、情感、爱好、需要等方面同样存在区别，这种异质的状态会造成教育主体的隔膜甚至误解，而要破解这一难题，关键在于教育主体通过对话、交流来获知、理解对方。对于教师而言，借助沟通手段倾听学生、家长的诉求成为其不断走向成功的前提条件，缺少沟通交流的教育活动容易沦为教师的"独白"，失掉了心灵与心灵对话的可能，自然也就桎梏了教育的活力。对于每一位教师而言，缺少与学生、家长等的深入沟通，却期待育人质量的"青云直上"，这是断难实现的幻想。教育是涉及多主体的活动，教师、家长、同事、学生、学校管理者等多元主体共同参与，相互努力，才可能促进教育成效的如期实现，育人的目标才有可能达成。这不仅需要多元主体的相互沟通，更需要多元主体的相互合作，教师、家长、同事、学校管理者等只有共同合作，才有可能形成教育合力，促使学生的全面成长。这不是某位教师能力的体现，而是对所有教师的共同要求。在此意义上说，沟通合作能力要求体现了鲜明的共同性特征。

教师沟通合作能力的形成、发展是长时间积累训练的结果。教师教育阶段的师范生在与教师、同学的交流对话中初步学习沟通的技巧，形成沟通的能力、合作的意识。进入职后教育教学阶段，教师需要增强与教育相关者，包括教师与学生、教师与家长、教师与同事、教师与领导的会话与交流能力。教师通过唤醒他者的同理心，以及信息的传递、交流与共享，获得彼此的理解；同时需不断提升自己与同事、家长合作的能力，达成共同育人的目的。在教学研究活动中，教师更是需要利用与他人的沟通，增进自己与志同道合者之间的合作，分享各自的教学经验，从而提升教师自身的能力，这体现了沟通合作能力的可建设性。

---

① 王延文、王光明：《关于教育中"主体间性"的一些认识》，《天津大学学报（社会科学版）》2004 年第 3 期，第 211-215 页。

3. 沟通合作能力具有统帅作用

沟通合作能力是教师多种能力的展现，是人际沟通能力、团队合作能力的集中体现。沟通能力是教师倾听理解能力、言语表达能力、共情能力等一系列能力的集合，合作能力则是教师遵循互惠互利原则，消弭分歧，求得共识等能力的集合，主要体现为教师执行力、支持力与引领力。教师与学生、家长突破异质主体的束缚，通过对话、倾听传递思想情感，反馈彼此诉求，消除沟通隔膜，实现师生思想一致和情感畅通，促进教育教学的提质增效。合作是教师与同事、家长等教育利益相关者彼此相互配合、联合行动以形成教育合力的过程，在合作能力的统领下，教师与家长、同事等群体互惠互助、协作一致，实现群体协同，增进家校的和谐共处与相互促进，共同提升教育教学品质，这体现出沟通合作能力的统帅作用。

（四）学习发展能力

1. 学习发展能力适应社会发展需求和教师职业要求

学习发展能力是教师职业应然具有学习者属性的必然要求。党的十六大、十七大、十八大、十九大直至二十大，持续提出建设学习型社会的重大战略任务，学习与发展是社会发展对教师的必然要求。人类社会是一个不断学习的社会，终身学习、自组织学习、反思性学习等理念早已盛行。各种知识、技术更新发展之快令人瞠目，教师作为传递文化、传承文明的代表，如果失去学习的能力与自我更新的品性，将难以适应时代的要求。学习发展也是教师职业发展的内在要求。学会发展是我国师范专业认证"一践行三学会"理念的构成要素。加拿大不列颠哥伦比亚省于2019年颁布实施了新的《教育者专业标准》（Professional Standards for BC Educators），其中在专业学习方面将旧标准的"终身学习"改为"专业学习"[①]，凸显了对新时期教师学习发展能力的新要求。全球化的浪潮早已席卷世界，世界各地新的教学理念、教学方法、教学资源可以通过互联网平台触手可得，慕课平台、TED（Technology Entertainment Design）公开课等共享式教学资源无疑为教师的专业发展提供了更为广阔的舞台，利用优质资源不断丰富提升自身的教育教学能力、教学研究能力，促进教学创新，成为当下教师成长的必由之路。

---

① 王光明：《用网络督促教师专业成长》，《中国教育报》2020年6月5日，第6版。

2. 学习发展能力具有共同性和可建设性

教育是常新的事业，教师需要不断更新自我素养和能力，以适应知识爆炸的时代特征。同时新的时代背景下，学生的成长需求和发展样态也与以往有所区别，尤其是信息技术的不断迭代升级，塑造了"读屏"一代的学生，他们成为数字时代的"原住民"，这赋予了他们与以往学生不同的电子产品依赖特征，同时开放包容的时代气息也赋予了他们开放多元的心理需求，这些都给教师工作带来不小的挑战。为适应这些变化，每一位教师必须具备学习发展能力，能够积极开展自主学习，不断实现专业发展。在此意义上，学习发展能力是每位教师必须具备的核心能力，具有共同性的特征。

学习发展能力贯穿教师生涯的全过程。教师是学习的专业，同时也是专业的学习，学习是教师认识自我、提升自我的必要手段，并伴随教师整个生涯过程。处于教师教育阶段的师范生主要学习教育学知识、心理学知识，发展个人教学技能。《普通高等学校师范类专业认证实施办法（暂行）》指出，"以师范生的学习效果为导向，对照师范毕业生核心能力素质要求，评价师范类专业人才培养质量"。在日常教学阶段，学习发展能力成为教师储备学科性知识、教育类知识、实践类知识的保障，是教师获得教育方法、掌握教育原则的保障，是教师体验教育情感、认同教育理念、践行教育理想精神的保障。职后培训更是为教师学习发展能力的提升创造了专业化的平台，促使教师不断更新提升教育教学本领，实现自我能力的跃升，这体现了学习发展能力的可建设性。

3. 学习发展能力具有统帅作用

教师的学习发展能力是教师自主学习能力和专业发展能力等多种能力涌现而成的统一体。对于教师而言，自主学习能力促使教师有求知的渴望与追求，促使教师能够不受外界干扰，采用自主阅读、听讲、观察、实践等手段实现自我持续性变化，扩容知识储备，更新教育教学本领，涵养丰富的素养品质与价值追求[1]。专业发展能力则为教师的自主发展提供了更为明确的前进方向，保障教师的自主学习紧紧围绕自我成长、专业能力提升展开，促使教师不断向优秀教师、教育家等更明确的目标努力。从严格意义上来说，学习与发展都是变化过程，学习意味着发展的开始，而发展则是学习的过程和结果，两者连为一体，构成教

---

[1] Wang G, Kang Y, Li F, et al. An evidence-based study on the current status of Chinese secondary school mathematics teachers' autonomous learning capacity across demographic and contextual factors. Frontiers in Psychology, 2022（13）: 1042838.

师核心能力，保障教师的个人发展。学习发展能力统领、引导教师不断突破自我，更新自我知识、教学本领和教育理想精神追求，使其向着卓越的发展方向不断奋进。

教师核心素养和能力是一个具有包容性的素养和能力体系，教师核心素养统帅思想政治素养、道德素养、人文与科学技术素养和教育理想精神，教师核心能力统帅教育教学能力、研究创新能力、沟通合作能力和学习发展能力。教师核心素养和能力是面向全体教师的共同要求，统帅系列素养和能力而构成一个系统，同时在教师专业发展的各个阶段不断生成、变化、发展，进而推动教师不断突破自我、更新自我、发展自我，实现成为"四有好老师"的目标。

第二节 教师核心素养和能力的双螺旋结构模型

教师核心素养和能力作为教师素质的内核，可以统帅、引领其他教师素养和能力的发展。建构教师核心素养和能力的结构体系，有助于明晰与聚焦教师专业发展目标，有利于提升教师队伍建设的效率。

明晰了教师核心素养和能力的内涵与构成要素，接下来需要确定教师四大核心素养和四大核心能力的结构。本节借用生物学 DNA 双螺旋结构模型，构建教师核心素养和能力的双螺旋结构模型[1]。

一、双螺旋结构模型的构建

素养是能力的基础，离开素养，能力就成了无源之水、无本之木；能力是素养的外在表现，是外显的素养，离开能力，素养将无法表现、观察、确证和把握。素养和能力像一座冰山，越往"冰山底部"延伸，其素养导向越突出；而越往"冰山顶部"延伸，其能力导向越突出[2]，能力是冰山表面可以看到的外显部

---

[1] 王光明、黄蔚、吴立宝等：《教师核心素养和能力双螺旋结构模型》，《课程·教材·教法》2019 年第 9 期，第 132-138 页。
[2] 潘建林：《中小企业创业胜任的素质与能力双维度冰山模型》，《统计与决策》2013 年第 9 期，第 186-188 页。

分,素养是冰山下面内隐的不易被看到的部分①,对能力的发展起着关键性作用②。因此,能力是外显的,素养是内蕴的,两者之间既有联系又有区别。

1953年,沃森(J. D. Watson)、克里克(F. H. C. Crick)确认了DNA螺旋结构,分析得出螺旋参数:磷酸根在螺旋的外侧构成两条多核苷酸链的骨架,方向相反;碱基在螺旋内侧,两两对应③。鉴于素养和能力的关系,结合前面教师核心素养和能力结构体系的阐述,借用生物学DNA双螺旋结构模型,我们认为四大核心素养和四大核心能力类似于DNA的糖-磷酸和碱基,教师教育、日常教学和教学研究活动等类似于DNA的酯键,教师核心素养和能力则通过这些酯键交替连接,互连互通,从而实现教师核心素养与能力的双重螺旋、多向耦合、纵横交织、有机交融。由此,本书围绕"立德树人"这个共同轴心旋转,构建了教师核心素养和能力的双螺旋结构模型,即教师核心素养和能力"一轴双链八要素"双螺旋结构模型(图4-1)。教师核心素养和能力构成"一轴双链八要素"的双螺旋结构模型,推动立德树人根本任务的实现④。

(一)一轴与双链

"一轴"指"立德树人"。立德树人是新时代教育的根本任务。习近平总书记在北京大学师生座谈会上指出,"要把立德树人的成效作为检验学校一切工作的根本标准,真正做到以文化人、以德育人,不断提高学生思想水平、政治觉悟、道德品质、文化素养,做到明大德、守公德、严私德。要把立德树人内化到大学建设和管理各领域、各方面、各环节,做到以树人为核心,以立德为根本"⑤。落实立德树人根本任务,需要切实强化立德树人的育人队伍建设⑥,需要教师提高自身专业发展的水平,发展教师核心素养和能力。

"双链"分别指"教师核心素养链"和"教师核心能力链"。教师核心素养是蕴含在教师身心深处的品质和修养,具有内蕴的价值特性,偏向质量范畴,可用优劣评价。教师核心能力是教师在教育教学过程中展现出来的个性心理特征,

---

① McClelland D C. Identifying competencies with behavioral-event interviews. Psychological Science, 1998, 9 (5): 331-339.
② 肖云、翟娟:《基于冰山模型的农村经纪人素质研究——以重庆市为例》,《中国农业大学学报(社会科学版)》2010年第1期,第179-185页。
③ Watson J D, Crick F. Molecular structure of nucleic acids. Nature, 1953, 171 (4356): 737-738.
④ 王光明:《核心素养和能力促教师专业发展》,《中国教育报》2019年4月25日,第7版。
⑤ 本书编写组:《习近平总书记教育重要论述讲义》,高等教育出版社2020年版,第56页。
⑥ 白显良、崔建西:《新时代立德树人的价值定位、时代内涵与实践要旨》,《思想理论教育》2018年第11期,第4-9页。

具有显著的外显特征，偏向数量范畴，可用高低刻画。教师核心素养的内蕴价值特性与教师核心能力的外显行为特征，一内一外，构成了教师专业发展的两条主链条。

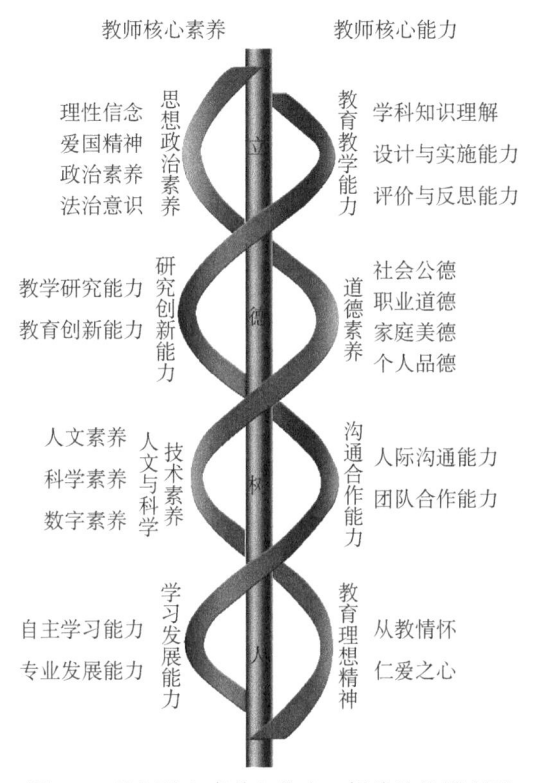

图 4-1　教师核心素养和能力双螺旋结构模型图

（二）八要素

依据习近平总书记对教育、教师的系列重要论述，综合前文分析，教师核心素养和能力的构成要素包括思想政治素养、道德素养、人文与科学技术素养、教育理想精神、教育教学能力、研究创新能力、沟通合作能力与学习发展能力。教师核心素养和能力的八要素在教师专业发展中的地位不同，其中，教师的思想政治素养表征教师专业发展的政治向度，是教师专业发展的方向遵循；教师的道德素养和人文与科学技术素养承载教师专业发展的"德性"与"文化性"，是教师专业发展的双重保障；教师的教育理想精神推动教师不断超越自我，是教师专业发展的原动力；教师的教育教学能力是教师最基本的也是最根本的职业要求，是教师专业发展的职业力；教师的研究创新能力推动教师不断冲破传统，追求卓越，是教师专业发展的再生力；教师的沟通合作能力承载着教师专业发展的"群体"向度，是教师专业发展的社会力；教师的学习发展能力承载着教师专业发展的"个体"向度，是教师专业发展的元能力。

（三）双链内部及双链间的内聚耦合

内聚耦合多用来描述两种或多种事物在发展过程中呈现出的一种互相联系、互相协调、互相作用、互相促进的良性互动状态[①]。在教师核心素养和能力双螺旋结构模型中，这种内聚耦合关系主要表现为教师核心素养和能力通过教师教育、日常教学和教学研究活动等实现相互联系、相互作用，进而形成相互促进的关系。这种关系具体又分为以下三类。

1. 教师核心素养的内聚耦合

教师核心素养围绕"培养什么样的人、怎样培养人、为谁培养人"的根本问题，确保教师的思想政治素养、道德素养、人文与科学技术素养、教育理想精神等不断发展，保障培养德智体美劳全面发展的社会主义建设者和接班人。思想政治素养、道德素养、人文与科学技术素养、教育理想精神四位一体，构成教师核心素养结构体系，四个教师核心素养在促进教师专业发展中的作用又有所不同。教师思想政治素养表征教师专业发展的思想政治向度，是教师专业发展中的思想政治品性和方向所在，统领教师的道德素养、人文与科学技术素养、教育理想精神的发展方向。道德素养和人文与科学技术素养承载着教师专业发展的"德"与"文化"品质，是教师专业发展的本体所在。教育理想精神推动着教师不断提高和完善其他三个核心素养，超越现有水平，这是教师专业发展的动力所在。道德素养和人文与科学技术素养的提高反过来又会激发教师的教育理想精神。

2. 教师核心能力的内聚耦合

教师核心能力侧重立德树人根本任务，直接影响着德智体美劳全面发展的社会主义建设者和接班人的数量和质量。教育教学能力、研究创新能力、沟通合作能力、学习发展能力四位一体，构成教师核心能力结构体系。教师核心能力在促进教师专业发展中所处的地位又有所不同。教育教学能力类似基准轴，为教师职业的基本要求，是教师专业发展的职业能力所在，研究创新能力、沟通合作能

---

① 辛治杰：《社区教育发展与社区文化建设的双螺旋模型研究》，《中国成人教育》2018年第14期，第114-118页。

力、学习发展能力都服务于教育教学能力的提高。为了切实提高教育教学能力，教师必须提高研究创新能力、沟通合作能力、学习发展能力。研究创新能力推动教师不断超越现有水平，追求卓越，是教师专业发展的再生力所在。学习发展能力主要包括自我认知、反思以及持续学习能力等，是教师专业发展的元能力所在。同时，学习发展能力与研究创新能力又相互作用、相互影响。学习发展能力是教师研究创新能力的前提，研究创新会使教师的学习和发展更加深刻和更有目的性。沟通合作能力的发展主要指向教师沟通交流能力与协同合作能力的发展，是教师专业发展的社会能力所在。

3. 教师核心素养和核心能力间的内聚耦合

立德树人活动中"为谁培养人，培养什么样的人"的教育根本任务的落实，更需要教师的核心素养发挥作用。立德树人活动中"怎样培养人"的有效任务的落实，更需要教师的核心能力发挥作用。"双链"似麻花状，绕"立德树人"这个共同轴心盘旋，把"立德树人"的成效作为检验教师专业发展的根本标准。教师核心素养对于教师核心能力具有奠定基础和引领发展的作用，影响着教师核心能力的品质和速度；而教师核心能力也会反作用于教师核心素养，促进教师核心素养的发展质量和速度。

二、双螺旋结构模型的运行

教师核心素养和能力的八个要素紧紧围绕"立德树人"这一轴心，借助教师教育、日常教学和教学研究三大活动实现多向耦合，共同促进教师专业发展。

处在教师教育阶段的"准教师"的核心素养和能力显然处于生成阶段，教师核心素养不断积聚，教师核心能力不断练就。师范专业和教育硕士专业等学习活动帮助"准教师"树立正确的政治方向、政治意识，坚定政治信仰和理想信念，培育爱国主义精神和法治意识，认知教师职业道德以及心理健康意义，逐渐积淀人文素养、科学素养与数字素养，并引导他们树立远大的教育理想精神，同时促使他们训练教育教学技能，初步形成基本的教育教学能力，认知研究创新的意义，学会与人沟通合作，初步习得学习发展能力。

进入日常教育教学阶段，教师的思想政治核心素养在知行合一的教育实践活动中得以不断充盈，思想政治素养的方向作用得以彰显，教育理想精神不断发挥动力作用，道德素养、人文与科学技术素养不断发挥保障作用。核心能力在教学实践中不断娴熟，特别是教育教学能力、沟通合作能力、研究创新能力会因日常教学的开展得到新的发展，同时在学习发展过程中会帮助教师领略专家学者和榜样教师的风采，进而不断完善教师核心素养和能力。

通过职后教师培训活动，教师的教育教学能力得以进一步提升，教育理想精神的动力得以充电，学习发展与研究创新能力得以充分发挥作用，教师对于核心素养和能力的意义认知会得到进一步升华，升华的认识会促进教师核心素养和能力得以进一步发展和完善。通过参与各级各类教学研究活动，教师之间的经验相互融通，进一步促使教师核心能力提升，同时蕴含在榜样教师身上的核心素养也会对其他教师起到示范作用，激励其他教师不断升华自身的核心素养品质，两者相得益彰，互促共进。

总之，教师核心素养和能力的双螺旋结构模型，将教师核心素养和能力的八要素有机多向内聚耦合，在教师教育、教育教学和教学研究等活动过程中交互作用、协同发展，该模型是教师践行立德树人根本任务的要素结构模型。"为谁培养人，培养什么样的人"教育根本任务的落实，更需要教师核心素养作用的彰显；"怎样培养人"教育根本任务的落实，更需要教师核心能力作用的彰显。特别要说明的是，四个核心素养与沟通合作能力等核心能力不仅在教师的职业实践中发挥作用，还在教师个人交往实践活动中发挥作用。教师核心素养和能力双螺旋结构模型是作为全人教师全域发展的 DNA，也是教师发展的要素结构模型。

第五章
教师核心素养和能力的发展机理

教师核心素养和能力具有统帅作用，统帅教师其他素养和能力的发展。开展教师核心素养和能力发展机理研究，就是要破解教师专业发展的密码，找准影响教师专业发展的内外部因素，从而实现教师专业发展的提质增速[1]。按照对主体影响的类别，影响教师核心素养和能力发展的因素可分为内部和外部两类。内部因素是教师核心素养和能力发展的内在动力；在外部因素中，政策为教师核心素养和能力发展提供制度保障，组织文化对教师核心素养和能力发展起浸润作用。教师核心素养和能力发展的内在动力及其作用机理、外部因素及其作用机理是本章的重点。

---

[1] 黄浩：《教师队伍建设改革要走出"概念丛林"——中国教育科学论坛（2019）召开》，《中国教师报》2019年4月24日，第2版。

第一节　教师核心素养和能力发展的内在动力激发

内部因素是与教师自身的相关因素，包括个人生活经验、主体意识、教育实践活动、职业幸福感等。各个因素在教师核心素养和能力发展中所起到的作用不同，教师个人生活经验具有激发作用，主体意识具有驱动作用，教育实践活动具有促动作用，职业幸福感具有催化作用。

一、个人生活经验的激发机理

个人生活经验不是孤立的人生经历，恰恰相反，它是在不同的社会、文化、历史背景下，教师在教育过程和日常生活中所经历的所有事件与活动的集合[1]。个人生活经历与教师个人成长是高度融合的，在促进教师自我反思的同时，会激发教师自我成长[2]。在古德森看来，教师之前的生活经历和背景能够帮助他们形成对教学的看法，并成为他们教育实践的基本要素，学校、学科和教师职业的"生活史"将提供重要的背景知识。也就是说，教师的个人生活经验为教师从事教育工作奠定了必要的基础。

教师的个人生活经验往往是教师多种经历交织在一起的阅历，是教师理解教育活动、感悟教育实践、自我提升教师核心素养和能力的重要影响因素。教师的个人生活经验，特别是教师在个人生活中感受到与教师职业相关的自主、胜任和归属的体验，成为教师认同自身职业价值的内在动机，同时在这一内在动机的驱动下，教师更加关注自身的核心素养和能力发展，促使自己不断突破自我、完善自我。

教师个人生活经验的文化特性和社会氛围赋予了教师对教育事业的初始认知，构成了教师专业发展成长的背景内容构成要素。我国自先秦时代起就有尊师重教的文化传统，"学为人师，行为世范"（宋高宗：《文宣王及其弟子赞》），"师

---

[1] 姜勇：《个人生活史与教师发展初探——一种解读教师专业成长的新视角》，《外国中小学教育》2004年第3期，第17-20页。

[2] 姜勇：《个人生活史与教师发展初探——一种解读教师专业成长的新视角》，《外国中小学教育》2004年第3期，第17-20页。

者，人之模范也"（扬雄：《法言·学行》），"举世不师，故道益离"（柳宗元：《师友箴》）等认识成为中华优秀传统文化中的基因，塑造了中华民族尊师重教的优秀传统，这些传统成为我国大众认知教师职业的"先天"标识。进入新时代，党和国家将教师队伍建设作为基础工作，从制定政策文件到表彰优秀教师，不断提升教师的社会地位和政治地位，尊师重教氛围越来越浓厚，成为广大教师热心从教的重要动力之一，同时也激励着教师不断提升自身核心素养和能力，巩固、强化师者模范的形象。

教师丰富多样的个人生活经验，从多种角度激活教师对教育事业的自我觉知。教师的学校生活、学科教育生活、职业生活促进教师对教育事业进行更进一步的省察与反思，特别是教师职业生活中的重要事件更为教师思考教育提供了必要的机会[1]，如教师公开课获得表彰、示范课展示得到同事认可、课堂教学得到专家赏识、教育教学得到学生及家长的尊重与认可等关键事件，更容易激发教师的自我成就感，满足教师的胜任需求、自主需求和归属需求[2]，帮助教师获得能力感、自主感、关爱感，进而催生教师对提升自我素养和能力的内在需求，引导教师进一步涵养思想政治素养、道德素养等核心素养，提升教育教学能力、沟通合作能力与研究创新能力等核心能力，以此更加有效地回应党和国家、教师群体以及学生与家长的期待。

一方面，教师的个人生活经验为教师认知自身职业重要性提供了必要的社会文化背景。教师这一体面职业能够激起教师的敬业精神[3]，引导他们自发倾向从事教育事业，一旦从事教育工作，这种对尊师重教社会氛围的觉察、认同，更容易激发教师的教育理想精神，使其坚定从教情怀，用仁爱之心对待学生与工作。另一方面，教师对教育事业的美好体验，特别是在教育工作中获得的尊重、信任、归属感和成就感，赋予了教师更多的职业自觉，激发教师更加自觉地修行思想政治素养、道德素养、教育理想精神和人文与科学技术素养，不断提升个人教育教学能力，强化沟通合作能力，优化研究创新能力，加快学习发展能力，向着高素质专业化创新型的"四有好老师"不断前进。

---

[1] 姜勇：《个人生活史与教师发展初探——一种解读教师专业成长的新视角》，《外国中小学教育》2004年第3期，第17-20页。

[2] 林高标、林燕真：《动机的自我决定理论及其对教师专业发展的启示》，《教育发展研究》2013年第4期，第24-28页。

[3] 卿涛、刘爽、王婷：《体面劳动与敬业度的关系研究：内在动机、心理需求的作用》，《四川大学学报（哲学社会科学版）》2016年第5期，第134-143页。

二、教师主体意识的驱动机理

哲学上将主体意识视为人对于自身的主体地位、主体能力和主体价值的自觉意识[1]，心理学将主体意识看作个人对自身作为活动主体的本质的认知、情感和意愿[2]。对于教师而言，教师主体意识是教师对自己作为教育活动主体的本质的认知、情感和意愿，包括教师主体认知、教师主体情感和教师主体意愿三部分。其中，教师主体认知是教师对自己作为教学活动主体的本质、地位和价值的认识、判断和总结，主要表现为教师的职业认知。教师主体情感是教师对自己作为教学活动主体的内在感受和体验，主要表现为教师的职业情感；教师主体意愿是教师为了争取获得主体地位，主观能动地使自身得到发展的意愿，主要表现为教师的发展意愿。

如果将教师核心素养和能力比喻为一辆汽车，那么教师主体意识三要素对于教师核心素养和能力发展的影响为：教师的职业认知是"方向盘"，教师的职业情感是"引擎"，教师的发展意愿是"油门"（图5-1）。全面而深刻的职业认知会激发教师的职业情感，使教师产生自我发展的内在需求，进一步增强教师的发展意愿。教师的职业认知、职业情感和发展意愿三者相互影响，相互作用，相互促进，共同驱动教师核心素养和能力稳健发展。

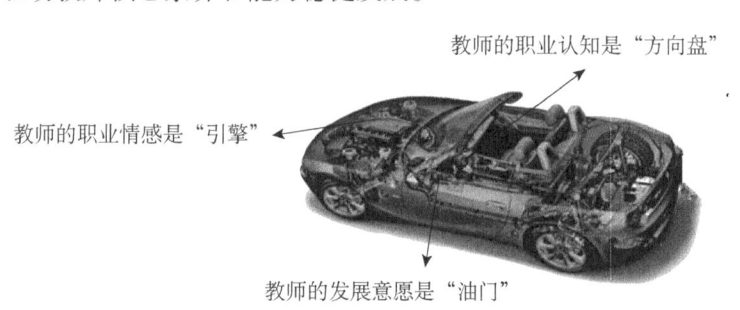

图 5-1 教师主体意识促进教师核心素养和能力发展的驱动机理图

（一）教师的职业认知是驱动教师核心素养和能力发展的"方向盘"

职业认知是教师职业发展的前提条件。教师只有充分了解教师职业，才有利于把握教师职业要领，体悟教师职业魅力，激发对教师职业的认同。教师的职业认知是教师对职业本质、职业地位和职业价值的整体认知，三者层层递进，环

---

[1] 夏征农，陈至立：《大辞海·哲学卷》，上海辞书出版社2015年版，第100页。
[2] 彭聃龄：《普通心理学（第5版）》，北京师范大学出版社2019年版，第184-187页。

环相扣，相互影响，相互促进，相辅相成，为教师核心素养和能力的建设指明方向，驱动其发展。所以，教师的职业认知是教师核心素养和能力发展的"方向盘"。

教育的本质和原点是育人[①]，是塑造党和国家需要的全面发展的建设者和接班人。教师对职业本质的清晰认知，有利于教师正确认知学生德智体美劳全面发展的重要价值，激发教师对于自身素养和能力的理性审视，明了自身思想政治素养、道德素养等核心素养的优势和不足，正视自身教育教学本领、师生沟通能力的长处和短板，激发起教师研究创新、学习发展的内在需求，引导教师不断提升自身的人文与科学技术素养，向着教书育人楷模的方向不断努力。

教师对职业地位的准确认识有利于教师的健康成长，更有助于激发教师的敬业度[②]。强国必先强师，努力造就大国良师，给予教师崇高的社会和政治地位已经成为新时代全社会的共识。习近平总书记指出，"各级党委和政府要满腔热情关心教师，让广大教师安心从教、热心从教、舒心从教、静心从教，让广大教师在岗位上有幸福感、事业上有成就感、社会上有荣誉感，让教师成为让人羡慕的职业"[③]。对教师职业地位的尊崇满足了教师社会归属感的需求和受尊重的需求，"一个安全、归属、爱的需要得到满足的人……他又获得了尊重和赞赏，并且进而发展了自尊心，那么他就会更进一步地健康、更加自我实现，成为更加丰满的人"[④]。马斯洛的需求层次理论表明，当个人较高层次的需求得到满足时，其内在的发展动力更容易被激发，进而促进人的进步。对于教师而言，受人尊崇的社会地位满足了教师受尊重的需求，这将进一步激发起教师对教师职业的认知和情感认同，激起教师学习教育相关理论知识的欲望，提高自身的人文与科学技术素养、教育教学能力、学习发展能力、研究创新能力、沟通合作能力等核心素养和能力，巩固捍卫人们对教师地位的认知。

教师对职业价值的认知有利于教师明确自身所肩负的职业使命感，明确教师是人类灵魂的工程师、传承人类文明的使者，承载着传播知识、传播思想、传播真理的使命，担负着塑造灵魂、塑造生命、塑造新人的时代重任。教师对职业价值的认知可以催生教师内心的职业热情，坚定教师对教育工作的毅力，指引教师积极履行国家赋予的职业使命，为培育社会主义合格建设者和接班人而砥砺

[①] 鲁洁：《教育的原点：育人》，《华东师范大学学报（教育科学版）》2008年第4期，第15-22页。
[②] 卿涛、刘爽、王婷：《体面劳动与敬业度的关系研究：内在动机、心理需求的作用》，《四川大学学报（哲学社会科学版）》2016年第5期，第134-143页。
[③] 本书编写组：《习近平总书记教育重要论述讲义》，高等教育出版社2020年版，第222页。
[④] 〔美〕马斯洛：《动机与人格（第3版）》，许金声等译，中国人民大学出版社2012年版，第50页。

前行。

(二)教师的职业情感是驱动教师核心素养和能力发展的"引擎"

教师的职业情感是教师对其职业的理解和态度。有较强职业情感的教师,工作激情、学习热情、奋发进取的干劲儿更强烈,更容易在工作中取得成效,所以教师的职业情感是教师核心素养和能力发展的"引擎"。教师的职业情感主要从入职动机、职业认同感、职业满意度三个方面驱动教师核心素养和能力的发展。

教师的入职动机是直接引起、推动并维持教师职业活动,实现一定教育目标的内部动力。它影响着教师看待职业和处理工作的方式,激发教师对待自身职业的积极性和创造性。教师的入职动机主要取决于教师的价值观和个人需求。教师的价值观是教师基于自身对教师职业的理解,对工作的意义、作用、有效性和重要性做出的整体评价,是促进并指引教师采取决定和行动的原则,使教师行为具有稳定的倾向性。对教师职业的价值有充分的认识,能引导教师形成正确的价值观,从而促使教师寻求自身素养和能力的提升,以实现职业价值。

教师的职业认同感是教师在职业中建构的与职业特征相联系的认知和感受。教师对自身职业从内心里认为其有意义、有价值,能从中找到乐趣,热爱教育事业,认同教师工作价值,可以引导他们把毕生精力集中于对教育理想的追求,并从中体验实现自身价值的满足感。一方面,强烈的职业认同感可以激发教师的教育理想精神,促进教师专业能力的发展,使其主动加强个人道德素养,注重自身核心素养的涵养与核心能力的提升,促使其成为优秀教师;另一方面,教师作为教育教学活动的主体之一,他们对于职业的认同程度在很大程度上决定了教育教学活动的有效性。因此,教师有强烈的职业认同感,在工作上才能保持如火的热情和学习激情,才能更好地做好服务工作,进而潜移默化地驱动教师核心素养和能力的发展。

教师职业满意度的高低不仅会影响职业忠诚度和教育教学质量,而且会影响教师个人职业生涯发展。教师职业满意度会影响教师工作的积极主动性,在促进个体客观职业生涯的成功、助推教师专业发展方面起着非常重要的作用[①]。教师职业满意度与入职动机的达成与否、职业价值的实现程度、职业认同感的获得情况都是有紧密联系的。当教师入职目的达成,在工作中获得一定的成绩,逐步走上实现自我职业价值的道路时,其就能获得相对较高的职业满意度。要想在岗位

---

① Hall D T, Chandler D E. Psychological success: When the career is a calling. Journal of Organizational Behavior, 2005, 26(2): 155-176.

上获得高水平的职业满意度,就必须取得教育教学的实效业绩,在促进学生德智体美劳发展方面取得实效。教师获得了突出的成就,满足了自我实现的需求,就能更加尽心尽力地工作,以此来获得更高的职业满意度,提升职业幸福感,这是实现教师核心素养和能力发展的动力源泉。

教师职业情感维度下的入职动机、职业认同感、职业满意度三者息息相关。在积极入职动机的促使下,教师能在工作中尽职尽责,勤于探索,勇于创新,积极提升自身的核心素养与能力,获得一定的工作成绩,逐渐实现职业价值,体会到教师工作的意义,增强对教师职业的认同感,并在教师职业认同的进程中满足自身的职业需求,认识教师工作的价值,从而促使职业满意度提升。教师职业认同感和满意度的提升也能促使入职动机的调整与修正,这三大要素相互补充、互相促进,共同驱动教师核心素养和能力的发展。

(三)教师的发展意愿是驱动教师核心素养和能力发展的"油门"

教师专业发展的途径众多。通过学习,教师提升教育教学方面的理论与教育方面的技术,了解教育中各种成熟的、实用的教育工具、方法和措施。"站在巨人的肩膀上"是夯实教师自身教育理论等的一条非常有效的路径。积极参加各种专业活动也是提升教师核心素养和能力的有效路径之一,这里的活动可分为两大类——教学活动和教科研活动[①]。通过参加这些活动,教师可以在交流的过程中相互学习,取长补短,积累丰富的经验,切实驱动教师核心素养和能力的发展。

需求引导发展,而探寻自我发展之路的密钥就是学习,教师的学习和进修意愿制约着教师核心素养和能力的发展。在当今信息技术不断更新换代的时代,诸如慕课、云课堂等教育新技术在不断迭代升级,伴随神经网络技术的完善、编码方法的突破等,人工智能方兴未艾,作为教师,须跟上教育时代的潮流,不断更新教育理念,恰当应用教育技术,以适应时代变化对教师提出的新要求。教师的学习意愿是教师在明了教师职业本质、了解教师职业地位和责任、期待实现职业价值、达到自己职业理想等愿望的促使下产生的想要学习相关理论知识与数字技术等想法,以开拓实现目标的途径,来达到预期目标。教师的学习和进修意愿越强烈,发展核心素养和能力的驱动力就越大,为此,教师的发展意愿是驱动教师核心素养和能力发展的"油门"。

教师的日常工作是由各种各样的活动组合而成的,教师人文与科学技术素养

---

① 吴立宝、张永健:《中小学教师教科研困境及其实践转向》,《中国教育学刊》2018年第1期,第92-97页。

的提升，教育教学能力的培养，研究创新能力、学习发展能力、沟通合作能力的发展等，都可以通过从事各项活动来实现。学校的教学工作是由一个个教学和育人活动组合而成的，如备课、磨课、上课、反思、总结、班级管理等，活动类型多元。教师积极准备教育教学的过程，也是自主发展个人的人文和科学技术素养以及教育教学能力等核心素养和能力的过程。在备课时，教师为了提高教育教学的质量，勇于创新设计，其研究创新能力自然而然也就得到了新的发展。在教学反思过程中，教师认识到自身不足、努力改进的过程也是其学习发展能力的提升过程。毋庸讳言，现实中存在部分教师在工作几年后进入倦怠期的现象，他们从事教育工作的意愿有所减弱，教师核心素养和能力的发展速度减缓甚至出现倒退。避免职业倦怠，就是避免将教师的教书育人工作当作周期性的重复工作，需要教师对教学活动充满热情与期待，对于每个任务与活动都充满跃跃欲试进行创新的欲望，永葆教育教学的积极性，由此才有利于教师核心素养和能力的发展与提升。

教科研活动是教师从事的重要专业活动之一。教师作为教育研究现场的亲历者与参与者，是教科研活动的主角。教师通过教育研究能够实现任务驱动学习，促进自己进一步深刻理解已经掌握的先进教育教学理论，并创新应用理论指导实践。教师在研究中不断成长、不断进步，在此过程中提升自身的人文与科学技术素养、教育教学能力、研究创新能力等。

在影响教师核心素养和能力发展的因素中，教师的主体意识是"内驱力"，主要涉及教师主观上的认识，教师的职业认知、教师的职业情感、教师的发展意愿等要素各司其职：教师的职业认知是"方向盘"，也是罗盘，明确了教师核心素养和能力的发展方向；教师的职业情感是"引擎"，入职动机、职业认同感、职业满意度为教师核心素养和能力的发展提供动力；教师的发展意愿是"油门"，学习、从事教学与科研活动为教师核心素养和能力的发展供应充足的能量，促进其飞速发展。

三、教育实践活动的促动机理

实践是人类能动地认识、探索、改造世界的社会性过程，是人类自知自觉的一切行动。在马克思看来，实践活动是以改造世界为目的、主体与客体之间通过一定的中介发生相互作用的过程。实践由实践主体、实践客体和实践手段三方面组成。教育实践活动是教师工作的主要形式，是教师核心素养和能力生成、发展的场所，同时也是教师核心素养和能力形成与发展的场域①。

（一）教育实践活动促进教师核心素养的生成与发展

教育是育人的事业，具有鲜明的国家特征、思想属性和道德属性。随着时代的发展和技术的进步，社会对教师的人文与科学技术素养提出了新的诉求。

教育具有鲜明的国家属性，体现国家意志的根本要求，为实现中国式现代化，必须进一步强化教育实践活动合乎新时代中国特色社会主义国家的政治要求，必须强化教师思想政治素养的要求。思想政治类课程和课程思政内容既是教师在教师教育阶段学习的内容，也是教师日常教育实践活动讲授、学习、体验、践行的内容，同时也是教师职后培训的内在要求。沉浸式的环境氛围是涵养教师思想政治素养不可或缺的影响因素，源源不断地为教师思想政治素养的持续发展提供"营养"，成为教师思想政治素养不断进阶的深厚基础。

教育的本质是育人，培养学生成为社会主义建设者和接班人是教育活动必然的追求。实现这一目标在于教师积极践行立德树人根本任务，教师职业具有学为人师、行为世范、自树树人的应然特质，教师的言传身教既显在地引导学生知晓德性，又潜移默化地影响学生的德行践行。教师道德素养的养成与发展并非一蹴而就，而是在教育实践活动中逐渐养成的。教师道德素养的养成与提升离不开其职业生活、社会生活、家庭生活以及个人生活等全域实践活动。教师在教师教育阶段多是接受职业道德、家庭美德、社会公德、个人品德的知识与涵养道德情感；进入日常教育教学阶段，在与他人，尤其是与学生的交往过程中，教师的道德意志、道德践行更具有了专业性的示范引领价值。

实践的进化和革新特质促进着教育实践不断深化、变革的品质，新的内容不断进入教育领域，新的教育理念、理论不断更新迭代，新的教学技术手段不断进步，新的教学手段不断涌现，这一切都决定了教师必然是终身学习者，在不断学习中提高自身的人文与科学技术素养等核心素养。教育实践活动为教师提升人文与科学技术素养提供了广阔空间，不断涌现的新的人文作品、科学技术成就为教师提供了充足的学习素材；在沟通交流日益密切的今天，新的教育手段、教学方法以更加迅捷的速度在世界范围内传播、共享，教师成为这些教育手段、教育方法的广泛受众群体，也成为这些教育手段、教育方法的实施者和检验者；随着越来越多的数字技术手段涌向教育场所，利用新的技术手段提升教学效能已经成为

---

① 徐章韬、王光明：《教育实践活动对教师核心素养与能力作用机理研究》，《基础教育》2019年第4期，第5-12页。

并将继续成为教育变革的强大动力,而这无疑为教师的成长提供了必要的技术支持。教育实践活动为教师提升人文与科学技术素养创造了不可忽视的机会和可能,成为中小学教师不断提升人文与科学技术素养的重要渠道。

每一种正当的职业都具有等同的价值[①]。正当职业的价值来源于其不可推卸的天职,即任何正当职业自有其理想、追求与职责。教师是否认同教师职业,准备或者期待成为怎样的教师,以及在教育工作中如何展现这种职业期待,将在一定程度上影响教师未来的专业发展。教育是一门"仁而爱人"的事业,爱是教育的灵魂,没有爱就没有教育。教育同时是最复杂的事业,教师面对的是具有灵性、活力的学生,教育教学过程很多时候是心灵交流的过程。这就决定了教师需要在一个又一个的艰难挑战中不断前进,坚守教育的初心,履行教书育人的使命。缺少教育理想精神,教师将难以砥砺前行。作为一名教师,其需要在一次又一次的挑战中,在一次又一次的困难面前,坚守教育理想精神,不断开拓育人新境界。

(二)教育实践活动促进教师核心能力的生成与发展

教师教育阶段是教师系统掌握教育理论知识、学科知识、学科教学知识以及发展教育教学能力的重要阶段,其中教育实践活动,如教育实训、教育见习、教育实习与教育研习,则为教师应用教育理论、践行师德、学会育人、学会发展、学会教学提供了实践的平台,是涵养教育教学能力不可或缺的内容。

教育实践活动是创新的过程,教学内容的与时俱进特性、不同时代学生发展的差异性、教学理念和方法的更新与迭代为教师的实践教学设置了复杂的背景,教师绝不仅仅作为文化知识的传声筒,而是创新落实立德树人这一教育根本任务的责任担当者。在数字化时代,教师需要在教育教学活动中展现出新的创意,使用新的方式方法,引导学生创造性地掌握文化知识,养成创新的思维习惯,不断创新发展学生核心素养,这就需要教师更新自身教育理念,研究创新教学内容、方法,切实提升自身的研究创新能力。

教育实践活动是师生心灵沟通的过程。教师的职业定位应是一种服务性工作,服务学生成长的需要。这一定位迫切要求教师提升自身的沟通合作能力,理解鲜活的生命,充分了解处于青春期少年的心理特点。青少年学生在思维上的特点是形象思维和逻辑思维异步发展;在情感上的特点是理性与感性杂处;在处事

---

① 〔德〕马克斯·韦伯:《新教伦理与资本主义精神》,黄晓京,彭强译,四川人民出版社1986年版,第58页。

看问题上的特点是容易偏颇,喜欢听赞誉之词,易情感用事;在为人上的特点是或重友谊,或愿意表现自己,或不愿交际;等等。作为教师,其在教育实践活动中需要站在青少年的立场上,换位思考,情理交融,富有同理心,引导他们身体及心理健康成长。

随着时代的迅猛发展,教育的信息化与数字化已成大势所趋。改变教师教育理念,要从真正为教师服务做起。对一线教师而言,教育数字技术应姓"教"而不姓"技",教育数字技术的使用应更有助于教师表达教学内容,促进学生对知识的认识与理解。教师应不断学习,主动将数字技术融入学科教学中。数字技术与教师的教学场景如何有效地深度融合,这不是技术本身能解决的问题,需要教师自己做出教育决断;如何有效地利用技术促进学生个性和学习心理的发展,也需要教师自己做出决策。这就需要终身学习,不断接触新事物,不断丰富自身开展教育教学的手段。

四、职业幸福感的催化机理

教师是引领学生走向幸福人生的重要资源,幸福的教师能够教出幸福的学生[①],教师职业幸福感的重要性不言而喻。

教师职业幸福感有三重内涵。第一重内涵是教师获得自身满足,即职业地位,教师通过充分展示自身专业水平与技能,获得相应的待遇与社会认可,实现物质与精神方面的满足,从而获得职业地位幸福感。第二重内涵是教师自由实现自己的职业理想,即教育情怀。教师的教育情怀代表了教师个体对教师职业目标的向往和追求,体现了教师实现职业发展进步、以期达到职业境界的期望与愿景,教师通过职业理想的接近与实现而获得的幸福感归结为职业理想幸福感。第三重内涵是教师发挥自己潜能并伴随着力量增长,即职业价值。教师通过传递知识文化,启示学生萌生新的思考,进而推动社会的发展,促使自身完善,实现自我价值及社会价值。

外界的物质与自身基础为教师经济收入、社会地位和社会声望提供了有力保障,使教师获得应有的职业地位,从而在精神层面上树立更高的教育理想精神,不断牵引其实现生活、道德以及社会层次的理想,进一步挖掘自身潜能,达到奉献自我的境界,全面实现自我与社会价值。在教师职业幸福感促进教师核心素养和能力发展的作用机理中,职业地位的满足是支持力,教育情怀的实现是牵引

---

① 姚茹:《中国中小学教师幸福感现状调查与教育建议》,《中国特殊教育》2019年第3期,第90-96页。

力,职业价值的发挥是推动力,三要素相互支撑,紧密结合,成为教师核心素养和能力发展的合力(图 5-2)。

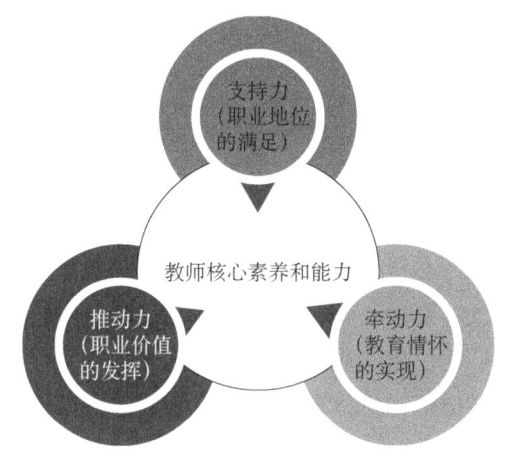

图 5-2 教师职业幸福感对教师核心素养和能力发展的作用机理图

(一)职业地位的满足是教师核心素养和能力发展的支持力

教师职业地位是指教师在从事教育教学活动中在经济收入、社会地位和社会声望等方面的总体获得状况①。通常而言,教师感知到的职业地位越高,教师职业自豪感与荣誉感越强,教师核心素养和能力发展的愿望就越强烈。教师职业地位的满足是教师核心素养和能力发展的支持力。支持力越强大,越能为教师以后的专业成长提供稳固的支撑,并促使教师在各方面不断督促自己,保障教师不断提升核心素养,发展核心能力。

(二)教育情怀的实现是教师核心素养和能力发展的牵动力

教师的教育情怀是指教师对教师职业的情感以及在教育教学工作中达到何种成就的向往和追求,表达了教师对自身教师职业目标的情感追求和职业境界的期望。情感追求与境界期望是教师专业发展的动力,是教师核心素养和能力的牵动力。教育情怀浓厚的教师,内心获得了不断向上的支撑,对自身理想有了更高层次的定位,在教育教学实践中将教育目标与追求内化于心,对自身行为严格要求,在目标的激励下更能激发斗志,不断牵引着自身核心素养与能力的发展。

---

① 李雄:《王小花在幼儿园为什么不适应?——一个农村幼儿转岗教师适应性个案研究》,《基础教育》2013 年第 6 期,第 79-88 页。

(三)职业价值的发挥是教师核心素养和能力发展的推动力

教师职业价值是指教师在从事教育教学活动中,认真履行教师职责,积极进行教学探索,在完成教学工作的同时充分发挥教师的积极影响作用,从而体现出的自身成长以及教师对于社会发展与进步的贡献。教师职业价值引领了教师发展方向,指引了教师前进道路,是教师基于职业地位与职业理想的更高层次追求。在此意义上而言,教师职业价值是教师核心素养和能力发展的推动力。

教师职业价值是自我价值和社会价值的统一体。自我价值是指在个人对社会做出贡献后,社会和他人对作为人的存在的一种肯定关系。教师通过五育并举塑造出优秀的学生,对教育强国、科技强国和人才强国做出应有贡献,不仅在某种程度上实现了教师的自我价值,也间接地体现了教师的社会价值。因此,教师自我价值的实现是其社会价值得以体现的基础。教师自我价值的核心是自尊,而教师尊严主要来源于其立德树人活动的成功。在确立了正确的自我职业价值观之后,为了获得社会的肯定与认可,从而实现自身职业价值,教师必须通过不断学习知识与技能,适应时代发展的潮流,掌握更加有效的教学手段;同时精进自身道德修养,提高精神层次,以更好地引导学生精神世界的发展与完善。此外,当教师自我价值感很强的时候,其会表现出自我完善的欲望,表现出向上向善的本性,这也进一步激发了以实现职业价值为向导的教师学习进取的热情与积极性,使得教师不断完善自身,无形中促进了其核心素养和能力的进步。

教师职业地位的满足支持着教师核心素养和能力发展,教育情怀的实现牵引着教师核心素养和能力的发展,职业价值的发挥推动着教师核心素养和能力的发展,三者形成合力,促进教师核心素养和能力的发展。而教师核心素养和能力的发展又会让教师的自我价值和社会价值得以更充分地彰显。

教师的社会价值和自我价值既是统一的,又是对立的。二者的统一表现在:教师只有作为个体实现自我价值,才能为他人、社会做出奉献,体现出其社会价值;同时,教师自我价值的实现很大一部分来自社会的肯定与认可。另外,教师的社会价值和自我价值有矛盾的一面,体现在部分教师自身职业价值不明确,过度追求个人名利,与社会需求以及职能特性相冲突。具有较高水平核心素养和能力的教师往往拥有正确的社会价值观,会以社会发展为己任,以国家强盛为目标,以民族复兴为导向,为更好地达成价值目标而坚持不懈,创造良好的教育教学活动,不断进取以达到自身价值与社会价值的和谐统一。教师核心素养和能力的发展,是教师实现自我价值和社会价值的作用力,而自我价值和社会价值的实现直接促使教师职业价值的发挥，职业价值的发挥又成为教师核心素养和能力发展的推动力。为此，教师职业地位的满足、教育情怀的实现以及职业价值的发挥合力促进教师核心素养和能力的发展，教师核心素养和能力的发展反作用于教师的自我价值和社会价值的实现，循环往复。教师职业幸福感贯穿其中，成为教师核心素养和能力的内在牵引力。

第二节　教师核心素养和能力发展的政策效用及机理

《中共中央　国务院关于全面深化新时代教师队伍建设改革的意见》对新时代教师队伍建设做了全面部署，是我国教师政策里具有里程碑意义的文件。随后，教育部等五部门出台《教师教育振兴行动计划（2018—2022年）》等配套措施，各省（自治区、直辖市）出台了当地的行动计划，教师专业发展迎来了新的发展契机。2020年，中共中央、国务院颁布的《深化新时代教育评价改革总体方案》对于评价要"引领教师专业发展""改进师范院校评价"等方面做了部署。2021年，中共中央办公厅、国务院办公厅颁布实施了《关于进一步减轻义务教育阶段学生作业负担和校外培训负担的意见》，文件中"提升""提高"字样总共出现次数高达15次，而教师专业高发展水平是提升、提高教育教学质量的保障。一系列教育政策均指向教师专业成长，教育政策能否促进教师核心素养和能力的发展、背后的机理是什么、又该如何提高政策的促进效果等问题值得深入探讨。

一、政策促进教师核心素养和能力发展的多重效用

政策在制定过程中既回应现实问题，又遵循程序正义等原则，通过参与政策制定的不同主体间的博弈，选择不同的价值负载，形成具有自由裁量权的政策文本。党和国家政策的贯彻，往往依托体现区域特色的政策实施细则、行动或意见等，化身为具有地方特色或具有"策略空间"的地方文本、方案、计划等，成为影响政策对象的操作性措施。政策变迁则是根据政策实施的效果，在"政策积累

法则""政策无效法则"等条件下的改进、调试甚至废弃①。具有统帅作用的教师核心素养和能力，包括思想政治素养、道德素养、人文和科学技术素养、教育理想精神、教育教学能力、沟通合作能力、研究创新能力与学习发展能力等，贯穿于从师范生的培养到新教师的入职、日常的教育教学以至教师培训研修等环节。对教师成长的不同环节而言，政策对教师核心素养和能力的价值体现在通过制度化的设计解决其发展中面临的一系列问题，规范、保障教师核心素养和能力的养成与提升，促进教师的专业发展。

（一）政策制定为教师核心素养和能力发展提供规范

制定政策是为解决现实中存在的问题，"任何政策的价值，都在于通过制度着力解决问题，并在影响问题的各种因素之间寻求联系和平衡"②。政策支持为教师专业成长提供了宏观环境。教师教育培养政策为教师素养和能力的养成提供了规范。

作为"准教师"的师范生，其培养面临的重要难题有"教师培养的适应性和针对性不强、课程教学内容和教学方法相对陈旧、教育实践质量不高、教师教育师资队伍薄弱等突出问题"③。因此，需要在师范生培养阶段严格落实教师教育课程体系，用教育部印发的《普通高等学校师范类专业认证实施办法（暂行）》要求师范院校将培养重点落脚于培养学生践行师德、学会教学、学会育人、学会发展，主要培养学生良好的思想政治素养、道德素养，提高其教育教学能力与学习发展能力④；基于"一践行三学会"毕业要求目标的达成，促使师范生教育教学能力、沟通合作能力、学习发展能力以及研究创新能力等教师核心能力的形成，以及思想政治素养和道德素养等教师核心素养的养成。

进入教师准入阶段，以获得教师资格为标志，教师准入政策同样为教师核心素养和能力养成提供了保障。现行《教师资格条例》《〈教师资格条例〉实施办法》从品德修养、教育教学能力等方面为申请者提供了明确的规范要求。教师资格证考试进一步强化申请者的教育教学能力、学习发展能力等核心能力，同时利

---

① 林小英：《中国教育政策过程中的策略空间：一个对政策变迁的解释框架》，《北京大学教育评论》2006年第4期，第130-148页。
② 李瑾瑜：《我国教师政策发展的新亮点及其实践意义》，《西北师大学报（社会科学版）》2018年第5期，第87-95页。
③ 教育部：教育部关于实施卓越教师培养计划的意见。（2014-08-19）[2022-04-15]. http://old.moe.gov.cn/publicfiles/business/htmlfiles/ moe/s7011/201408/174307.html.
④ 王光明、张楠、李健等：《教师核心素养和能力的结构体系及发展建议》，《中国教育学刊》2019年第3期，第81-88页。

用面试等环节考察申请者的内在素养，相关政策内容为申请者指明了规范要求。

教师入职后，一系列教师继续教育要求，以及各种数字技术能力培训、"国培计划"等的实施为教师教育教学能力、学习发展能力、人文和科学技术素养等方面的提升提供了有力规范，同时，党政部门颁发的制度和文件，以及学校年度考核制度等为教师核心素养和能力的发展提供了各种制度规范。

（二）政策执行为教师核心素养和能力发展提供引导

在我国，党和国家层面的教育政策由党的机关、国家权力机关和国家行政机关制定，其推行实施依靠自上而下的方式，层层传递压力，以此保障政策的落地生根。教师核心素养和能力是教师专业发展中的重要内容，涉及教师专业发展的教育政策、教师政策，从不同角度规范教师的专业发展。在我国，涉及教师专业发展的政策大致可以分为教师培养、准入、培训、待遇、晋升等方面。其中，培养、准入、培训等与教师核心素养和能力更为密切，上述政策的执行过程为教师核心素养和能力的发展提供了明确的引导。

教育政策运行作用体现在引导教师成长的目标、思想、观念和行为上[1]。教育政策通过考核、奖惩、薪酬、晋升等激励手段来完成。考核制度等对教师的道德素养、思想政治素养、教育教学能力等进行全面的评价，引导教师在日常工作和培训学习中提高相应素养和能力。国家和地方通过选典型树榜样、媒介宣传，以及公共教育政策，如教师荣誉制度、优秀教师事迹展播等，向公众和广大教师宣传在思想政治素养、道德素养、教育教学能力方面表现突出的优秀教师代表，促进公众和教师对职业的认同，以及对教师核心素养和能力水平的认可。

（三）政策变迁为教师核心素养和能力发展提供优化可能

教育政策从来不是一成不变的，而是会根据社会环境的变化、人们认识的深化以及新问题的出现发生新的变化。自改革开放至今，教师政策已经历恢复发展、法制规范、振兴发展和新时代建设等四个阶段。不同阶段教师发展的重点因政策变化、定位变化而产生鲜明差异，这对教师的培养、准入、培训、待遇、晋升等产生不同的影响[2]，促使教师的素养和能力不断优化提升。

---

[1] 赵昌木：《教师成长研究》，西北师范大学博士学位论文，2003年。
[2] 王光明、廖晶：《改革开放40年来我国中小学教师政策的发展历程及特点分析》，《课程·教材·教法》2018年第11期，第4-10页。

我国的公共教育政策一般分为问题导向和理想导向两种类型[①]。问题导向政策针对现实中存在的问题，以短时间内解决问题为目标，如教育部的各种检查性通知；理想导向政策同样基于问题，但着眼长远，目标宏大，能够起到振奋人心的作用，如卓越教师政策。随着问题的演进，以问题为导向的教育政策的侧重点会产生相应的调整。例如，20世纪80年代存在的主要问题是教师队伍的数量严重不足，大力发展教育、整顿教师队伍成为当务之急。教师的内涵式发展、教育教学能力、沟通合作能力、学习发展能力等并未成为重点关注的内容。进入20世纪90年代，教师的学历合格率有了大幅提升，因此提升教师的专业能力成为政策的热点，1991年颁布的《关于开展小学教师队伍继续教育的意见》即为解决这一问题而出台的政策。

理想导向型政策同样会随时代发展产生新的指向。随着国家进入新时代，人民对美好教育的向往成为教育面临的新挑战，培养"四有好老师"成为新时代教师发展的主题，一系列围绕教师专业成长的政策相继出台，《教师教育振兴行动计划（2018—2022年）》《教育部关于实施卓越教师培养计划2.0的意见》《新时代基础教育强师计划》等对教师的思想政治素养、道德素养、教育教学能力的培养提出了新要求和新措施，为提升教师核心素养和能力提供了新的契机。

二、政策促进教师核心素养和能力发展的机理

教育政策促进教师核心素养和能力的发展，主要依托政策制定的问题导向与理想导向、政策形成的多向耦合、政策实施的压力传导、政策调整机制以及辐射效应来实现。

（一）现实问题诊断与消解

问题导向是教育政策在制定过程中主要遵循的原则，教育政策以解决公共教育问题为己任[②]。教师专业发展水平制约国家教育质量的高低，不解决教师专业发展中面临的问题，教师专业发展质量必然受影响，教育根本任务的有效落实也必然受影响。但仅仅为解决问题而制定的教师发展政策并不能完全适应教师、社会的需求，因此，制定理想导向的政策同样是"隋侯之珠"。

[①] 陈学飞：《理想导向型的政策制定——"985工程"政策过程分析》，《北京大学教育评论》2006年第1期，第145-157页。

[②] 周彬：《教育政策过程中的个体选择》，《中国教育政策评论》2001年第00期，第326-342页。

问题导向对教师专业发展的问题诊断来源于社会、学校和教师等多方主体的反馈。基于核心素养和能力的教师专业发展政策往往以社会的需求、学校的期待以及教师的实际情况为研制的出发点。20 世纪 60 年代，由于过分强调学科教育、忽视专业教育，美国中小学教师的教育教学能力堪忧。为了纠正这一现象，美国教育部门颁布"能力为本"的教师教育政策，联邦政府资助 400 余所大学开展相关培训达 10 年之久，有效提升了教师的各项能力[1]。我国于改革开放之初出台了《关于加强和发展师范教育的意见》《关于加强在职中小学教师培训工作的意见》等文件，有力促进了师范教育的大发展，解决了当时教师队伍数量严重不足的困境。当前我国教师专业发展存在不均衡、不充分的情况，个别教师依旧存在思想政治素养不过硬、教育教学能力不过关、学习和发展的动力不足等问题。尽管是个案，但一位教师面对的是成百上千的学生，个别教师存在问题，也会制约教育的优质均衡发展，使民众对高质量教育的迫切需求无法全部得到满足，因此进一步打造以核心素养和能力为主要特质的教师队伍显得极为迫切。此外，区域教师队伍建设暴露出来的问题也会促进相关政策的出台，例如，县域教师流失以及专业力量越发不足的问题日益严峻，促使教育部紧急出台相关政策。

进入新时代，教师的专业素质水平与实现中华民族伟大复兴还不相适应，与人民群众对高质量教育的美好追求也不相适应。为了促进我国教育高质量发展，党和国家就教师队伍建设做出了具有里程碑意义的决策部署，颁布实施了《中共中央 国务院关于全面深化新时代教师队伍建设改革的意见》，该政策文件从国家振兴、时代需求、人民诉求等角度对教师专业发展做出了长远规划，规划了自实施时起至 2035 年教师发展的宏伟远景，具有理想导向的特征。围绕这一理想政策的落实，党和国家又相继出台了更为具体可操作的《教师教育振兴行动计划（2018—2022 年）》《教育部关于实施卓越教师培养计划 2.0 的意见》《普通高等学校师范类专业认证实施办法（暂行）》《新时代基础教育强师计划》等文件，进一步规范新时代教师的培养、入职、培训等，旨在加速促进教师专业发展，加快建设高素质教师队伍，加快实现教育强国、科技强国和人才强国等国家战略。

（二）政策制定的共识机制

教师专业化的路径主要有两种：专业中心模式和国家中心模式[2]。专业中心

---

[1] 郭志明：《教师的专业性：从"缺席"到"在场"——美国 20 世纪中后期教师教育课程变革的专业化意义》，《天津师范大学学报（社会科学版）》2014 年第 6 期，第 60-66 页。

[2] 荀渊、曾巧凤：《改革开放 40 年教师教育政策变迁的回顾与反思——教师教育专业化两种路径的探索与实践》，《教师发展研究》2018 年第 4 期，第 10-16 页。

模式强调国家提供政策引导，地方政府负责专业考试，专业机构负责评估考核。国家中心模式则强调国家制定政策，地方政府负责实施，国家进行评估考核。我国政策制定具有国家中心模式特征，教育政策制定追求多向度的共识机制，其政策制定过程采用自上而下与自下而上相结合的方式。

政治体制特征的结构性差别决定着政策过程参与群体和个人在政策制定和实施中权力关系的差别[1]。我国教育政策的制定由政府主导，一项政策的制定往往要调动大量的社会资源参与，如教育主管部门、专家学者、一线中小学校、校长教师代表等，甚至要利用各种信息渠道征集广大师生、家长意见，多重往复，反复调整、修改，直至政策最终颁布实施，其中涉及政府不同部门间的磋商沟通、专家学者的争论、大量利益相关者的广泛讨论，历经多重的利益博弈，直至最终出台相关政策[2]。政策出台的民主化过程能够最大限度地保证多数人的利益诉求，促使教育决策更加科学化[3]。教育政策往往是政策群的集合，在我国，一项教育政策的出台往往需配套出台系列政策，形成政策制定的群组效应。例如，我国在出台《国家中长期教育改革和发展规划纲要（2010—2020年）》后，各地方政府相继出台具有地域特色的配套纲要措施，形成了政策群，将国家的政策要求层层具体化、可操作化。

对建设高素质专业化创新型的教师队伍而言，党和国家出台了具有里程碑意义的《中共中央 国务院关于全面深化新时代教师队伍建设改革的意见》，是党和国家对新时代教师队伍建设的决策部署，是同心协力推进教师政策改革的集结号，是广大教师翘首跂踵的福音。其中凝聚着大量教师利益相关者的才智，是众多专家学者、教育行政领导、一线中小学教师、校长等成员的智慧结晶。该文件不仅是新时代教师队伍建设的行动纲领，而且给出了我国关于教师专业成长的自画像。随后各省（自治区、直辖市）相继出台地方性的教师队伍建设改革意见，《教师教育振兴行动计划（2018—2022年）》《新时代基础教育强师计划》等政策也相继出台。这些教师政策为建设高素质专业化创新型教师队伍提供了强大政策保障，也为加速发展教师核心素养和能力带来了政策机遇。

（三）政策实施的压力传导效应

政策运行事实上并非"问题发现—团体推动—多方博弈—政策实施"的简单

---

[1] 徐湘林：《从政治发展理论到政策过程理论——中国政治改革研究的中层理论建构探讨》，《中国社会科学》2004年第3期，第108-120页。

[2] 郝克明：《教育重大决策科学化、民主化的一个范例——参加《中国教育改革和发展纲要》研讨和起草过程的几点体会》，《辽宁教育研究》2007年第9期，第26-29页。

[3] 周洪宇：《建立更加完善的教育决策咨询机制》，《教育研究》2009年第11期，第11-15页。

循环过程,而是涉及更为复杂的多向耦合,其中,压力传导机制是政策实施发挥作用的具体表现。

政策实施的压力传导效应主要表现在两个方面。一是依靠晋升锦标赛治理模式[①]激励地方政府公务员推进政策实施,这是我国改革开放以来经济取得巨大成就的重要原因[②]。而达标治理模式[③]更是教育评价的重要标尺,达标评价发挥着指挥棒的作用。晋升锦标赛治理模式以及达标治理模式对解释教育政策的推行有借鉴意义。教师政策的推行往往通过示范区域的带动,产生联动传导,在对其他区域起到示范作用的同时,也带来了新的竞争压力,从而引导其他区域落实相关政策,以此保证政策的普遍顺利实施。各类教师标准成为诊断教师发展的标尺,合格评估以及达标诊断等对教师发展起到督促作用。二是依靠强制性的政策实现压力传导。政策分为强制性和激励性两种。强制性政策通过政策的压力传导,利用权威工具、象征和劝诫工具传递给地方政府及当地教育行政机关[④]。强制性政策的压力传导存在两种情形,即正向传导和阻抗传导。当强制性政策与地方政府的利益诉求相一致时,强制性政策能够得到迅速有效的执行,并以此传递给学校,此时的传导属于正向传导;但当强制性政策与地方的利益诉求不相一致时,这种压力传导会出现阻碍,甚至演变为逆向阻抗或消极执行,有时即使政策对教师的发展极为有利也可能得不到有效执行。激励性政策往往利用激励工具、能力建设工具、系统变革工具和学习工具等激发政策执行主体的积极性。激励性政策的实施,事实上也存在正向传导和阻抗传导两种效果,这与政策执行主体的利益诉求是否得到满足有直接关系[⑤]。

国家政策、地方政策、当地社区、教师和学生的期望之间都实然可能存在"紧张关系"。政策对教师核心素养和能力的作用同样也可能存在"紧张关系",涉及"问题发现—团体推动—多方博弈—政策实施(压力传导和阻抗效应)—地方(学校)接纳或拒绝—契合或背离教师需求—促进或无益于教师核心素养和能力养成"[⑥]。需要深入分析的是究竟怎样的政策会得以顺利实施并能影响教师的

---

① 该模式是指上级政府对多个下级政府部门或事业单位等设计的带有竞赛性质的活动,"竞赛"办法或标准由上级政府确定,该模式往往会对评价结果进行排名,"竞赛"优胜者获得表扬或表彰等。
② 周黎安:《中国地方官员的晋升锦标赛模式研究》,《经济研究》2007年第7期,第36-50页。
③ 该模式是指国家或者上级部门设定标准,达到标准即合格,不设定上限目标,往往不对评价结果进行排名。
④ 侯华伟、林小英:《教育政策工具类型与政府的选择》,《教育学术月刊》2010年第4期,第3-6页。
⑤ 林小英:《教育政策过程中的规则和自由裁量权:以民办高等教育政策为例》,《清华大学教育研究》2007年第4期,第98-106页。
⑥ 林小英:《中国教育政策过程中的策略空间:一个对政策变迁的解释框架》,《北京大学教育评论》2006年第4期,第130-148页。

专业成长。简单而言，契合地方（学校）利益诉求和教师专业发展需求的政策更能促进教师核心素养和能力的发展。

（四）政策变迁的调整辐射效应

教育政策实施一段时间后，往往需要调整以适应新的变化，如此就产生了政策变迁。政策变迁也可能是由无效政策的效果递减和累积法则造成的[1]。教育政策变迁分为强制性政策变迁和诱致性政策变迁：强制性政策变迁是国家依据时代要求、国家发展需要以及教师的真实现状制定的具有强约束力的政策变革；诱致性政策变迁则是基层实践取得成效后推动政策的调整。改革开放至今，我国的教育政策多是国家主导下的强制性制度变迁[2]。尽管在政策变迁中，国家力量多处于主导地位，但并未排斥专家学者在政策变迁中发挥作用，并未排斥他们介入政策研制、调整、变迁等过程。这一方面有利于决策层聆听更多民意，另一方面也有助于专家学者在政策解读环节向公众传递更多信息。但因政策变迁存在"损失嵌入性"和"知识复杂性"两重属性，专家学者的话语权在不同政策变迁中的作用不尽相同[3]。政策变迁过程中同样不能忽视焦点事件的影响，特别是在自媒体高度发达的全媒体时代，因小概率事件引发的舆情往往可能会导致政策的修改，例如，校园外的教师失德行为偶有发生，关于教师"全德"素养建设的政策亟待颁布和实施。

对教师核心素养和能力建设而言，其牵涉的是教师专业成长、教师发展和国家教育整体质量，因而国家在事关教师核心素养和能力方面的政策制定中需扮演强制性的角色，同时这种强制性要求随着时代的变迁呈现连续性和创新性并存的现象。改革开放以来，国家对教师的要求因时代和社会的变化而发生明显改变。改革开放初期对教师师德的要求聚焦于不体罚学生等"不得"要求，凸显出政策要求的底线思维，对教师的专业能力要求还未出现数字技术等专业要求；20世纪90年代中叶开始更加关注对师德失范行为的惩治；进入新时代，国家对教师师德师风的要求更加严格，对教师思想政治素养的要求更加重视，同时对教师数字技术能力的要求更加明确，如教育部发布了《教师数字素养》这一教育行业标准，各省（自治区、直辖市）针对部分教师"躺平"现象，陆续颁布实施教师聘

---

[1] 侯华伟、林小英：《教育政策工具类型与政府的选择》，《教育学术月刊》2010年第4期，第3-6页。
[2] 闫建璋、王换芳：《改革开放40年我国教师教育政策变迁分析》，《教师教育研究》2018年第5期，第7-13页。
[3] 朱旭峰：《中国社会政策变迁中的专家参与模式研究》，《社会学研究》2011年第2期，第1-27页。

后管理文件。由此可以看出，我国教师政策靶向关键问题和要素越来越精准，重点越来越突出，而教师核心素养和能力是教师专业发展中具有统帅地位的要素，教师政策精准发力于教师核心素养和能力的建设，使教师队伍在享受教师政策红利的同时，得以精准建设发展。

第三节　教师核心素养和能力发展的组织文化影响

学校组织文化影响着教师核心素养和能力发展的层次。欧美学校普遍强调个性自由的学校组织文化，以至滋生了个别极端化的学校组织文化，秩序化的学校组织形态遭到破坏，更有甚者，导致违反社会公序良俗的文化形成，这种自由无序的学校组织文化不但无助于教师的专业发展，反而容易成为阻碍教师成长的绊脚石，容易将教师成长引向歧途。我国学校始终强调党领导下的有序建设，注重发挥党支部、教研组、工会、教代会等组织的作用，构筑起有利于教师群体发展的学校组织文化，不断引导教师提升核心素养和能力，使其向着教育家的成长目标迈进。学校组织文化是精神文化、制度文化、行为文化和物质文化的统一体，它们在促进教师核心素养和能力发展中究竟作用几何，值得深入探究。

一、学校精神文化的理念引领作用

学校精神文化是学校在长期的教育实践中，学校全体成员共同塑造的精神成果，体现着学校全体成员对学校历史积淀的传承、对教师和学生的理解以及对学校发展前景的希冀。学校精神文化通过塑造全校核心价值、凝聚共同发展愿景信念，引导教师对学校组织文化认同，激发教师群体的共同意识，帮助教师更加深刻理解教师职业理想价值，进而推进教师核心素养和能力的提升。

学校办学理念、学校精神和使命责任构成了学校的核心价值，是学校精神文化的重要组成部分。学校办学理念凝聚着学校办学历史经验、对立德树人根本任务的认识，以及对培养社会主义建设者和接班人的追求。"为党育人，为国育才"是党和国家对学校教育的殷切期盼，构成了学校精神和使命责任的底色，也为学校办学理念指明了方向。中小学校办学理念必然要彰显这一要求，在传承学校办学历史经验的同时,将该要求放在核心位置,使其成为中小学校精神文化的重要内涵。凝结着党和国家教育期待的办学理念、学校精神和使命责任为教师从教提供了精神指南,并通过营造良好的党风、校风、教风、学风、班风等激励教师不断深化思想政治素养,提升理想信念、爱国精神,不断拓展思想政治素养,将"四个引路人""四个相统一""四有好老师"等明确要求融入教师的专业发展中,塑造教师成长为新时代的"筑梦人"。

学校共同的愿景信念是针对全体师生与学校的发展而言的,是学校长远目标的规划,寄托了学校全体师生的共同愿望和理想追求。学校通过吸纳全体师生共同参与,求同存异,凝聚普遍共识,将教师的理想追求和职业期待转化上升为学校的共同目标,从而赢得教师的认可,为教师专业发展提供深厚的文化土壤。同时在此过程中,不同教师群体通过沟通交流合作、共商共议、共享思想理念、共担成长风雨,塑造并提升教师的沟通合作能力,引导教师不断强化学习发展能力,进而整体提高教师的核心能力。

促进教师对学校精神文化的认同,强化教师对学校组织的认同,是学校精神文化发挥理念引领作用的重要方式。人是精神的创造者与践行者,学校精神文化是通过不同教师组织等体现出来的。在党的二十大报告中,"公平正义"是高频词,既强调了"着力维护和促进社会公平正义",也着重指出"围绕保障和促进社会公平正义"。以党支部、教研组、学科组、教代会、工会等为代表的组织,构成了学校精神文化的践行者群体,不同教师群体和谐的组织氛围、积极向上的理想精神追求彰显了公平正义的组织文化,将有效吸引教师个体参与融入群体组织,在集体的氛围中促进教师个体理解、践行学校的共同理念和价值追求,进而提升教师的核心素养和能力。

充分发挥党委(党组织)的领导和把关作用,有助于保证教师队伍建设朝着正确的政治方向前进。精神文化作为学校组织文化的价值内核,是教师内化于心的理想信念,是促进教师核心素养和能力发展的动力源泉。在党的全面领导下,学校的核心价值追求、共同愿景信念以及组织文化认同等,对教师思想政治素养、道德素养、教育理想精神以及沟通合作能力等教师核心素养和能力的发展起到形塑、滋养、提升作用。

二、学校制度文化的规约保障作用

学校制度文化作为精神文化的外在显示载体,承载着学校精神文化的独特价值，并通过规范的体系呈现出来。学校制度文化主要由管理制度、专业学习制度、评价制度等组合而成，这些制度规定为教师的专业发展确定了规范，同时也提供了充足的保障。

学校管理制度是学校制度文化不可或缺的内容，为学校日常的管理提供了必要的制度性规约。管理制度通过多样化的激励制度、监督管理制度、职称晋升制度、评价制度等保障和规范教师的日常行为，引导教师合法、合规、合理行动。当前学校的管理逐渐走向扁平化，学校利用多样化的教师团体组织和制度安排来保障每位教师的专业发展，以党组织、教研组、学科组、教工会等组织形式将全体教师系统组织起来，利用组织集体的力量和内在的管理方式引导教师参与学校日常管理，同时教师在此过程中不断规约自身行为，使自己发展成长为具有深厚的思想政治素养、道德素养、教育理想精神的教师。

学校专业学习制度为教师的专业发展提供了制度保障。与国外教师专业发展主要依赖专业团体的引导不同，我国教师专业发展更多受益于国家的教师政策和学校系统化的组织文化。党和国家制定了系统化的教师专业进修制度，为全体教师专业发展提供了政策保障，同时广大中小学校建立了明确的在职教师研修制度，利用名师工作室、"青蓝工程"等制度化的安排，形塑教师专业发展共同体，激发优秀教师的引领、辐射、带动作用，促进广大教师与优秀群体共同成长，提升教师的教育教学能力、沟通合作能力、学习发展能力等。同时，系统化、阶段性的"省培""国培"等制度安排，也为广大教师学习新的教育理念、教育方法、数字技术提供了必不可少的机会。此外，不定期举办的各种观摩学习、专家讲座、公开课等活动，也为教师核心素养和能力的提升创造了难得的机会，在促进教师教育教学本领提高方面发挥了重要作用。

学校评价制度的安排为教师的专业发展提供了更直接的规约保障，学校利用捆绑式评价、过程性评价、增值性评价等"硬性"制度规定，引导广大教师专注教书育人，切实提升教师自身的教育教学本领。此外，学校通过建设共享的制度文化，塑造共享的教学资源平台、学习平台，推动全体教师分享各自教学成果、教研成果、研究成果，促进教师形成合作共赢的团队，让所有教师成为学校治理的主人，形成人人参与的学校治理制度安排，在凸显社会公平正义的同时，也为教师沟通合作能力等核心能力的提升创造了难得的机会。

三、学校行为文化的行动支撑作用

一所学校的文化真正确立并形成，主要体现在全体师生具体的实实在在的行为上[①]。学校行为文化是教师切实可见的外显行为的集合，往往更容易影响教师的专业发展。充满公平正义的学校组织文化，往往能够促进教师对学校的认同，吸引教师成为这一文化的参与者、建设者、受益者；而满是零和博弈思维盛行的学校组织文化，通常会成为桎梏教师共同进步的障碍，往往会弱化教师对学校组织文化的认同，甚至助长教师不良行为的产生。

学校行为文化是一个多层次的文化系统，教师行为、学生行为、管理行为、评价行为等内容都是这个系统的组成部分。对于教师群体而言，教师行为文化是影响作用较大的行为文化样态。教师行为文化是否体现合作互助共赢的思想，党组织等先进组织群体是否体现出引领作用，教师群体是否体现出包容开放的心态，教师之间、师生之间是否展现出沟通交流的行为样态，往往会深度影响教师的组织文化认同，进而影响教师核心素养和能力的发展。

合作共赢的教师行为文化有助于促进教师核心素养和能力的发展。国外一些学校过于强调教师个体的特立独行，学校不干预教师的专业发展，这种"单打独斗式"的教师发展方式不能有效推动教师群体的进步。我国中小学校强调的是有组织、系统化的教师集体发展模式。如果学校构建了合作共赢的行为文化，对于教师群体成长而言，那么将事半功倍。学校通过塑造资源共享、成果共享的平台，所有教师都平等享有学习发展的机会，这无疑将促进全体教师的平等合作、互相支持，有助于教师发展共同体的形成，使教师结束"内卷""躺平"的发展样态，专注于在教师集体中获取成长的不竭动力和源源不断的支持，最终促进教师核心素养和能力的发展。

先进组织的引领作用发挥有助于促进教师核心素养和能力的发展。设立党组织是我国中小学校共同的特征，利用党组织、教研组等形式积极开展各项学习活动是中小学普遍的行为方式。党组织定期开展的思想政治学习为教师强化思想政治素养提供了重要的学习契机，教职工代表大会开展的党和国家教育政策的学习为全体教师道德素养、教育理想精神的提升创造了条件，教研组、学科组开展的集体教研活动为全体教师教育教学能力、研究创新能力、沟通合作能力的提升提供了不可或缺的保障，在众多的学习行为促进下，教师学习发展能力的提升将是

---

① 陆建国：《学校文化是什么》，《上海教育科研》2012年第6期，第1页。

水到渠成的。

协调沟通的行为文化样态有助于促进教师核心素养和能力的发展。教师是集体中的教师，具有鲜明的群体特征。在学校行为文化建设中，通过各种沟通交流行为塑造教师集体是我国中小学必然的任务。教师的集体性特征决定了教师需要在集体生活中扮演相互扶持的角色，缺少了彼此的共情理解、倾诉、沟通，教师学习相长的样态将难以达成。作为学校管理者，带领全体教师构筑协调合作的行为文化，对于增进学校内部和谐、促进教师健康而全面地发展意义重大。打造相互协助、共同合作的教师行为文化，能够引导教师形成开放包容的心态，积极吸纳借鉴他人优秀的成果，在学习模仿优秀模范的前提下，发现自身素养和能力的短板，找准自身前进发展的方向，进而有的放矢，加快自身核心素养和能力建设。

四、学校物质文化的环境熏陶作用

物质文化是学校组织文化的外在表现，以各种具象化的物质形态呈现于学校的各个角落。对于教师而言，学校物质文化提供了教师专业发展不可缺少的物质条件。

尽管每所学校的物质环境各不相同，但凝结在物质形态中的人文景观、人文精神是相通的。学校为教师提供了必不可少的办公学习环境，学校图书资源、教学资源向所有教师敞开心扉，学校的一草一木也为教师的成长提供了绿色环境，这些都为教师的专业发展发挥着潜移默化的熏陶作用。

一所充满公平正义的学校，必然重视信息资源和发展机会的均等，追求过程公平、结果公正，关注每位教师的成长机会，为每位教师的发展提供必要的物质环境，尤其是向每位教师提供丰富的图书资源、教学资源，同时借助互联网、云课堂、智慧校园等外在物质形态，为每位教师的专业发展提供机会均等的其他学习资源；温馨友善办公环境的塑造为教师舒心工作创造可能，绿色协调学校环境的布置同样也为教师的静心治学奠定基础，多样化、信息化教学技术器具的购置，同样为教师的专业成长打开新的天地，助推教师人文与科学技术等核心素养以及学习发展等核心能力的提升。

影响教师核心素养和能力发展的学校组织文化丰富而多样，宏大又细微，恰当予以建设，将极大助力教师核心素养和能力的发展。对于教育领导者、学校管理者而言，充分利用好学校组织文化润物细无声的建设力量，充分利用党组织的带领辐射作用，吸引全体教师参与和谐之美、正义之美、发展之美、生态之美等美丽校园的创建与共享，不断提高公平正义、风清气正的学校组织文化的显示度，涵养和促进每位教师核心素养和能力的发展，是新时代教育管理者需要深刻思考并认真践行的时代命题。

第六章
教师核心素养和能力建设的现实理据

教师核心素养和能力的建设离不开现状诊断，而现状诊断需要测评循证。以测评结果作为现实理据，才能为以评促建、以评促改和以评促强奠定基础，进而促进教师队伍的精准建设。教师核心素养和能力的现实理据，需要依据测评学理，建构测评指标；再依据测评指标，研发测评工具；选择测评样本，实施测评调查；分析统计数据，对教师核心素养和能力的实践样态进行"把脉问诊"。

第一节　教师核心素养和能力测评的依据

进入新时代，围绕"培养什么人、怎样培养人、为谁培养人"这一教育根本问题，教育系统不断深化育人关键环节，实施重点领域改革。其中，教师队伍建设是重点改革内容，教师队伍建设的关键在于找准教师核心素养和能力的优势和现实短板，予以精准施策和建设。开展教师核心素养和能力测评，需要厘清以下几个问题：为什么测评？为谁测评？测评什么？谁来测评？怎样测评？回答好这几个问题是做好教师核心素养和能力测评的前提。

一、教师核心素养和能力测评的必要性

《深化新时代教育评价改革总体方案》指出："改革教师评价，推进践行教书育人使命。"教师评价是影响教师专业发展的外在力量。选择科学合理的教师评价方式，不仅可以为教师的入职、晋升、聘任、培训和奖惩提供基础和依据，也有助于调动教师工作的积极性和创造性，进一步促进教师教学、教科研水平和教学效率的提高，从而整体提升教师队伍素质和水平。教师核心素养和能力测评以教师核心素养和能力的双螺旋结构模型为基础，建构教师核心素养和能力测评指标体系，对教师核心素养和能力整体及要素的优势与不足进行诊断，为精准改进教师专业发展及服务教师政策咨询决策提供循证依据。

（一）开展教师核心素养和能力测评有利于促进教师的精准发展

《中共中央 国务院关于全面深化新时代教师队伍建设改革的意见》指出，新时代需要"数以百万计的骨干教师、数以十万计的卓越教师、数以万计的教育家型教师"。但目前不少教师的素养和能力与新时代的要求存在距离，需要进一步提升[1]。教师素养和能力的专业发展现状到底如何，需要对其"把脉问诊"，如此才能针对短板精准发力建设。《新时代基础教育强师计划》提出要"深化精准培训改革"。教师精准培训离不开对教师专业发展实践样态的准确把握，而教师核

---

[1] 任友群：《加快实现教师队伍现代化》，《学习时报》2019年3月15日，第6版。

心素养和能力是教师专业发展的关键指标,大规模开展教师核心素养和能力测评,有助于提高教师专业发展测评的效率,从而为依据测评结果进而有针对性地促进教师专业发展提供必要的循证依据。开展教师核心素养和能力测评,旨在锚定教师专业发展的未来向度和成长空间,依据教师核心素养和能力测评指标体系,依托彰显教师核心素养和能力的关键性指标,研制并应用测评工具,对教师核心素养和能力的实践样态把脉问诊。基于测评结果,开展问题导向的精准教师培训,有助于实现教师精准发展。

（二）开展教师核心素养和能力测评有利于基于循证的教师决策

20世纪90年代以来,循证决策成为公共政策领域推崇的决策理念和现实路径,成为保证政策质量的有效举措,并逐渐影响到教育领域。教育实践越发重视循证价值,如师范专业认证正是采用了循证的思想,重在考察举证、查证。循证决策中的证据不同于普通的知识、数据或信息,它是对基于严谨的调查、实验等获得的研究成果,经过进一步科学加工后得到的连续性信息,具有高度的科学性、系统性、全面性和客观性等特征[①]。在"数据为王"的时代,经济数据影响着经济决策,人口数据影响着人口政策,教师数据影响着教师决策。基于循证的教师队伍建设的科学决策,更加强调证据在教师专业发展决策中的基础作用。教师核心素养和能力作为教师专业发展的关键指标,开展教师核心素养和能力测评是搜集科学数据、系统精准掌握教师专业发展状况的必要手段,其中教师核心素养和能力的八要素指标状况的数据融合,是服务教师专业发展决策的重要循证证据。开展教师核心素养和能力测评是服务教师教育决策的循证路径。基于翔实证据的咨政建议有利于党和国家、地区做出科学的教师决策。

二、教师核心素养和能力测评的目的

教师测评的目的并非简单的现状诊断,而是旨在促进教师群体与个体的长期可持续发展,从而提升整体教师队伍的质量。

（一）为教师群体精准发展提供数据支持

教师核心素养和能力测评的出发点在于通过设计科学合理的测评工具,发掘

---

① 张云昊:《循证政策的发展历程、内在逻辑及其建构路径》,《中国行政管理》2017年第11期,第73-78页;杨烁、余凯:《我国教育政策循证决策的困境及突破》,《国家教育行政学院学报》2019年第10期,第51-58页。

蕴含在教师身上的关键素养和能力。课题组利用大数据的处理方法，获取教师的核心素养和能力数据，通过路径分析，发现不同因素对教师群体核心素养和能力的影响路径，进而为地区教师群体发展提供数据方面的证据支持。

（二）为教师个体精准发展提供参考借鉴

教师核心素养和能力作为教师专业发展的核心指标要素，其测评不仅为教师群体的发展提供精准化参考，同时也为教师个体的核心素养和能力水平评价提供参考标尺。课题组结合教师背景变量的分析，探讨教师核心素养和能力发展的影响因素，明晰教师核心素养和能力的发展路径，为教师核心素养和能力的精准化发展提供数据方面的证据支撑，为教师个体专业发展决策提供科学依据。

（三）为教师政策制定提供精准数据依据

教师核心素养和能力测评在为教师群体和个体的发展提供参考的同时，也提取了与教师专业发展相关的大数据，可以推动形成基于证据的教师教育发展决策机制，提高教师政策制定的科学化水平。教师核心素养和能力测评数据将促进教师教育决策更加科学化，推动教师教育决策的技术创新，利用大数据实现教情预测，为更加智能化的教师测评提供支持，促进基于大数据的教师政策的科学制定。

三、教师核心素养和能力测评指标的研制原则

意大利经济学家帕累托（V. Pareto）提出二八定律，为企业绩效考核提供了理论依据。关键绩效指标（key performance indicators，KPI）就是在这一定律的基础上发展出来的，成为管理学界、企业界广泛采用的理论。这一理论也逐渐受到教育界的认可，并在教师测评、教学测评与学生测评中得到应用。KPI理论遵守SMART原则（specific，具体的；measurable，可以衡量的；attainable，可达到的，可实现的；realistic，实际的；time-bound，有时间限制的）。基于这一原则，课题组逐步设定了教师核心素养和能力测评指标体系。

（一）遴选的测评指标必须具体

在前期理论探索和实践调研的基础上，课题组构建了教师核心素养和能力的"一轴双链八要素"双螺旋结构模型，包括8个一级维度、22个二级指标、58个

三级观测点，上述二级指标和三级观测点针对教师的特定指标，具体到了教师专业发展过程中的行为特征。

（二）遴选的测评指标可以量化

在论证教师核心素养和能力内涵的基础上，课题组参考国家政策、国内外研究成果，将教师核心素养和能力细化为58个三级观测点。观测点的要求是具体可测，为了进一步达到这一要求，课题组将三级观测点细化为若干关键性表现，以实现可察可测。

（三）遴选的测评指标能够实现

细化教师核心素养和能力的关键性表现，不仅要求有充分的学理依据，同时要求关键性表现的刻画与教师的日常教育教学行为紧密相关，是教师在工作中完全可以达到的要求，而非过高或过低的要求。这一要求通过两方面实现：一是设计时充分参考已有研究成果；二是设计初稿完成后，广泛征求一线教师的意见，确保教师能够达到要求。

（四）遴选的测评指标符合实情

教师核心素养和能力评价指标的遴选需契合我国教师的实际情况。一是指标遴选充分依据我国《中学教师专业标准（试行）》《小学教师专业标准（试行）》和国家关于教师队伍建设的最新要求，既关注教师的知识、教育教学能力等内容，同时又充分考量我国教师的独特性，如思想政治素养、道德素养等。二是指标的遴选参考国际教师专业标准的相关要求，如美国全国专业教学标准委员会的优秀教师资格认证标准、英国教师专业标准（Professional Standards for Teachers，PST）和《澳大利亚教师专业标准》（Australian Professional Standards for Teachers，APST），探寻上述标准的公约项作为参考依据之一。三是关注一线中小学教师的素养和能力实情。对于遴选的测评指标，课题组广泛征询一线中小学教师、校长、教研员以及教育主管领导的意见，确保制定的指标和呈现指标的话语能够被教师理解与认同。

四、教师核心素养和能力测评的主体

教师核心素养和能力测评更加关注教师的主体价值。作为测评的当事人，教师对自身核心素养和能力的优势与不足拥有不可替代的自我判断能力,教师理应成为核心素养和能力测评的主体,通过自我评价审视自身的发展水平。

(一)自我评价的发展及优势

自我评价最早是一个心理学概念,《神经精神病学辞典》将其解释为:自我评价是自我意识的组成部分,指自我对自己的行为、个性等方面所进行的评价。自我评价伴随着对自我的认知,是个体在明确自我主体性之后才会有的行为,使个体从别人对自己的评价中逐渐学会评价自我,由评价他人过渡到评价自我[1]。

在教育研究中,1983年唐纳德·舍恩(Donald Schon)发展了反思性实践者和实践认识论的概念,1986年舒尔曼(L. Shulman)提出了学科教学知识的概念,这两项工作都有助于将教学视为一种具有独特专长的职业。教师逐渐被视为反思的实践者,成为实践情境中的研究者,这样一来,完全依赖他人的评价与专业的精神理念是相矛盾的[2]。近年来,职业自我评估备受重视,并产生了 PDCA 自我评估[3]以及 SWOT 理论与方法等[4]。

自我评价是相对于他者评价来说的,实际上是自我意识的一种反应,是主体对自己的思想、愿望、个性特点的判断和评价。他者评价包括同行评价、家长评价、领导评价、学生评价等。他者评价主要是将外显行为作为评判要素,而思想、动机、行为和个性等方面很难全部通过外在行为表现出来,也很难被他人观测到,自我评价在这方面具有优越性。另外,与外部专业人员的评估相比,自我评价是一项持续性的活动,可以为自我提高和专业发展提供持续反馈。

(二)教师评价中的自我评价

教师评价分为三个时期:20世纪前的自发时期,20世纪初至80年代中期的传统时期,现在的转型时期。在这三个时期,评价目标经历了比较大的变化,变得更加多样化。在教师评价的传统时期,教师评价多为总结性评价,并以此作为鉴别、奖惩和选拔教师的标准。随着教师评价制度的不断改革,教师评价的目的逐渐过渡到以形成性目的为主、总结性目的为辅的评价。20世纪90年代以来,

---

[1] 何仮、陆英智、成义仁等:《神经精神病学辞典》,中国中医药出版社1998年版,第491-492页。
[2] Kremer-Hayon L. Teacher Self-Evaluation: Teachers in Their Own Mirror. New York: Springer, 1993.
[3] PDCA 由英语单词 plan(计划)、do(执行)、check(检查)和 act(处理)的首字母组成。
[4] SWOT 由英语单词 strengths(优势)、weaknesses(劣势)、opportunities(机会)、threats(威胁)的首字母组成。

受利益相关者理论的影响，教师评价的对象与主体也逐渐多元化。教师作为评价对象，也可以参与评价过程。对于教师而言，参与评价的过程也是自我反思的过程，是教师专业成长的重要方式之一。教师自我评价是教师评价中重要的组成部分，只有教师主动地、积极地参与到教师评价中，评价的结果才能发挥其最大的意义，帮助教师反思自身的不足以及明确改进的方向[①]。在教师评价的传统时期，教师的评价标准既存在唯学生学业成绩的问题，也存在忽略教师个体在评价中的地位的问题。进入转型时期以后，教师评价着重强调人性化，目的就在于全面促进教师的专业发展以及教学质量的提升，教师评价体系的理论基础逐渐由管理化向更加人性的治理化转变。

2001年颁布的《基础教育课程改革纲要（试行）》强调"建立促进教师不断提高的评价体系。强调教师对自己教学行为的分析与反思，建立以教师自评为主，校长、教师、学生、家长共同参与的评价制度，使教师从多种渠道获得信息，不断提高教学水平"。《深化新时代教育评价改革总体方案》指出"改革教师评价，推进践行教书育人使命"。在教师评价中，教师主体性的张扬既是社会对教师专业发展的要求，也是教师应对教育环境差异化以及学生个性化发展的保证。因此，在教师核心素养和能力测评工具的研发过程中，研制者需要充分考虑教师在评价中的重要作用，将教师作为评价主体，引导教师参与测评工具开发。教师的自我评价能更好地唤醒教师的专业自觉，使其在评价过程中不断进行自我反思，同时这也对测评工具的更新迭代具有重要价值。

（三）教师自我评价的必要性

教师自我评价的产生与社会政治、教育背景相关，同时也会受到个体特征的影响。首先，随着教师专业性的发展，专业性中的自主权和责任是核心属性，教师在课程材料、教学方法以及其他教学活动方面有一定的自主权，同时，对自我负责是专业精神的一部分，教师有责任设定自身职业目标、信念以及使命等，这些都需要教师进行自我评估。其次，随着教学过程逐渐复杂化和多样化，评估的难度不断升级，针对复杂活动的评估更需要教师不断地进行自我反思。最后，教师自我评价也取决于学校以及社会氛围、社会对教师工作价值的认可度，以及教师对自身职业发展的理解等方面。

---

① Kyriakides L, Campbell R J, Christofidou E. Generating criteria for measuring teacher effectiveness through a self-evaluation approach: A complementary way of measuring teacher effectiveness. School Effectiveness and School Improvement, 2002, 13（3）: 291-325.

五、教师评价的综合性及其对于教师核心素养和能力的启示

教师核心素养和能力评价属于教师评价，教师评价中的评价目的、评价对象、评价方法所具有的综合性特征，对于教师核心素养和能力的测评有重要启示。

（一）评价目的：过程性评价与发展性评价的综合

改革开放初期，中小学校过度重视教师的工作成绩，通常以"排名次""比高低"等方式对教师进行锦标赛式的评价。20世纪90年代后，过程性评价以及教师发展性评价被逐渐引入评价体系，如1993年颁布的《中华人民共和国教师法》、1998年颁布的《教师和教育工作者奖励规定》、2001年颁布的《基础教育课程改革纲要（试行）》，都强调教师评价的重要功能是促进教师个人发展。《中共中央 国务院关于全面深化新时代教师队伍建设改革的意见》提出"不简单用升学率、学生考试成绩等评价教师"，这使得教师评价突破了锦标赛式评价的藩篱。《深化新时代教育评价改革总体方案》强调"强化过程评价"，"义务教育学校重点评价……引领教师专业发展"，"改革教师评价，推进践行教书育人使命"。《新时代基础教育强师计划》再次明确"各地要满腔热情关心教师，完善教师评价制度和标准，制订出台当地教师激励支持政策，推进中小学教师减负……支持服务教师专业发展和终身成长"。应接不暇的锦标赛式的教师评价容易造成教师内卷，甚至导致部分教师产生极端利己倾向，加重中小学教师心理负担。而通过教师专业发展过程诊断，以评价促发展，注重引导教师成长，能够有效激发教师工作热情，促使教师全身心投入育人工作，静心从教、安心育人。这些都启示我们，教师核心素养和能力的评价目标要重视过程性评价与发展性评价的综合。

（二）评价对象："关注群体"到"兼顾群体和个体"的综合

改革开放初期，教师评价大多以教师群体作为评价对象，强调用统一的评价标准进行评价，凸显对教师评价的群体要求。这种关注教师群体发展水平的评价，有利于把握教师群体的平均水平，但容易忽视教师个体，不利于教师个体发展。20世纪90年代后，测评教师个性化的发展水平开始受到关注。进入信息化时代，大数据为教师个性化评价提供了可供处理的数据，统计学为教师个性化评价提供了测评算法，这使教师的个性化评价成为可能。对教师核心素养和能力的

测评，既应该开出教师群体的核心素养和能力诊断报告，也应该开出教师个性化的核心素养和能力诊断报告。在教师评价中，兼顾教师群体和教师个体，既可以帮助教师个体知晓自身所在群体的发展状况，又可以帮助教师个体明确自身的发展水平和需要改进的方面。

（三）评价方法："外部驱动"与"自主参与"的融合

改革开放初期，教师被作为"职业人"来看待，主要通过物质奖励和职称职务晋升等外部手段激发教师的教育教学积极性，侧重于外部驱动。随着对教师"社会性"的认可，20世纪90年代后，教师评价开始由外部驱动转向自主参与。《深化新时代教育评价改革总体方案》指出，"依据实际贡献合理确定人才薪酬，不得将人才称号与物质利益简单挂钩"。由此导向教师评价要淡化优秀教师的"职业人"属性，强化教师专业发展的自主性。自主参与式的教师评价赋予了教师双重身份：教师既是评价的对象，又是评价的主体。这有助于增强教师的参与意识，给予教师更多自我"把脉问诊"的话语权。为了能切实实现以评价促发展，确保教师核心素养和能力的测评结果更加真实准确，教师核心素养和能力的评价需重视外部驱动与教师自主参与的融合，需要研发教师核心素养和能力自评的测评工具。

改革开放以来的教师评价呈现出以促进教师专业发展为目标，多方融合、兼顾教师群体和个体、自主参与、偏向质性取向的态势。进入新时代，教师管理从自上而下的粗放管理逐渐走向基于问题的精准治理，客观把握教师实践样态是精准促进教师队伍建设的前提。教师核心素养和能力是教师专业发展的核心要素，开展教师核心素养和能力实践样态的测评，在一定程度上是对教师专业发展现状的"体检"。对教师核心素养和能力的测评，不能只观照教师核心素养和能力的某一个方面，而应该从教师核心素养和能力的整体出发，看到教师核心素养和能力各个方面的互相影响与相互作用，注重以评价目标引领评价过程，通过评价结果完善评价过程，助力精准建设高素质专业化创新型的教师队伍。

第二节 教师核心素养和能力的测评指标

教师核心素养和能力测评指标体系共包括8个一级维度和22个二级指标，

见图 6-1。二级指标可继续细分为 58 个三级观测点，每个观测点下又包含若干关键性表现。

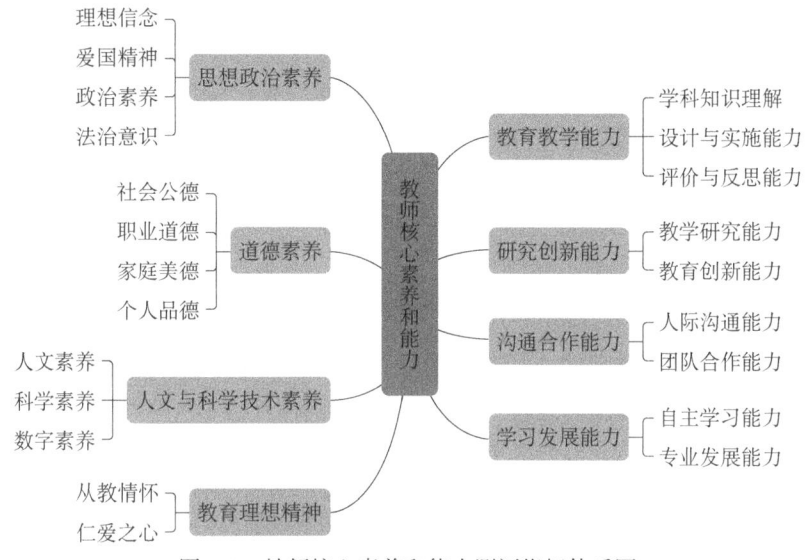

```
理想信念 ─┐
爱国精神 ─┤
政治素养 ─┤─ 思想政治素养 ─┐                    ┌─ 学科知识理解
法治意识 ─┘                  │       教育教学能力 ─┼─ 设计与实施能力
                             │                    └─ 评价与反思能力
社会公德 ─┐                  │  教
职业道德 ─┤                  │  师                ┌─ 教学研究能力
家庭美德 ─┤─ 道德素养 ───────┤  核  研究创新能力 ─┤
个人品德 ─┘                  │  心                └─ 教育创新能力
                             ├─ 素
人文素养 ─┐                  │  养                ┌─ 人际沟通能力
科学素养 ─┤                  │  和   沟通合作能力 ─┤
数字素养 ─┤─ 人文与科学技术素养┤ 能                 └─ 团队合作能力
                             │  力
                             │                    ┌─ 自主学习能力
从教情怀 ─┐                  │       学习发展能力 ─┤
仁爱之心 ─┴─ 教育理想精神 ───┘                    └─ 专业发展能力
```

图 6-1 教师核心素养和能力测评指标体系图

一、教师思想政治素养测评指标体系

教师的思想政治素养是教师核心素养之一，思想政治素养的邻近属是教师核心素养。思想政治素养概念与其上位概念（教师核心素养）一样，具有共同性、统帅性和可建设性的基本属性。

（一）教师思想政治素养的构成维度

思想政治素养是教师核心素养之一，它的邻近属为教师核心素养，种差是思想政治。明确教师思想政治素养的本质特征须从"思想""政治"入手。

思想是客观存在于人的意识中并经过思维活动而形成的观念体系。思想的形态多样，包含个体对自我、社会和世界的认识与理解。由于思想政治素养的本质规定在于意识形态性，所以，只有具有意识形态性的"思想"，才可以被纳入思想政治素养的范畴。与意识形态有关的思想，首先表现为思想意识，它的核心是理想信念，同时还包括体现统治阶级要求的法律思想。与此相对应，教师的思想政治素养要求教师具备"理想信念"和"法治意识"。

政治是教师思想政治素养的核心、主导和价值规定，能直接体现统治阶级的利益和要求,所以,思想政治素养必然包括"政治素养";同时,由于"政治"是以国家为中心,与国家紧密相关的现代国家政治,所以,教师思想政治素养中的"政治"还包括"对国家"所具备的爱国精神[①]。

通过对"思想""政治"的分析可知,理想信念和法治意识对应"思想政治素养"中的"思想"部分,爱国精神和政治素养对应"思想政治素养"中的"政治"部分。教师的思想政治素养是教师关于理想信念、爱国精神、政治素养、法治意识等方面的教师核心素养,它的外延及测评指标包括理想信念、爱国精神、政治素养、法治意识。

(二)教师思想政治素养测评框架

针对理想信念、爱国精神、政治素养、法治意识,本书具体阐析了教师思想政治素养的观测点与关键性表现(品性表现),具体见表6-1。

表6-1 教师想政治素养测评框架

二级维度	三级观测点	关键性表现(品性表现)
理想信念	学习贯彻习近平新时代中国特色社会主义思想	教师善于通过自学、参加专题研修班、运用"学习强国"学习平台、辅导报告、集体研讨、听或讲党课等途径,全面深入地学习习近平新时代中国特色社会主义思想
		教师善于通过撰写教学案例、教育教学论文等途径,贯彻落实习近平新时代中国特色社会主义思想
		教师善于运用课堂、论坛、讲座、网络等途径,自觉主动地传播习近平新时代中国特色社会主义思想
	树立共产主义远大理想和中国特色社会主义共同理想	教师善于通过阅读马克思主义论著、期刊,浏览网站,参加专题辅导,开展社会实践等途径,全面深入地学习共产主义远大理想和中国特色社会主义共同理想
		教师通过宣传教育、示范引领和实践养成等途径,自觉主动地传播共产主义远大理想和中国特色社会主义共同理想
	坚定"四个自信"	教师认识到中国特色社会主义道路是实现社会主义现代化的必由之路,中国特色社会主义道路是创造人民美好生活的必由之路,坚定对中国特色社会主义的道路自信
		教师认识到中国特色社会主义理论体系是指导党和人民沿着中国特色社会主义道路实现中华民族伟大复兴的正确理论,坚定对中国特色社会主义的理论自信
		教师认识到中国特色社会主义制度是当代中国发展进步的根本制度保障,中国特色社会主义制度集中体现了中国特色社会主义的特点和优势,坚定对中国特色社会主义的制度自信
		教师认识到在5000多年文明发展中孕育的中华优秀传统文化,在党和人民伟大斗争中孕育的革命文化和社会主义先进文化,积淀着中华民族最深层的精神追求,代表着中华民族独特的精神标识,是激励全党全国各族人民奋勇前进的强大精神力量,坚定对中国特色社会主义的文化自信

---

① 王光明、卫倩平:《教师思想政治素养测评的理论框架:指标、观测点与关键性品性表现》,《天津师范大学学报(社会科学版)》2021年第3期,第59-64页。

续表

二级维度	三级观测点	关键性表现（品性表现）
爱国精神	爱国	教师在重要纪念日和传统节日表现出对国旗、国歌、国徽的应有礼仪，做忠于祖国、热爱祖国的典范
		教师善于通过课堂教学、班级管理、文化熏陶、宣传报道、比赛展示等途径，自觉主动地教育引导学生的爱国情、强国志、报国行
	爱党	教师拥有热爱中国共产党的浓厚情感，在学生、家长等面前发挥典范作用
		教师善于通过课堂教学、班级管理、文化熏陶、宣传报道、比赛展示等途径，教育和引导学生立志听党话、跟党走
	爱人民	教师应忠于人民、无私奉献，在学生、家长等面前发挥典范作用
		教师善于通过课堂教学、实践活动、文化熏陶、组织学生学习先进人物的先进事迹等途径，引导学生具有热爱人民的思想情感
政治素养	对党的政治认同	教师坚决拥护党的路线、方针和政策，自觉主动地做党的路线、方针和政策的传播者
		教师善于通过课程思政、组织学生积极开展党团组织活动和主题教育、仪式教育和实践教育等途径，培养学生对中国共产党的政治认同
	对中国特色社会主义的政治认同	教师自觉主动地学习中国特色社会主义理论，深刻领会党中央治国理政新理念、新思想、新战略，坚定不移地认同和拥护中国特色社会主义
		教师善于通过学科教学、专题教育、课外活动、个别辅导等途径，引导学生形成做社会主义建设者和接班人的政治认同
法治意识	尊法学法	教师具有浓厚的学法意识和良好习惯，自觉在课堂教学、班级管理、教书育人、疫情防控和网络信息发布以及评论等活动中做遵法学法的典范
		教师善于通过课堂教学、班级管理、社会实践活动、主题教育、网络教育等途径，教育学生遵法学法
	守法用法	教师善于通过课堂教学、班级或学校文化建设、党团队活动、学生社团活动、社会实践活动等多种途径，在青少年中开展法治宣传教育
		教师善于运用故事教学、情景模拟（如法庭模拟）、角色扮演、案例研讨、法治辩论、价值辨析等方法，引导学生践行法治理念，树立法治信仰，参与法治实践

二、教师道德素养测评指标体系

教师的道德素养是教师核心素养之一，具有共同性、统帅性和可建设性的基本属性。

（一）教师道德素养的构成维度

"师者，人之模范也"（扬雄：《法言·学行》），这表明教师道德素养在教育教学场域之外同样具有示范性。"无德者无以为师"（扬雄：《法言·学行》），教师的职业属性决定了教师"吐辞为经、举足为法"(韩愈:《进学解》),一言一行都给学生以极大影响。做好教师要有道德情操。教师的职业特性决定了教师应该是道德高尚的人。好教师更应该是以德施教、以德立身的楷模。这启示新时代中小学教师道德素养的构成维度不应只限于职业范畴。

"如果说实践或生产实践是道德发生的根源,那么,与生产实践密不可分的交往实践可以说同样是道德发生的根源。"①《中华人民共和国教师法》明确规定:"教师是履行教育教学职责的专业人员。"如果教育是精神生产与精神交往相统一的实践活动,那么教师的劳动无疑就是精神生产与精神交往相统一的精神劳动。"专业人员"的身份表明了教师以其专业素养胜任教育教学工作的精神生产实践向度。而教育教学是一种有目的地培养人的社会活动,这一本质特点是其与其他社会活动的根本区别,也决定了教师的劳动必然带有严格的示范性②。教师教育教学的精神交往实践向度即体现于其"专业人员"之外的另一身份——"示范人员"。所谓"教,上所施,下所效也"(许慎:《说文解字》)。教师"应以自己的思想、学识、言行和人格,通过示范方式去直接影响学生"③。学生具有"向师性"的特点。"教师的一言一行、道德风貌、行为习惯、个性特征等都会通过言传身教潜移默化地影响着学生。所以,教师必须严格要求自己,以身作则,时时处处用自己的积极行为去影响学生的行为,用自己的良好个性去影响学生的个性,用自己正确的态度去影响学生的态度,以便取得最佳教育效果。"④师德源于教师的精神生产实践和精神交往实践,因此,教师具有"专业人员"与"示范人员"的双重道德身份。党的二十大报告深刻指出"推动明大德、守公德、严私德"。教师模范做到"明大德、守公德、严私德",是以德立身、以德立学、以德施教、以德育德的根本保障。当前师德研究及相应的师德建设实践大多将师德的意涵局限于职业道德范畴⑤,在强化教师作为专业人员之道德承诺的同时,存有弱化教师作为示范人员之道德角色的现象。以至于当个别教师私德不立,尚有人

---

① 黄鹏红:《马克思交往实践观对道德教育的意义探寻》,《社会科学战线》2008年第7期,第273-275页。
② 王道俊、郭文安:《教育学(第六版)》人民教育出版社2009年版,第24、629页。
③ 王道俊、郭文安:《教育学(第六版)》人民教育出版社2009年版,第629页。
④ 王道俊、郭文安:《教育学(第六版)》人民教育出版社2009年版,第629页。
⑤ 刘万海、张明明:《师德研究的主题、特征与趋向》,《课程·教材·教法》2014年第2期,第127页;王晓莉、卢乃桂:《当代师德研究的省思:与国外教学道德维度研究的比较》,《外国教育研究》2011年第6期,第79-84页;岳俊冰、杨焱荔:《我国师德研究热点分析——基于CSSCI(2007—2017年)数据》,《教育导刊》2018年第11期,第18-22页。

认为或许其师德可守。公民的全域生活包括职业生活、公共社会生活、家庭生活、个人生活，分别彰显职业人、社会人、家庭人和个体人的身份。教师的师德并非仅仅蕴含于职业生活中，而是蕴含于全域生活中，具有全域师德性。所谓"全域师德"，不是仅局限于教师职业场域的职业道德，而是指教师在公共社会生活、职业生活、家庭生活、个人生活等多重场域中应该遵循的行为准则。师德评价事关师德师风建设的发展方向，有什么样的评价指挥棒，就有什么样的师德师风建设。全域师德评价首先有益于引领树立兼顾教师专业人员与示范人员双重道德身份的全面师德观、健全师德综合评价，同时有助于引导教师进行有则改之、无则加勉的自我规训，发挥师德评价对教师全域行为的约束和提醒作用。此外，全域师德评价能够为鉴定、诊断教师的全域师德表现提供决策依据，不但为相关部门精准开展全域师德师风建设工作指明了调控方向，也为教师自身的扬长避短、查漏补缺提供了重要参考。更为重要的是，全域师德评价还可为评判全域师德养成实效提供循证依据。

（二）教师道德素养测评框架

开展全域师德评价，需以具有针对性的评价指标为基础，评价指标需充分发挥其导向教师双重道德身份建构的功能。教师道德素养的观测点与关键性表现（品性表现）具体见表 6-2。

表 6-2 教师道德素养测评框架

二级维度	三级观测点	关键性表现（品性表现）
社会公德	社会遵循	教师在恪守公序良俗（如遵守公共场所与公共交通秩序、文明礼貌、勤劳节俭等）方面率先垂范
		教师在维护社会公共利益（如爱护公物、保护环境等）方面率先垂范
	社会担当	教师主动参与社会实践，了解世情、党情、国情、社情、民情
		教师主动参加志愿服务，回报社会
职业道德	教书育人	教师全方位抵制违反教学纪律或敷衍教学的言行
		教师将立德树人全面融入思想道德教育、文化知识教育、社会实践教育等各环节；善于通过课程育人、文化育人、活动育人、实践育人、管理育人、协同育人等多种途径，培养学生的良好品行；善于通过基于情境、问题导向的互动式、启发式、探究式、体验式等课堂教学，课题研究、项目设计、研究性学习等跨学科综合性教学，验证性实验和探究性实验教学等途径，激发学生的创新精神；善于通过改进科学文化教育、统筹课堂学习和课外实践、强化实验操作、开展多种形式的读书活动等途径，促进学生的全面发展

续表

二级维度	三级观测点	关键性表现（品性表现）
职业道德	为人师表	教师一贯衣着得体，语言规范，举止文明
		教师从不参与有偿补课或利用职务牟取私利
家庭美德	家庭教育	教师善于通过讲解家规家训、进行民主交谈、保持行为示范等途径进行言传身教，帮助子女（晚辈）掌握知识，养成良好的生活、学习习惯，形成正确的道德观
		教师善于通过成立家长委员会，及时反馈家庭教育情况；建立教师、家长交流平台，定期分享家庭教育成功经验；构建家长课堂，邀请专业人员举办家庭教育讲座等途径，为学生家长进行家庭教育提供指导和帮助
	家庭风尚	教师善于通过家庭聚餐、家庭文化活动、家庭体育活动、家庭娱乐活动等途径，鼓励家庭成员相互倾诉、相互理解、相互支持
		教师善于通过幽默的语言、恰当的赞美、乐观情绪的传递等途径，营造和维持融洽的家庭气氛
个人品德	自我管理	教师善于通过细化目标、提升成就感、合理利用危机感、积极的自我暗示等途径进行自我激励，保持积极心态
		教师善于通过音乐放松、运动宣泄、注意转移等途径进行自我调节，保持平和心境
	待人接物	教师待人一贯诚信友善
		教师处事一贯耐心细致

三、教师人文与科学技术素养测评指标体系

人文与科学技术素养作为教师核心素养之一，是构成教师专业发展的本体保障。因此，人文与科学技术素养是教师在接受和参与教师教育、从事教育教学以及投身教研等活动中，在人文、科学以及数字技术领域中通过对实存知识或技能的掌握而形成的具有专业领域特征的教师核心素养。

（一）教师人文与科学技术素养的构成维度

教师人文与科学技术素养包括教师的人文素养、科学素养以及技术素养。在实际工作中，教师的人文素养是教师个人通过对知识、思想以及方法的理解以及人文精神内化于身所表现出来的气质和修养，最终表现为关心学生情感需求、引导学生塑造三观、促进学生发展的职业特征，是人文与科学技术素养的重要组成部分。教师的科学素养是指教师对科学知识的掌握，对科学现象的思考，对科学精神的领悟，对日常生活、社会事务以及个人决策中所需要的科学概念和方法的认识和理解，以及在此基础之上形成的稳定的思维和心理品质，并最终在教育教学活动中展现出来的综合素质。教师对技术的了解主要是指其对数字技术的学

习、应用等，因此，教师的技术素养主要表现为数字素养。教师的数字素养是指教师对教育技术知识和技能的学习、对教育信息化的理解与认识，并能批判、创新、综合地应用数字技术解决教育教学中的问题的综合素养。

按照形成和发展过程的角度，教师的人文与科学技术素养均可分为习得、理解以及应用三个方面。

个体对知识的习得往往是对带有共识性的人文知识、科学知识以及数字技术知识的学习，是认知主体对这些知识的信息感知和接收过程。这里的习得是对这些已经完成的认识结果进行表征层面的学习，具体来说就是通过符号、文字、图像以及组合编码，最终形成符合语法结构的图形等直观的信息载体[①]。习得的人文与科学技术知识是教师人文与科学技术素养养成的基础。

经过对知识的理解，个体的知识从表征层面进入经验和情境层面，人与知识产生了情境化的联系，形成了具有个体意义的知识，这样的个体知识是经过提炼和深加工的。通过知识理解，教师逐渐形成了具有个体特色的人文与科学技术知识，支撑教师人文与科学技术素养发展。

当主体将具有个体特色的人文与科学技术知识应用于情境层面，就是个体按照自身理解所形成的态度和价值观要求，主要包括处理各种社会关系、得到关于事物发展的本质认识、形成自身稳定的逻辑思维习惯，以及理性坚韧等心理品质，并最终在教育教学活动中展现出来的综合素质。总体上说，教师的人文素养是教师自觉落实立德树人根本任务的前提，科学素养是教师自觉遵循教育教学规律、有效运用数字技术、落实立德树人根本任务的保障。

（二）教师人文与科学技术素养测评框架

针对人文素养、科学素养、数字素养，本书具体阐析了教师人文与科学技术素养的观测点与关键性表现（品性表现），具体见表6-3。

表6-3 教师人文与科学技术素养测评框架

二级维度	三级观测点	关键性表现（品性表现）
人文素养	学习人文	教师经常通过书本、期刊、公众号、知识讲座、手机App等渠道获取人文知识
		教师主动、积极学习文学（史）、哲学（史）、历史学（史）、艺术（史）等各种人文学科门类的人文常识以及具有人文意义的社会性知识
	理解人文	教师主动通过个人自学、参加培训以及研修等活动，深刻理解人文常识的意义，并善于形成自己的见解和思考

---

① 管云波：《知识表征的研究：从个体认知到社会呈现》，山西大学博士学位论文，2016年。

续表

二级维度	三级观测点	关键性表现（品性表现）
人文素养	理解人文	教师积极通过个人自学、培训以及研修等活动，理解人文思想和方法的意义，并善于将其渗透到日常教育教学、管理班级及与学生进行情感交流等活动中
	践行人文	教师在教育教学中，及时、主动关注学生的情感和精神发展诉求，并善于为学生提供相应帮助，恰当、及时给予回馈
		教师主动在课堂教学、综合实践等活动中传递悦纳自我、珍爱生命、热爱自然等人文态度，并在这些方面起到示范和引领作用
		教师主动担负传承和传播优秀人文精神的责任，积极履行好帮助学生树立正确的世界观、人生观和价值观的职责
科学素养	学习科学	教师经常主动通过书本、期刊、公众号、知识讲座、手机App等渠道获取科学知识
		教师主动、积极学习数学（史）、物理学（史）、化学（史）、生命科学（史）、科学史等科学文化
	理解科学	教师主动通过个人自学、培训以及研修等活动，深刻理解科学常识的意义，并善于形成自己的见解和思考
		教师经常主动通过个人自学、培训以及研修等活动，理解科学精神以及思想方法的意义
	应用科学	教师自觉、主动针对网络或现实中的伪科学、反科学、迷信邪说等谣言或者行为进行抵制、反驳、澄清，对学生具有示范和引领作用
		教师自觉在实事求是、求真务实、质疑批判、开拓创新等科学精神方面对于学生具有示范和引领作用
		教师主动运用科学的知识以及思想方法分析、解决和研究教育教学问题
数字素养	学习数字技术	教师积极主动学习、应用互动白板、投影仪等设备，有主动学习大数据、人工智能、"互联网+"等新一代技术手段的浓厚意识和良好习惯
		教师积极掌握Word、Excel、PPT等常用办公软件，熟悉中国知网、万方等数据库的查询方法，掌握格式工厂、爱剪辑、绘声绘影、Windows Movie Maker等基本的音频、视频文件编辑软件，以便于获取、加工、制作、管理数字资源
	遵守信息伦理	教师自身具备浓厚的信息道德与安全意识，并积极以身示范
		教师善于帮助学生树立信息道德与安全意识，培养良好的行为习惯
	应用数字技术	教师综合考虑课程目标以及学生接受程度，合理选择合适的数字技术手段，并将其恰当运用于教学中
		教师经常运用教学软件制作微课

四、教师教育理想精神素养测评指标体系

教师的教育理想精神是教师核心素养之一，是教师在接受和参与教师教育、从事教育教学以及投身教研等活动中形成和发展的，能够适应社会发展、教师职业要求和自身专业发展所必需的修养，并且具有共同性、统帅性和可建

设性特征①。教师的教育理想精神是指教师关于从教情怀和仁爱之心的教师核心素养。

（一）教育理想精神的构成维度

教育理想精神与教师的政治素养、道德素养和人文与科学技术素养的不同之处在于，它更加强调教师对自身专业的认知、理解与追求，重视教师以怎样的精神态度对待教师职业。确切而言，教育理想精神包括两层含义：一是教师准备成为怎样的教师，体现的是一种职业理想和价值追求；二是教师准备通过何种方式成为这种教师，体现的是教师在价值引领下实现这一追求的行为倾向。前者为后者提供了职业方向指引，后者则为前者的实现提供了可能。

如果说从教情怀是教师追求的长远目标的话，那么实现这一目标需要条件支持。苏霍姆林斯基不厌其烦地告诫青年教师"把心给孩子""相信孩子""关注孩子的精神世界"②。爱孩子是教师职业特性对教师的必然要求，国内外教师专业标准都将爱学生、相信学生、成就学生视为教师必备的精神品质。我国的教师专业标准强调教师热爱岗位、热爱学生。美国全国专业教学标准委员会颁布的《教师应该知道什么和应该做什么》强调教师要相信学生、平等对待学生。加拿大不列颠哥伦比亚省于2019年颁布实施的《教育者专业标准》提出，在教育目标或任务要求方面，加强教育工作者重视所有学生的成功，保护学生隐私方面的要求；在教育对象的理解方面，提出了最大限度地满足学生的多样化需求；在教学过程方面，提出了加强过程性评价，淡化结果性评价，为学生的学习和发展创造尊重和包容的环境③。

根据教育理想精神的内涵以及确立的要素，将教师的教育理想精神的外延划分为两个二级指标：从教情怀和仁爱之心。从教情怀彰显的是教师的职业理想追求和教师专业发展的目标；仁爱之心是教师实现从教情怀的条件。两者相辅相成，共同构成了教师的教育理想精神。缺少发展目标的指引，教师的教育理想精神就失去了方向，教师的仁爱之心也就成了无的放矢。同时，教师从教情怀的实现需要仁爱之心做支撑。没有仁爱之心的教师，难以有效达成从教情怀。

---

① 王光明、黄蔚、吴立宝等：《教师核心素养和能力双螺旋结构模型》，《课程•教材•教法》2019年第9期，第132-138页。
② 〔苏〕苏霍姆林斯基：《要相信孩子》，汪鹏庚译，天津人民出版社1981年版，第3-4页。
③ 王光明：《用网络督促教师专业成长》，《中国教育报》2020年6月5日，第6版。

（二）教师教育理想精神测评框架

针对教师的从教情怀和仁爱之心，本书具体阐析了教师教育理想精神的观测点与关键性表现（品性表现），具体见表6-4。

表6-4　教师教育理想精神测评框架

二级维度	三级观测点	关键性表现（品性表现）
从教情怀	终身从教的志向	教师在各种工作环境与工作条件下，始终将教书育人作为终生奋斗的事业
		教师能以学生的发展、桃李满天下作为个人成就感、幸福感的源泉，始终以所有学生取得进步为个人追求的目标
		教师淡泊明志，时刻牢记从教初心，做好学生筑梦人
	坚守岗位的信念	教师具备热爱工作岗位、专心致志从事教育的职业信念，始终保持乐观向上的心态
		教师面对生活压力、工作困难、职业倦怠时，一贯具备迎难而上、克服困难的信心
	奉献教育的愿望	教师始终扎根教育岗位，坚持为学生发展付出努力
		教师主动为每位学生的成长进步付出时间与精力
仁爱之心	认知学生	教师善于运用观察、量表、访谈、课前预习等手段科学诊断学情
	尊重学生	教师具有平等对待每一位学生的浓厚意识，在课堂教学中给每位学生交流的公平机会，不把学生分成三等九格
		教师善于综合运用观察、一对一沟通交流、作业反馈、家校沟通等方式分析学生犯错的原因，帮助学生改正错误
		教师拥有保护学生隐私的浓厚意识
	成就学生	教师善于从多方面培养学生，在坚定理想信念上下功夫，在厚植爱国主义情怀上下功夫，在加强品德修养上下功夫，在增长知识见识上下功夫，在培养奋斗精神上下功夫，在增强综合素质上下功夫等方面卓有成效
		教师积极主动运用师生互动、幸福感量表、家校沟通等途径了解与增强每位学生的学习幸福感

五、教师教育教学能力测评指标体系

教育教学能力是教师核心能力之一，教育教学能力的邻近属是教师核心能力。教育教学能力与其上位概念（教师核心能力）一样，具有共同性、统帅性和可建设性的基本属性。

（一）教师教育教学能力的构成维度

教育教学能力的形成和发展贯穿教师职前培养、入职、在职以及职后等各个阶段，映射到新手教师、成熟教师、专家教师等各类教师，涉及幼儿园、小学、中学等各个学段，是所有中小幼各学科教师应具备的能力。教育教学能力在教师能力中起到决定作用，强调后天形成和发展，侧重养成性。

教育教学能力聚焦教书育人，以教学活动为载体或媒介展现能力水平。教学是一个复杂的系统活动，从教学活动的发生过程看，其包括教学前、教学中、教学后三个阶段。教学前的准备阶段对应教师教学设计能力，教学中阶段对应教师教学实施能力，教学后阶段则涉及教师对教学设计和实施过程等工作的评价与反思[1]。教学包括教学设计、教学实施、教学评价反馈等环节，每一环节需要的能力是不同的，只有所有环节有机协调、共同作用，才能有效提升教学效果。教育教学能力是教师从事教育教学工作所需具备的专业综合能力，不是单一的表现，而是多种能力集合、融合的表现[2]。教育教学能力体现在具体教学实践活动过程中，基于教师教学任务及实践工作分析确定教育教学能力的构成，对教师教育者具有更加重要的意义。教师的教学实践工作可分为教学设计、教学实施、教学评价及反思改进几个阶段，且各阶段之间相互关联、相互影响[3]。学科知识理解贯穿于教师教学设计、实施、评价与反思之中，是教师教育教学能力的基础与根本。舒尔曼强调，有些问题对教学很重要，如教师对学科的理解如何影响他们的教学质量，但该问题容易被研究实践知识的研究者忽视，舒尔曼把各种教学研究范式中忽视学科问题的研究称为"缺失范式"。例如，在教学实施阶段，学科知识理解力强的教师能够帮助学生建立概念间的联系，提供恰当且多样的表征，与学生建立起积极的和有意义的对话；而学科知识理解能力弱的教师把学科知识理解为一系列静态的事实，并常常给出不恰当的举例和类比[4]。教师的学科知识常常对他们的教学设计、过程和教学质量起着决定性作用，成为保证教学质量的前提，是教育教学的必备要素。

教育教学能力是教师开展教学活动的基础，是支持教师教学实践活动有效开展的前提，是可以在教师专业发展中得到培养的。教育教学能力是教师在教学实践活动中有效开展教学任务所需具备的教学设计、教学实施、教学评价、教学反思和学科知识理解等方面的核心能力。

从教学活动发展视角来理解教育教学能力，结合教育教学能力的内涵，教育教学能力测评指标体系的构建基础来自教师在教学实践活动各个发展阶段所需的

---

[1] 〔美〕麦金太尔，〔美〕奥黑尔：《教师角色》，丁怡，马玲等译，中国轻工业出版社2002年版，第2页。

[2] 王光明、张永健、吴立宝：《教师核心能力的内涵、构成要素及其培养》，《教育科学》2018年第4期，第47-54页。

[3] 王磊、魏艳玲、胡久华等：《教师教学能力系统构成及水平层级模型研究》，《教师教育研究》2018年第6期，第16-25页。

[4] 徐碧美：《追求卓越——教师专业发展案例研究》，陈静，李忠如译，人民教育出版社2003年版，第61页。

能力，包括学科知识理解、教学设计与实施、评价与反思。其中，学科知识理解是教师从事教育教学工作、保证教学质量的前提与基础。教学设计与实施对应"教什么""怎么教"，教学评价与反思分别对应"教得怎么样""怎样教得更好"。教学设计与实施能力是教育教学能力的根本体现，教学评价与反思能力则是教育教学能力的落实保障。

（二）教师教育教学能力测评框架

针对学科知识理解、教学设计与实施、教学评价与反思，本书具体阐析了教师教育教学能力的观测点与关键性表现（行为表现），具体见表6-5。

表6-5 教师教育教学能力测评框架

二级维度	三级观测点	关键性表现（行为表现）
学科知识理解	任教学科理解	教师通过文本阅读、同事交流、案例分析、讲座学习、专家引领等方式积累任教学科知识广度
		教师通过文本阅读、同事交流、案例分析、讲座学习、专家引领等方式积累任教学科知识深度
		教师通过文本阅读、同事交流、案例分析、讲座学习、专家引领等方式掌握任教学科前沿知识
	跨学科理解	教师通过文本阅读、同事交流、案例分析、讲座学习、专家引领等方式掌握跨学科知识
		教师能够指导学生运用跨学科知识解决问题
教学设计与实施	教学设计	教师能够综合运用皮亚杰认知发展理论、埃里克森发展理论、维果斯基最近发展区理论、认知负荷等理论，运用访谈、观察以及非智力因素量表、元认知水平量表等方式方法，基于认知基础、元认知基础、学习信念、学习兴趣、学习习惯、学习策略等全面诊断学情
		教师设计的教学目标总是能够具体体现课程标准内容，注重育人目标的凝练，且教学目标指标可评、可测、可衡量
		教师能够从教学目标、学科内在逻辑、学生基本知识、学生基本技能、学生学习品质等多个方面，且通过期刊文献、图书资料、课程标准、网络教学视频、网络课件、优秀教师手稿等多种途径获取教学资源
		教师能够综合运用师生互动、个别提问、分组讨论、个别化指导等方式方法设计师生认知互动、情感互动和思维互动
	环境营造	教师能够综合运用语言、动作、眼神等营造师生相互尊重平等的氛围
		教师能够综合运用语言、动作、眼神等营造利于学生努力学习的氛围
		教师能够综合运用信号暗示、使用幽默、创设情境、有意忽视、提问学生、转移注意、移除媒介、正面批评、劝离课堂、惩罚等方式方法最大限度地减少维护课堂秩序的时间损耗
		教师能够综合运用信号暗示、使用幽默、创设情境、有意忽视、提问学生、转移注意、移除媒介、正面批评、劝离课堂、惩罚等方式方法维护课堂秩序

续表

二级维度	三级观测点	关键性表现（行为表现）
教学设计与实施	教学实施	教师能够综合运用语言、故事、活动、音频、视频、VR、AR等多种方式调节教学进度
		教师能够综合运用语言、故事、活动、音频、视频、VR、AR等多种方式引导学生参与课堂互动
		教师总是能够恰当完成教学目标，突出教学重点，突破教学难点
教学评价与反思	教学评价	教师能够综合基于教学目标、教学内容、教学方法、教学组织、师生关系、育人价值等全方面评价教学效果
		教师能够综合运用量表评价法、问卷、访谈、随堂听课、纸笔测验等多种方式评价教学效果
		教师能够基于品德发展、学业发展、身心健康、兴趣特长、劳动实践等全方面评价学生发展
		教师能够综合运用纸笔测验、观察、口头测验、实验技能考核、成长记录袋等方式评价学生发展
	反思改进	教师拥有每节课后对教学进行反思的良好习惯
		教师能够综合运用撰写反思日记、教学叙事、教学案例分析、同伴探讨、行动研究等方法，基于课堂教学、学生发展、教师发展、教育改革、人际关系等视角多方位进行教学反思
		教师利用教学反思，从教学目标的达成，以及教学内容、教学方法、教学组织、师生关系等方面进行持续改进

六、教师研究创新能力测评指标体系

研究创新能力是教师核心能力之一，研究创新能力的邻近属是教师核心能力。研究创新能力与其上位概念（教师核心能力）一样，具有共同性、统帅性和可建设性的基本属性。

（一）教师研究创新能力的构成维度

研究创新能力是教师在教育教学工作中不断自我求知、创新教育实践的能力，形成和发展于教师参与教师教育、从事教育教学以及投身教研等活动的整个过程。教师的研究创新能力强调教师在教育教学过程中探索教育规律、解决教学问题、创新优化教育实践，推动教师不断超越现有水平，追求卓越，是教师专业发展的再生力。教师的研究创新能力决定着教师摸索和遵循教育教学规律的有效性与践行立德树人的效率，是培养具有实践能力和创新精神学生群体的职业要求，是构建新知以促进自身专业发展、转化分享教育成果以促进社会发展的核心能力。

基于教师研究创新能力的内涵，立足"基础保障"视角，可将教师的研究创新能力分解为教学研究能力和教育创新能力。

教学研究能力是教师运用教育理论对教学问题进行分析和解决、对教学规律进行提炼的能力，是研究创新能力的基础性能力；借助教学研究能力的教师可以通过实施一系列规划好的活动步骤，以及运用一系列方法和技术来分析教育现象，为教育领域提供有价值、可信赖的知识，进而解决教育领域的实际问题，提高教育活动的质量。教育创新能力是教师为了探索教育教学过程中的新知，并将其转化应用于教育教学实践的能力，是研究创新能力的保障性能力。教师的教学研究能力和教育创新能力是教师研究创新能力的一体两面，其中教学研究能力是前提基础，教育创新能力是保障要素，二者缺一不可，共同支撑教师研究创新能力的发展。

（二）教师研究创新能力测评框架

针对教学研究能力、教育创新能力，本书具体阐析了教师研究创新能力的观测点与关键性表现（行为表现），具体见表6-6。

表6-6 教师研究创新能力测评框架

二级维度	三级观测点	关键性表现（行为表现）
教学研究能力	发现教学问题能力	教师能够运用观察、倾听、沟通、调查问卷、反思、教学实验等多种方法发现教学问题
		教师常常能够对教学问题进行梳理提炼，提出课程实施、教学设计、作业、考试评价等方面的教学问题
	分析教学问题能力	教师系统掌握问题分解、重点分析、系统分析、经验分析等多种分析教学问题的方法
		教师常常能够从教育学、心理学以及学科教学理论等视角分析教学问题背后的原因
	解决教学问题能力	针对不同教学问题，教师能够灵活运用改变教学方法、养成学习习惯、弥补学习漏洞、提供学习资源、及时反馈评价、家校合作等方法以制定解决方案
		教师常常能够按照解决方案解决教学问题
教育创新能力	教育创新思维能力	教师能够系统掌握发散思维、聚合思维、批判思维、直觉思维等多种类型的创新思维
		教师能够在教育教学中创造新策略、新模式、新方法或新观点，形成有标志性的教育创新成果
	教育创新转化能力	教师能够将教育教学实践中的问题转化为学术论文、课题、案例、教学案例、咨政建议等成果
		教师能够将自身或他人的教育科研成果应用于教学改革中
		教师能够将教育技术转化应用于启发式、探究式、体验式、讨论式或参与式的教育教学活动中

七、教师沟通合作能力测评指标体系

沟通合作能力是教师核心能力之一，沟通合作能力的邻近属是教师核心能力。教师沟通合作能力的高低直接影响着家、校、社协同育人的质量，既是教师行为社会示范力的体现，也是教师思想传播力等方面的体现。

（一）教师沟通合作能力的构成维度

教师沟通合作能力评价体系的建设遵循建设、培养、提高的目标导向，以教师人际沟通理论模型和教师协作能力自评工具为基础加以建构。

1. 教师人际沟通能力

借鉴人际沟通通用模型，结合学者对教师沟通的相关主张，例如积极倾听、自信地自我表达、使用明确的语言、多从学生的身体反应分析学生的思想、有意识地使用身体语言等[①]，本书将教师人际沟通能力分为倾听理解能力、语言表达能力和共情能力。

（1）倾听理解能力

倾听理解能力是指教师对沟通对象的语言或非语言信息进行接收、意义建构并做出恰当回应的能力。例如，在课堂对话中，学生的语言叙述属于语言信息，学生的眼神和表情、手部动作和头部动作等都属于非语言信息；意义建构是指教师可以正确理解和解读学生发出的所有信息；做出恰当回应是指教师对学生的回答内容给予恰当的评价或建议，对学生的表情或肢体语言给予恰当的回应，如微笑、点头、拍肩等。

（2）语言表达能力

语言表达能力是指教师运用语言文字讲解、阐明自己的观点、意见或抒发思想、感情的能力。语言表达能力具有明显的情境性，应依不同情境选择不同的观测点，具体表现在：教师在课堂授课时的用语、措辞是否准确；教师与同事聊天时的表达方式、表达行为是否恰当；教师与学生谈心时的表达语气是否宜人。另外，教师的语言表达能力也体现为语言感染力，即教师在语言表达的同时，是否抒发了语言背后的情感。例如，教师在给学生讲述疫情期间医护工作者的事迹时，能否表达出对医护工作者由衷的感激之情；在做示范课时，是否能通过教学

---

① 〔美〕盖兹达等：《教师人际关系培养：教育者指南（第七版）》，吴艳艳、杜蕾、陈伟嘉译，中国轻工业出版社 2006 年版，第 1 页。

内容实现本节课的情感目标等。

（3）共情能力

共情能力是指教师能站在对方的角度，正确感受对方情感、推断对方想法的能力。例如，当教师看见学生情绪低落时能从学生的角度思考问题。另外，面对学生错误的想法，教师不会立即对其进行批判，而是通过细致入微的解析，引导学生认识到自己的不足。

2. 教师团队合作能力

团队合作强调个人与人际环境间的相互作用。教师在团队合作中对两方面事务起作用：一是对个人任务起作用，表现在教师对任务的执行方面；二是对团队他人起作用，表现在教师对团队他人的支持、影响方面。结合教师协作自评量表以及教师教学活动的表现，可以从任务执行情况、对他人支持、对他人影响等方面衡量教师的团队合作能力。教师任务执行情况包括贡献度、时间管理程度、合作前的准备工作、问题解决程度等；教师对他人支持包括积极支持他人、分享知识等；教师对他人影响包括团队内部的动力、角色灵活等。概言之，教师团队合作能力包括教师执行力、教师支持力、教师引领力。

（1）教师执行力

教师执行力是指教师在特定的目标或要求的指引下，充分利用现有资源，依靠自身的努力，有效落实目标或要求的能力。例如，教师通过各种途径收集相关教辅资料，然后与学科组组长针对试卷考查范围、考查目标、提交时间、难度系数、信效度等问题进行协商并达成一致后，短时间内完成出题任务，随即教师将试卷分享给学科组的其他同事，请大家批评指正，经过学科组各位教师的多次论证和修改后，最终呈现出一份标准试卷。在这个过程中，教师在任务执行前的计划、准备，以及在任务执行中的问题解决和任务执行后的效果等方面均较好地体现出较高的执行力水平。

（2）教师支持力

教师支持力是指教师在团队合作过程中，对合作伙伴给予力所能及的帮助和支持。这里的支持和帮助源于教师明晰团队合作的意义，懂得团队的成功与自身的发展息息相关，不但能对团队伙伴给予物质和精神上的帮助与抚慰，还能分享自身拥有的各种资源。例如，教师参与某项课题，能将自身已有或随时获得的可以借鉴的相关资料积极主动地分享给课题组成员，能对遇到困难的团队伙伴提供力所能及的帮助。

（3）教师引领力

教师引领力是指教师依靠自主学习，通过自我导向自身的专业发展，影响、带动团队其他成员，促进团队整体发展的能力。借鉴内涵式发展理念，教师引领力具有两方面内涵。一是角色转换的灵活性。在团队合作中，团队成员虽秉性各异，气质不同，但因各自任务的侧重点不同，由此而形成了相互学习、取长补短的局面。因此，团队每名成员在任务执行时至少兼具三种角色：自身任务的管理者、责任者和配合他人完成任务的协同者。教师在团队合作过程中应随着任务的不同而随时转换角色。例如，教师在课题论证会上，对于自身负责的工作任务扮演管理者、责任者的角色，而对于团队他人负责的工作任务扮演协同者的角色。二是领袖气质。任何任务的完成都需要对任务进行计划、实施与评价，合作任务也是如此。具有领袖气质的教师，一般拥有较强的时间观念，能主动关心团队的整体进展，会在团队中形成一种积极的精神力量，引领、带动团队的其他成员完成任务。

（二）教师沟通合作能力测评框架

针对人际沟通能力、团队合作能力，本书具体阐析了教师沟通合作能力的观测点与关键性表现（行为表现），具体见表6-7。

表 6-7　教师沟通合作能力测评框架

二级维度	三级观测点	关键性表现（行为表现）
人际沟通能力	倾听理解能力	教师能够对学生、家长、同事的语言、面部表情、肢体动作等持续保持注意
		教师能够借助多种信息渠道，理解学生、家长、同事的语言、面部表情、肢体动作等所表达的含义，并能整合这些信息加深理解
		教师能够恰当使用语言、面部表情、肢体动作等多种方式对学生、家长、同事等给予回应
	语言表达能力	教师与学生、家长、同事等沟通时，一般能够达成沟通目的（让其理解表达信息的内涵、向其表达情感、维持或增进与其的关系等）
		教师与学生、家长、同事等沟通时，能够使用恰当、简洁的词语，运用适宜的语音、语调、语速
	共情能力	教师能够准确体会到学生、家长、同事的高兴、忧伤、委屈、愤怒等不同情感
		与学生、家长、同事等协商时，一般能够接受、采纳对方的合理建议
		教师能够使用恰当的行为、动作，让学生、家长、同事感受到同情、理解、关切等
团队合作能力	教师执行力	教师能针对合作目标，制定合理、有效的个人执行计划
		教师能够通过调控自己的工作节奏、掌握排序的基本要领、克服偏见引发的排斥心理等策略，解决合作过程中遇到的问题

续表

二级维度	三级观测点	关键性表现（行为表现）
团队合作能力	教师执行力	教师能够通过调查合作伙伴的合作满意度、比较执行前后状态的记录、对合作伙伴进行深度访谈等途径对执行结果进行评价
	教师支持力	当学生、同事、家长在生活、学习、工作中遇到困难时，教师能够常态化地给予力所能及的帮助
		在合作过程中，教师能够主动与同事、家长等分享课件、学习笔记、研究报告、论文、书籍等资源和观点
	教师引领力	在合作过程中，教师不仅能够在任务分工中做出表率，还能引领他人强化责任意识
		在合作过程中，教师自身的角色（如引领者、协助者、执行者、管理者等）会随着任务、工作的需要而随时灵活转变

八、教师学习发展能力测评指标体系

教师学习发展能力是一种教师核心能力。学习发展能力适应当前总体教育改革的社会需求和教师职业要求，具有共同性，是面向全体中小学教师的共同能力要求，而不是面向部分教师或某类教师群体（如新任教师、优秀教师等）的专属能力。同时，学习发展能力是所有教师必须具备的统帅性能力，能够统帅和涵摄教师的其他能力。另外，教师学习发展能力是教师在接受教师教育、从事教育教学和教科研等活动中形成和发展的，具有可建设性。

（一）教师学习发展能力的构成维度

学习发展能力是教师学习能力与教师发展能力的内聚耦合，涵盖教师作为教育者的专业发展能力和教师作为学习者的自主学习能力。一方面，学习发展能力是教师通过自我导向的自主学习促进自身专业发展的核心能力；另一方面，学习发展能力是教师在追求专业发展的过程中不断学习、反思、改进、成长的核心能力。

因此，教师学习发展能力的内涵是指教师在接受教师教育、从事教育教学以及开展教科研等活动中形成和发展的，通过自我导向的自主学习促进自身专业发展，并在追求专业发展的过程中不断学习、反思、改进、成长的一种教师核心能力，是"在学习中发展、在发展中学习"的一种教师核心能力。教师学习发展能力包括自主学习能力和专业发展能力。

（二）教师学习发展能力测评框架

基于对内涵和外延的分析，本书将教师学习发展能力的测评指标确定为自主学习能力和专业发展能力，并具体阐析了其观测点与关键性表现（行为表现），具体见表6-8。

表 6-8 教师学习发展能力测评框架

二级维度	三级观测点	关键性表现（行为表现）
自主学习能力	学习规划制定	教师能够根据教师专业标准的要求，通过自我反思、同事建议等途径，基于自身专业学习需求，做出学习计划，明确学习目标
	学习方法掌握	教师能够掌握多种学习方式，包括阅读书籍、期刊、浏览专业网站、观摩公开课、观看优质课视频、参加专题讲座、参加网络课程、实地参观考察等
	学习习惯养成	教师能够养成主动学习的学习习惯
		教师能够养成坚持不懈地持续、终身学习的学习习惯
	学习成效评价	教师能够综合运用量表、测试题等方式方法，对学习结果进行合理评价，检测学习目标达成度，评估学习结果
		教师能够恰当通过自我评价、学习总结、量表、调查等方式方法，对个人的学习过程进行全方位评价，检测学习的主动性、持续性，评估学习方法、学习策略的应用效果
专业发展能力	专业发展规划	教师能够从分析环境、认识自我、确定目标、明确策略（措施）等方面系统制定短期计划（年计划、月计划和日计划）、中期规划（3～5年）和长期规划（10年左右）
		教师能够将短期计划、中期规划和长期规划付诸实践
	专业发展诊断	教师能够通过自我反思、听取他人意见、量表测试、参与教师专业发展测评等多种形式，主动收集和分析相关信息，对自身的思想政治素养、人文与科学素养、教育教学能力等专业发展情况进行诊断
		教师能够对自己专业发展中的问题做积极归因
	专业发展提升	教师能够通过自主学习、培训和研修等专业发展活动，吸收新理念、新方法、新知识，与时俱进，结合政策要求和基础教育发展趋势，对自身专业发展做出调整
		教师能够积极主动地通过自主学习、寻求外界帮助、参与各级各类教师培训、参与研修、进修深造、访学交流、学术会议等专业发展活动，不断提升自身的思想政治素养、人文与科学素养、教育教学能力等核心素养和能力

第三节　教师核心素养和能力的现实样态

教师核心素养和能力测评指标体系的建构，为"把脉问诊"教师核心素养和能力的实践样态奠定了基础。课题组在天津市和教育部对口支援的河北省威县分别开展了实践样态调研。

一、研究问题

本书的研究问题主要分为"事实类"和"关系类"两类，见图6-2。

```
研究问题
├── 中小学教师核心素养和能力现状如何？
│   ├── 中小学教师核心素养和能力整体现状水平如何？
│   ├── 中小学教师核心素养现状水平如何？
│   └── 中小学教师核心能力现状水平如何？
└── 不同背景因素对中小学教师核心素养和能力有无影响？若有影响，影响程度如何？
    ├── 不同性别、年龄、教龄、师范背景、学历、职称、荣誉的中小学教师核心素养和能力有无差异？差异程度大小如何？
    └── 城乡、不同学段的中小学教师核心素养和能力有无差异，如果有差异，那么差异程度大小如何？
```

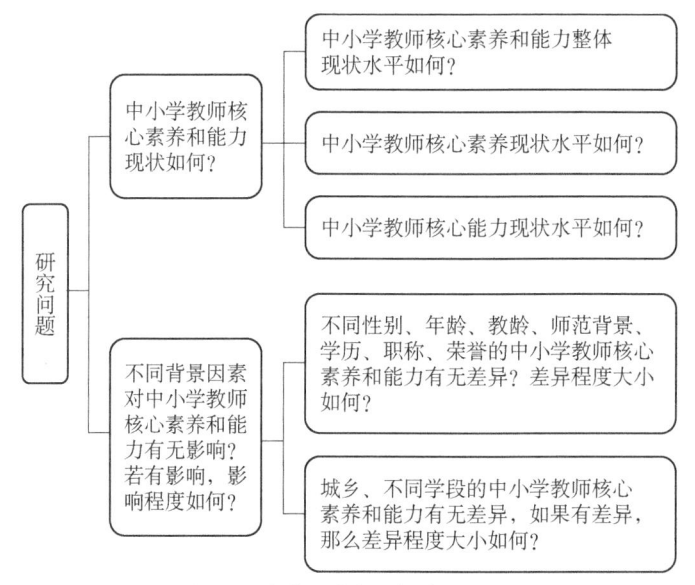

图6-2 本书研究问题逻辑关系图

事实类问题，即现状问题，对应图6-2中的"中小学教师核心素养和能力现状如何"这一问题，该问题又分解为三个具体问题：第一，中小学教师核心素养和能力整体现状水平如何？第二，中小学教师核心素养现状水平如何？第三，中小学教师核心能力现状水平如何？

关系类问题，对应图6-2中的"不同背景因素对中小学教师核心素养和能力有无影响？若有影响，影响程度如何？"问题。其中，背景因素分为教师背景因素和学校背景因素。关于教师背景因素，主要研究不同性别、年龄、教龄、师范背景、学历、职称、荣誉的中小学教师核心素养和能力有无差异，如果有差异，那么差异程度大小如何；关于学校背景因素，主要研究城乡、不同学段的中小学教师核心素养和能力有无差异，如果有差异，那么差异程度大小如何等。

二、研究设计

研究设计是保证研究质量的关键环节，包括明确研究目的、研究对象、测评工具，以及对后续研究具体实施做出整体性规划。

（一）研究目的

此次测评研究旨在准确了解中小学教师专业发展现状，诊断教师专业发展中的不足与短板，进而为教师核心素养和能力的提升改进提供数据支撑，服务于教师精准培训，为教师决策提供数据支持及可参考的实证依据。

（二）研究对象及抽样过程

依据有限总体的样本抽样公式

$$n \geqslant \frac{N}{\left(\dfrac{\alpha}{k}\right)^2 \dfrac{N-1}{P(1-P)} + 1}$$

其中，N 为总体样本数，P 通常设为 0.50，α 为 0.05，k 为正态分布的分位数[①]，抽取的中小学教师人数应不少于 383 人。据此调查了天津市 8 个区的各类中学和小学共 36 所学校的不同学科、不同层次的教师 4903 名，回收问卷 4903 份，回收率为 100%，有效问卷共 4661 份，有效回收率为 95.06%。其中，小学教师有 1969 人（42.24%），初中教师有 1520 人（32.61%），高中教师有 1116 人（23.94%），缺失 56 人（1.20%），符合抽样理论中样本容量大小的数量要求。

此次测评中，城区教师共 2424 人（52.01%），乡镇教师共 2237 人（47.99%）；男教师有 809 人（17.36%），女教师有 3794 人（81.40%），缺失 58 人（1.24%）；年龄上以 31～40 岁、41～50 岁的教师为主体；大部分教师的教龄在 31 年以下，各教龄段分布均匀；学历上主要以本科（3612 人，77.49%）为主，硕士研究生占 16.91%，博士研究生仅占 0.60%，缺失 100 人；大部分教师具有师范背景（3316 人，71.14%）；职称上主要以中级、高级为主体，共约占 80%；在学段上，小学教师人数稍多，共 1969 人，初中和高中教师分别为 1520 人和 1116 人，缺失 56 人；在荣誉上，获得校级（以下或无）荣誉的有 2237 人，获得市级（区级）的有 1925 人，两者共占 89.29%。

（三）测评工具的研制

课题组研制了面向中小学教师的核心素养和能力的测评问卷，该工具对于教

[①] 吴明隆：《问卷统计分析实务——SPSS 操作与应用》，重庆大学出版社 2010 年版，第 59 页。

师专业发展的思想引领、能力提升、素养提高具有较强的适切性,并得到教育部教师司相关领导和同行专家的认可。

1. 研制工具广泛征求利益相关者意见

弗洛德·J. 福勒(Floyd J. Fowler)指出,使用问卷调查的重要前提在于对调查问题的实证评估,并提出采用三种步骤设计调查问题:①焦点小组讨论;②在访谈中探查和评估人们对问题的理解及其回答问题的方式;③在真实情境下的田野预调查[①]。

课题组充分借鉴上述步骤,先后20余次开展专题研讨,以讨论分析测评维度,并分成三期开展访谈:第一期对北京市、上海市、天津市、重庆市、山东省等31个省(自治区、直辖市)的3007名中小学教师进行抽样调查;第二期对20多位教研员、教师进行焦点小组讨论,形成测评指标共识;第三期分三个批次,分别征询北京、天津、山东、河南、内蒙古、西藏、新疆、上海、江苏等地教师意见。在此过程中,为了能够使问卷中的问题更加符合教育实情,课题组充分利用利益相关者理论,广泛征询不同群体意见。

(1)面向全国一线教师的抽样和座谈

抽样和座谈分三期进行。

第一期,2018年10月—2019年6月,先后6次调研北京、上海、天津等31个省(自治区、直辖市)的3007名中小学教师,其中小学教师有1088名,初中教师有1038名,高中教师有881名;同时采用"世界咖啡"的形式,邀请一线教研员、高级教师20人,就调研工具的框架、表述开展前后5轮研讨,以完善测评框架体系。

第二期,2019年7月11日,采用焦点小组讨论的方式征询专家意见。来自天津市中小学、教育中心的27位校长、教研员、中小学教师,每3人一组,依次对8个研究工具提出改进意见。

第三期,2020年8—10月,分三批次先后调研北京、天津、山东、河南、内蒙古、西藏、新疆、上海、江苏等地的62位一线教师,再次探察一线教师对测评题目的理解。

(2)国内专家学者座谈

先后邀请西北师范大学万明钢教授、北京教育学院余新教授、北京师范大学张斌贤教授和朱旭东教授、合肥师范学院宋冬生教授、西北师范大学李瑾瑜教授

---

① 〔美〕弗洛德·J. 福勒:《调查问卷的设计与评估》,蒋逸民等译,重庆大学出版社2010年版,第4页。

等 20 余位专家莅临征询其意见，同时征询一线教研员的意见。

（3）国外专家意见征询

先后征求韩国国立首尔教育大学前校长金镐城教授、美国哥伦比亚大学教育学院露丝教授、加拿大多伦多大学教育学院前任副院长麦克杜格尔教授、美国得克萨斯农工大学李业平教授的意见。

（4）中小学校长

先后对来自 26 个省（自治区、直辖市）的校长培训班的 343 名中小学校长开展调研，征询一线中小学校长的意见。

（5）政府教育主管领导

先后对教育部原副部长赵沁平院士、教育部教师工作司原司长管培俊、教育部教师工作司培训处副处长王炳明、重庆市教育委员会副巡视员李源田、天津市教育委员会副主任孙惠玲，以及天津市 16 区教育局局长等教育领导进行访谈。

2. 采用 Rasch 模型编制并验证试题

在设计工具时，课题组充分考虑 Rasch 模型的客观等距原则，将所有题目划分为从易到难的四分等距，同时为了更加客观、真实地反映教师的素养和能力，采用 Rasch 模型对测评数据进行对数转换，转换成等距的 logit，直接比较教师与教师、教师与题目、题目与题目之间的差异，并采用项目拟合度、气泡图等分析测评题目，验证测评题目的有效性。此外，随着计算机处理大型数据集技术的发展，Rasch 以及相应的计算机程序提供的优于经典测量理论的精准优势得到了最大的发挥，对于此次的全样本测评，可以通过 Rasch 的相应程序进行多级建模，进一步验证试题的科学有效性。

（四）研究工具的信效度

1. 信度分析

利用 SPSS 24.0 对上述测评量表的整体及 8 个一级维度进行内部一致性信度检验，α 系数为 0.979，各维度的 α 系数均大于 0.7，说明问卷整体及一级维度的内部一致性较高。

2. 内容效度

内容效度方面，如上文所述，课题组在测评工具的研制过程中征询了众多专家学者、培训教师以及中小学一线教师、教研员的意见，并结合专家意见进一步修改问卷，修改后再次征询专家意见，专家给予认可。通过多次专家意见征询，问卷具有较好的内容效度。

3. 结构效度

（1）相关系数矩阵分析

为进一步检验测评量表的结构效度，对 8 个一级维度以及问卷整体采取皮尔逊相关分析，相关系数矩阵见表 6-9。在 8 个一级维度中，相关系数最高值为 0.773，最低值为 0.277，即一级维度间存在中度相关；各一级维度与问卷总体间的相关系数在 0.697~0.896，即一级维度与问卷总体间存在中高度相关。这说明问卷各维度既有相对独立性，又与问卷整体相关性较高，表明问卷结构效度较好。

表 6-9 相关系数矩阵

项目	整体	思想政治素养	道德素养	人文与科学技术素养	教育理想精神	教育教学能力	研究创新能力	沟通合作能力	学习发展能力
思想政治素养	0.697	1.000							
道德素养	0.797	0.621**	1.000						
人文与科学技术素养	0.870	0.545**	0.706**	1.000					
教育理想精神	0.866	0.605**	0.678**	0.749**	1.000				
教育教学能力	0.896	0.426**	0.631**	0.723**	0.745**	1.000			
研究创新能力	0.719	0.277**	0.389**	0.540**	0.519**	0.773**	1.000		
沟通合作能力	0.842	0.444**	0.623**	0.686**	0.720**	0.758**	0.647**	1.000	
学习发展能力	0.823	0.391**	0.534**	0.692**	0.648**	0.771**	0.725**	0.752**	1.000

注：$*p<0.05$，$**p<0.01$，$***p<0.001$，下同。

（2）验证性因子分析

为进一步验证量表的结构合理性，采用验证性因子分析，利用 AMOS 软件，对教师核心素养和能力的 8 个一级维度依次进行结构效度检验。结构方程模型拟合度指标一般分为绝对适配度指标（χ^2、RMSEA[1]、GFI[2]、AGFI[3]）、增值适配度指标（IFI[4]、TLI[5]、NFI[6]、CFI[7]）和简约适配度指标（PGFI[8]、

---

[1] RMSEA（root-mean-square error of approximation，近似误差均方根）。
[2] GFI（goodness of fit index，拟合优度指数）。
[3] AGFI（adjusted goodness of fit index，调整后的拟合优度指数）。
[4] IFI（incremental fit index，增量拟合指数）。
[5] TLI（Tucker-Lewis index，塔克-刘易斯指数）。
[6] NFI（normed fit index，规范拟合指数）。
[7] CFI（comparative fit index，比较拟合指数）。
[8] PGFI（parsimony goodness of fit index，简约拟合优度指数）。

PNFI[①]、PCFI[②]）等。思想政治素养、道德素养和人文与科学技术素养的个别拟合指标（不含 RMSEA）接近 0.9，可以接受，其他素养和能力的拟合指标均高于 0.9，表明模型拟合度良好且与理论框架较为吻合，见表 6-10。

表 6-10　验证性因子分析拟合指数

项目	χ^2	df	IFI	TLI	NFI	GFI	CFI	RMSEA
标准模型			>0.9	>0.9	>0.9	>0.9	>0.9	<0.05
思想政治素养	3437.211	29	0.806	0.698	0.804	0.761	0.805	0.212
道德素养	448.486	14	0.936	0.872	0.934	0.959	0.936	0.109
人文与科学技术素养	731.147	24	0.925	0.888	0.923	0.938	0.925	0.106
教育理想精神	209.150	8	0.967	0.937	0.965	0.975	0.967	0.098
教育教学能力	359.267	11	0.976	0.953	0.975	0.961	0.976	0.110
研究创新能力	39.015	4	0.993	0.982	0.992	0.994	0.993	0.058
沟通合作能力	223.129	8	0.968	0.939	0.966	0.972	0.968	0.102
学习发展能力	91.353	13	0.989	0.981	0.987	0.990	0.989	0.048

综合以上验证性因子分析结果，教师核心素养和能力各一级维度的模型拟合效果较好，说明测评工具整体具有较好的结构效度。

（五）数据处理方法及工具

对于回收的样本数据，经过人工清理与核查、机读答题卡、机器筛选、软件筛选等多种方式确保数据的准确与有效。首先，利用 SPSS 统计分析软件对问卷调查结果进行基本的描述性统计、正态性检验、探索性分析、信效度检验、相关分析、回归分析、差异性检验、交叉影响分析等，并利用 AMOS 进行验证性因素分析等定量研究。然后，结合人工智能算法进行聚类分析，筛选异常个案。再利用 G*Power 检验差异程度大小，进行效应量分析。其中，效应量是指由因素引起的差别，是衡量处理效应大小的指标，采用 Cohen 提出的评估效应量大小的标准，即 $\eta^2=0.01$、$\eta^2=0.06$、$\eta^2=0.14$ 对应的效应量大小分别为小效果、中效果、大效果，$d=0.2$、$d=0.5$ 和 $d=0.8$ 对应的效应量大小分别为小效果、中效果、大效果，它们分别表示不同组别之间差异小、差异较大、差异大。最后，利用 R 语言绘制散点图，进行多维变量下的

---

① PNFI（parsimonious normed fit index，简约规范拟合指数）。
② PCFI（parsimony comparative fit index，简约比较拟合指数）。

分组分类研究。结合人工智能机器学习方法,主要利用 Matlab 进行数据经验累积分布、聚类和分类分析。

三、研究结果与分析

(一)教师核心素养和能力整体状况

1. 教师核心素养和能力整体现状

为了解问卷总体情况,统计个案问卷总分并进行描述性统计分析,测评分大多集中在 600～700 分,由表 6-11 可知,问卷平均分为 644.747 分,满分为 756 分,得分率为 85.284%(得分率=得分均值/满分 × 100%),表明测评对象整体得分情况较好。其中最高分为 743 分,接近满分,表明教师队伍中不乏较为突出的教师个人,最低分仅为 347 分,但频数较低,而高分段频数较高。

表 6-11 问卷总分描述性统计

N	min	max	M	SD	问卷总分	得分率/%
4661	347.000	743.000	644.747	61.881	756	85.284

对上述 8 个一级维度进行描述性分析,得到表 6-12。通过比较其均值发现,思想政治素养得分最高,为 3.615 分,接近满分 4 分,研究创新能力得分最低,仅为 2.899 分。由于核心素养均值与核心能力均值有所差距,即核心素养均值(3.502 分)略高于核心能力均值(3.237 分),现将教师核心素养和能力分开进行分析,教师核心素养中,思想政治素养得分最高(3.615 分),人文与科学技术素养得分相对较低(3.350 分);教师核心能力中,沟通合作能力得分最高(3.410 分),研究创新能力得分最低(2.899 分)。

表 6-12 一级维度题目均值得分分析

维度	一级维度	min	max	M	SD	偏度	峰度	总体均值
核心素养	思想政治素养	1.510	4.000	3.615	0.336	-1.003	1.406	3.502
	道德素养	1.850	4.000	3.586	0.323	-1.338	2.379	
	人文与科学技术素养	1.320	3.900	3.350	0.355	-0.967	0.774	
	教育理想精神	1.780	4.000	3.458	0.376	-1.038	1.018	
核心能力	教育教学能力	1.460	4.000	3.347	0.468	-0.608	-0.317	3.237
	研究创新能力	1.210	4.000	2.899	0.458	-0.319	-0.461	
	沟通合作能力	1.500	4.000	3.410	0.451	-0.875	0.268	
	学习发展能力	1.310	4.000	3.292	0.502	-0.523	-0.468	

对于偏度和峰度，负偏度值表示数据左偏。由于峰度值大于3[①]，即数据的峰值大于正态分布的峰值3，表明样本点倾向于满分，说明大多数样本的得分较高。对4661名教师的人均得分进行描述性分析，得到表6-13。通过比较其得分率发现，这8个维度中的思想政治素养得分率最高，为90.369%，接近满分，研究创新能力得分率最低，仅为72.471%，由于核心素养得分率与核心能力得分率有所差距，即核心素养得分率（87.685%）略高于核心能力得分率（82.082%）。现将教师核心素养和能力分开进行分析，教师核心素养中，思想政治素养得分率最高（90.369%），人文与科学技术素养得分率相对较低（83.759%）；教师核心能力中，沟通合作能力得分率最高（85.455%），研究创新能力得分率最低（72.471%）。

表6-13 一级维度人均得分情况

维度	一级维度	M	SD	偏度	峰度	维度满分	得分率/%	总体得分率/%
核心素养	思想政治素养	140.975	11.734	−1.759	5.415	156	90.369	87.685
	道德素养	71.715	6.707	−1.131	1.453	80	89.644	
	人文与科学技术素养	103.861	10.990	−0.967	0.774	124	83.759	
	教育理想精神	62.250	6.763	−1.038	1.018	72	86.458	
核心能力	教育教学能力	117.886	16.276	−0.656	−0.288	140	84.204	82.082
	研究创新能力	40.584	6.410	−0.319	−0.461	56	72.471	
	沟通合作能力	54.691	7.256	−0.898	0.278	64	85.455	
	学习发展能力	52.786	8.031	−0.537	−0.464	64	82.478	

2. 天津市教师核心素养整体分析

对4661名教师核心素养的总分进行描述性统计分析可知，测评分大多集中在400分，由表6-14可知，核心素养得分均值为378.8分，满分为432分，得分率为87.685%，表明整体情况良好。其中最高分为426分，最低分为205分。

表6-14 教师核心素养总分描述性统计

min	max	M	SD	核心素养总分	得分率/%
205.000	426.000	378.800	31.289	432	87.685

由表6-12和表6-13可见，在核心素养模块中，在得分均值上，思想政治素

[①] 峰度用来表示数据的偏离程度，通常是判断正态性的一种指标。在正态分布情况下，峰度系数值是3。峰度的绝对值越大，说明数据越陡峭，峰度的绝对值大于3，意味着数据呈偏态分布。

养与道德素养均值高于均值，教育理想精神与人文与科学技术素养均值低于均值；在得分率上，同样表现出思想政治素养与道德素养的得分率高于总体得分率，教育理想精神与人文与科学技术素养的得分率低于总体得分率。综合两部分结果来看，思想政治素养较为突出，其次为道德素养，再次为教育理想精神，最后为人文与科学技术素养。这表明，整体教师队伍中的思想政治素养与道德素养明显较好，教育理想精神、人文与科学技术素养有待改进，尤其是人文与科学技术素养。

为进一步探寻人文与科学技术素养的问题所在，分别对其二级指标进行分析，结果如表6-15所示。人文与科学技术素养得分偏低的原因是二级指标中的数字素养得分较低（3.286），进一步分析发现，三级观测点中应用数字技术得分偏低是导致人文与科学技术素养得分较低的主要原因。

表6-15 人文与科学技术素养得分统计

	类别	min	max	M	SD
二级指标	人文与科学技术素养	1.320	3.900	3.350	0.355
	人文素养	1.380	3.920	3.395	0.335
	科学素养	1.400	4.000	3.343	0.462
	数字素养	1.130	4.000	3.286	0.456
三级观测点	学习数字技术	1.000	4.000	3.260	0.536
	应用数字技术	1.000	4.000	3.048	0.659
	遵守信息伦理	1.000	4.000	3.471	0.572

3. 教师核心能力现状分析

对参与调研的4661名教师的核心能力总分进行描述性统计分析，由表6-16可知，测评分大多集中在300分，核心能力得分均值为265.947分，满分为324分，得分率为82.082%，表明整体情况较好。其中最高分为323分，最低分为132分。

表6-16 教师核心能力总分描述性统计

min	max	M	SD	核心能力总分	得分率/%
132.000	323.000	265.947	34.575	324	82.082

由表6-12和表6-13可见，在核心能力模块中，在得分均值上，沟通合作能力、教育教学能力、学习发展能力均值均高于核心能力均值，只有研究创新能力均值低于均值；在得分率上，同样表现出沟通合作能力、教育教学能力、学习发

展能力的得分率高于总体得分率，只有研究创新能力得分率低于总体得分率。综合两部分结果来看，沟通合作能力较为突出，其次为教育教学能力，再次为学习发展能力，最后为研究创新能力，且研究创新能力与其他三个核心能力测评分差距较大，也就是说，正是研究创新能力拉低了核心能力模块的得分。这表明，整体教师队伍中的沟通合作能力、教育教学能力、学习发展能力较好，研究创新能力亟待提升与改进。

（二）基于学校背景因素的单因素分析

1. 城乡教师核心素养和能力比较与差异程度分析

研究发现，城乡教师测评分存在差异。由表 6-17 可知，核心素养和能力整体检验的 t 值为 -8.772（p=0.000<0.05），达到显著性水平，说明不同城乡教师在核心素养和能力方面存在显著差异。进一步观测效应量，教师核心素养和能力因城乡变量存在的显著性差异介于小效应与中效应之间（0.2<d=0.262<0.5），即城乡变量的差异较大，乡镇教师在核心素养和能力方面优于城区教师。分别观察教师在核心素养和核心能力上的测评分，得到的结果与教师核心素养和能力一致，并且效应量结果介于小效应与中效应之间（0.2<$d_{核心素养}$=0.245<0.5，0.2<$d_{核心能力}$=0.247<0.5）。整体而言，在教师核心素养和能力、核心素养、核心能力三个方面，乡镇教师得分均优于城区教师。

表 6-17 不同城乡背景教师核心素养和能力的差异分析

维度	城乡	n	M	SD	t	p	d	结论
核心素养和能力	城区（A）	2591	637.898	63.554	-8.772	0.000	0.262	B>A
	乡镇（B）	1931	653.879	58.308				
核心素养	城区（A）	2591	375.525	32.248	-8.196	0.000	0.245	B>A
	乡镇（B）	1931	383.089	29.489				
核心能力	城区（A）	2591	262.372	35.526	-8.273	0.000	0.247	B>A
	乡镇（B）	1931	270.790	32.536				

2. 不同学段教师核心素养和能力比较与差异程度分析

研究发现，不同学段教师的测评分存在差异。由表 6-18 可知，核心素养和能力整体检验的 F 值为 75.294（p=0.000<0.05），达到显著性水平，说明不同学段教师在核心素养和能力方面存在显著差异，且效应量 η^2 值为 0.032，介于小效应与中效应之间，说明不同学段教师在核心素养和能力方面存在一定的差异。为

进一步比较不同学段教师的具体情况，利用 Tamhane 法进行事后比较。数据显示，小学教师优于初高中教师，初中教师优于高中教师。分别观察教师在核心素养和核心能力上的测评分，效应量结果介于小效应与中效应之间（$0.01<\eta^2_{核心素养}=0.024<0.06$，$0.01<\eta^2_{核心能力}=0.032<0.06$）。整体而言，在教师核心素养和能力、核心素养、核心能力三个方面，小学教师优于初中、高中教师，初中教师优于高中教师。

表 6-18　不同学段教师核心素养和能力的差异分析

项目	学段	n	M	SD	F	p	η^2	事后比较
核心素养和能力	小学（A）	1969	656.636	60.195	75.294	0.000	0.032	A>B>C
	初中（B）	1520	641.122	58.343				
	高中（C）	1116	629.520	65.038				
核心素养	小学（A）	1969	383.955	30.469	56.995	0.000	0.024	A>B>C
	初中（B）	1520	377.621	29.942				
	高中（C）	1116	371.856	32.512				
核心能力	小学（A）	1969	272.681	33.619	75.544	0.000	0.032	A>B>C
	初中（B）	1520	263.502	32.591				
	高中（C）	1116	257.664	36.554				

（三）基于教师背景因素的单因素分析

此次测评中，教师的个体背景因素包括性别、年龄、教龄、师范背景、学历、职称和荣誉等 7 个方面。对教师背景因素进行 t 检验或单因素方差分析，比较不同背景因素下教师的核心素养和能力差异情况。

1. 不同性别教师核心素养和能力比较与差异程度分析

研究发现，男女教师的测评分存在差异。由表 6-19 可知，教师核心素养和能力整体检验的 t 值为-4.138（$p<0.001$），达到显著性水平，说明不同性别教师在核心素养和能力方面存在显著差异。进一步观测效应量，教师核心素养和能力依性别变量存在的显著差异小于小效应（$d=0.168<0.2$），即教师核心素养和能力依性别变量的差异极小，女教师在核心素养和能力方面优于男教师。分别观察教师在核心素养和核心能力上的测评分，得到的结果与教师核心素养和能力一致，并且效应量结果均小于小效应（$d_{核心素养}=0.166<0.2$，$d_{核心能力}=0.150<0.2$）。整体而言，在教师核心素养和能力、核心素养、核心能力三个方面，女教师优于男教师，但差异极小。

表 6-19　不同性别教师核心素养和能力的差异分析

项目	性别	n	M	SD	t	p	d	结论
核心素养和能力	男（A）	809	636.601	68.979	-4.138	0.000	0.168	A<B
	女（B）	3794	647.397	59.298				
核心素养	男（A）	809	374.752	36.350	-4.030	0.000	0.166	A<B
	女（B）	3794	380.248	29.341				
核心能力	男（A）	809	261.849	36.844	-3.767	0.000	0.150	A<B
	女（B）	3794	267.150	33.855				

2. 不同年龄教师核心素养和能力比较与差异程度分析

研究发现，不同年龄教师的测评分存在差异，教师核心素养和能力整体检验的 F 值为 2.750（p=0.041<0.05），达到显著性水平，说明不同年龄教师在核心素养和能力方面存在显著差异。进一步比较效应量（η^2=0.002<0.01）可知，不同年龄教师之间的差异极小。为比较不同年龄教师的具体情况，利用 Tamhane 法进行事后比较。数据显示，在教师核心素养和能力方面，30 岁及以下教师测评分优于 31～40 岁教师。分别观察教师在核心素养和核心能力上的测评分，教师核心能力与教师核心素养和能力的结果较为一致，效应量为小效应（η^2=0.002<0.01）；在教师核心素养方面，不同年龄教师不存在显著差异。整体而言，在教师核心素养和能力、核心能力两方面，30 岁及以下教师得分优于 31～40 岁教师，但其差异较小（表 6-20）。

表 6-20　不同年龄教师核心素养和能力的差异分析

项目	年龄	n	M	SD	F	p	η^2	事后比较
核心素养和能力	30 岁及以下（A）	909	649.039	65.219	2.750	0.041	0.002	A>B
	31～40 岁（B）	1385	641.536	62.983				
	41～50 岁（C）	1653	644.445	60.591				
	51 岁及以上（D）	691	645.580	58.238				
核心素养	30 岁及以下（A）	909	380.267	33.479	2.114	0.096	—	—
	31～40 岁（B）	1385	377.106	32.203				
	41～50 岁（C）	1653	379.030	30.323				
	51 岁及以上（D）	691	379.362	28.838				
核心能力	30 岁及以下（A）	909	268.772	35.423	3.056	0.027	0.002	A>B
	31～40 岁（B）	1385	264.429	35.114				
	41～50 岁（C）	1653	265.414	33.962				
	51 岁及以上（D）	691	266.218	33.757				

注："—"代表不存在显著差异，不计算效应量，下同

3. 不同教龄教师核心素养和能力比较与差异程度分析

研究发现，不同教龄教师的测评分存在差异。教师核心素养和能力整体检验的 F 值为 7.606（$p=0.000<0.05$），达到显著性水平，说明不同教龄教师在核心素养和能力方面存在显著差异。进一步比较效应量（$\eta^2=0.005<0.01$）可知，不同教龄教师之间的差异极小。为比较不同教龄教师的具体情况，利用 Tamhane 法进行事后比较。数据显示，在教师核心素养和能力方面，11～20 年教龄教师的测评分最低。分别观察教师在核心素养、核心能力上的测评分，得到的结果与教师核心素养和能力一致，并且效应量结果均为小效应（$\eta^2_{核心素养}=0.006<0.01$，$\eta^2_{核心能力}=0.004<0.01$）。整体而言，在教师核心素养和能力、核心素养、核心能力三方面，10 年及以下、21～30 年、31 年及以上教龄教师的测评分均优于 11～20 年教龄教师，但他们之间的差异极小（表 6-21）。

表 6-21　不同教龄教师核心素养和能力的差异分析

项目	教龄	n	M	SD	F	p	η^2	事后比较
核心素养和能力	10 年及以下（A）	1359	647.986	63.284	7.606	0.000	0.005	A>B C>B D>B
	11～20 年（B）	1225	637.860	62.849				
	21～30 年（C）	1397	645.153	60.077				
	31 年及以上（D）	643	649.487	59.909				
核心素养	10 年及以下（A）	1359	380.329	31.798	8.636	0.000	0.006	A>B C>B D>B
	11～20 年（B）	1225	374.961	32.710				
	21～30 年（C）	1397	379.514	29.821				
	31 年及以上（D）	643	381.066	29.960				
核心能力	10 年及以下（A）	1359	267.657	35.184	5.426	0.001	0.004	A>B C>B D>B
	11～20 年（B）	1225	262.898	34.638				
	21～30 年（C）	1397	265.638	33.941				
	31 年及以上（D）	643	268.421	34.249				

4. 不同学历教师核心素养和能力比较与差异程度分析

研究发现，不同学历教师的测评分存在差异。由表 6-22 可知，教师核心素养和能力整体检验 F 值为 28.347（$p=0.000<0.05$），达到显著性水平，表明不同学历教师在核心素养和能力方面存在显著差异。进一步比较效应量（$\eta^2=0.018<0.06$）可知，不同学历教师之间差异的效应介于小效应与中效应之间，表明不同学历教师核心素养和能力存在一定程度的差异。为比较不同学历教师的具体情况，利用 Tamhane 法进行事后比较。数据显示，在教师核心素养和

能力方面，本科教师优于硕士教师，博士教师的测评分最低。

表 6-22 不同学历教师核心素养和能力的差异分析

项目	学历	n	M	SD	F	p	η^2	事后比较
核心素养和能力	大专及以下（A）	201	636.507	68.729	28.347	0.000	0.018	A>D B>C>D
	本科（B）	3612	648.103	60.347				
	硕士（C）	788	634.721	62.149				
	博士（D）	28	563.284	92.765				
核心素养	大专及以下（A）	201	375.914	38.168	41.844	0.000	0.026	A>D B>C>D
	本科（B）	3612	380.554	29.895				
	硕士（C）	788	373.613	31.882				
	博士（D）	28	323.568	54.675				
核心能力	大专及以下（A）	201	260.593	34.947	14.855	0.000	0.010	B>A=C>D
	本科（B）	3612	267.549	34.349				
	硕士（C）	788	261.108	34.330				
	博士（D）	28	239.716	39.317				

分别观察教师在核心素养和能力上的测评分，核心素养的结果与教师核心素养和能力一致，并且效应量结果介于小效应与中效应之间（$0.01<\eta^2=0.026<0.06$）。事后比较显示，在教师的核心能力方面，除本科教师优于硕士教师、博士教师的测评分最低外，本科教师优于大专及以下教师。整体而言，在教师核心素养和能力、核心素养两方面，本科教师优于硕士教师，博士教师的测评分最低；在核心能力方面，本科教师优于大专及以下、硕士教师，博士教师的测评分最低。

5. 不同师范背景教师核心素养和能力比较与差异程度分析

研究发现，不同师范背景的教师测评分存在差异。由表 6-23 可知，教师核心素养和能力整体检验 t 值为 -2.653（$p=0.008<0.05$），达到显著性水平，表示有、无师范背景教师在核心素养和能力方面存在显著差异，但效应量 d 值为 0.129，小于小效应，说明不同师范背景教师间的差异极小。进一步比较不同师范背景教师的具体情况，数据显示，在教师核心素养和能力方面，有师范背景的教师优于无师范背景的教师。

表 6-23　不同师范背景教师核心素养和能力的差异分析

项目	师范背景	n	M	SD	t	p	d	结论
核心素养和能力	无师范背景（A）	440	637.861	65.492	−2.653	0.008	0.129	A<B
	有师范背景（B）	4121	646.020	60.858				
核心素养	无师范背景（A）	440	376.405	34.616	−1.755	0.080	—	
	有师范背景（B）	4121	379.419	30.386				
核心能力	无师范背景（A）	440	261.456	35.663	−2.887	0.004	0.147	A<B
	有师范背景（B）	4121	266.601	34.328				

分别观察两类教师在核心素养、核心能力上的测评分，教师核心能力的测评结果与教师核心素养和能力一致，并且效应量小于小效应（$d=0.147<0.2$）；而在教师核心素养方面，不同师范背景教师之间不存在显著差异。整体而言，在教师核心素养和能力、核心能力两方面，有师范背景的教师优于无师范背景的教师。

6. 不同职称教师核心素养和能力比较与差异程度分析

研究发现，不同职称教师测评分之间不存在差异。由表 6-24 可知，教师核心素养和能力整体检验的 t 值为 1.021（$p=0.308>0.05$），未达到显著性水平，说明初级及以下、中级及以上职称教师在核心素养和能力方面不存在显著差异。分别观察两类教师在核心素养、核心能力上的测评分，结果与教师核心素养和能力一致。整体而言，在教师核心素养和能力、核心素养、核心能力三方面，不同职称教师之间不存在显著差异。

表 6-24　不同职称教师核心素养和能力的差异分析

项目	职称	n	M	SD	t	p	结论
核心素养和能力	初级及以下（A）	896	646.591	66.450	1.021	0.308	—
	中级及以上（B）	3742	644.108	60.764			
核心素养	初级及以下（A）	896	379.185	34.452	0.457	0.648	—
	中级及以上（B）	3742	378.611	30.517			
核心能力	初级及以下（A）	896	267.406	35.854	1.444	0.149	—
	中级及以上（B）	3742	265.497	34.263			

7. 不同荣誉教师核心素养和能力比较与差异程度分析

研究发现，不同荣誉教师测评分不存在差异。由表 6-25 可知，教师核心素养和能力整体检验的 t 值为 1.256（$p=0.210>0.05$），未达到显著性水平，说明普通教师和优秀教师在核心素养和能力方面不存在显著差异。分别观察两类教师在核心素养和核心能力上的测评分，结果与教师核心素养和能力一致。整体而言，在教师核心素养和能力、核心素养、核心能力三方面，不同荣誉教师之间不存在显著差异。

表 6-25　不同荣誉教师在核心素养和能力上的差异性

项目	荣誉	n	M	SD	t	p	结论
核心素养和能力	普通教师（A）	4162	645.066	60.846	1.256	0.210	—
	优秀教师（B）	466	640.785	70.719			
核心素养	普通教师（A）	4162	379.057	30.322	1.717	0.087	—
	优秀教师（B）	466	375.852	38.991			
核心能力	普通教师（A）	4162	266.009	34.485	0.637	0.524	—
	优秀教师（B）	466	264.932	35.628			

8. 基于 8 个单一背景因素的三级指标体系整体比较与差异程度汇总分析

对于教师的核心素养和能力水平，单因素方差分析结果表明：①乡镇教师在核心素养和能力方面优于城区教师；②小学教师优于初高中教师，初中教师优于高中教师；③女教师在核心素养和能力方面优于男教师；④30 岁及以下教师测评分优于 31～40 岁教师；⑤11～20 年教龄教师的测评分最低；⑥本科教师优于硕士教师，博士教师的测评分最低；⑦有师范背景的教师优于无师范背景的教师（表 6-26）。

表 6-26　教师核心素养和能力背景因素的差异性分析结果

项目	性别	教龄	职称	师范背景	年龄	城乡	学历	学段	荣誉
教师核心素养和能力	男<女	10 年及以下>11～20 年；21～30 年>11～20 年；31 年及以上>11～20 年	—	无师范背景<有师范背景	30 岁及以下>31～40 岁	乡镇>城区	大专>博士；本科>硕士>博士	小学>初中>高中	—
效应量	$d=0.168$	$\eta^2=0.005$	—	$d=0.129$	$\eta^2=0.002$	$d=0.262$	$\eta^2=0.018$	$\eta^2=0.032$	—
教师核心素养	男<女	10 年及以下>11～20 年；21～30 年>11～20 年；31 年及以上>11～20 年	—	—	—	乡镇>城区	大专>博士；本科>硕士>博士	小学>初中>高中	—
效应量	$d=0.166$	$\eta^2=0.006$	—	—	—	$d=0.245$	$\eta^2=0.026$	$\eta^2=0.024$	—

续表

项目	性别	教龄	职称	师范背景	年龄	城乡	学历	学段	荣誉
教师核心能力	男<女	10年及以下>11～20年；21～30年>11～20年；31年及以上>11～20年	—	无师范背景<有师范背景	30岁及以下>31～40岁	乡镇>城区	本科>硕士=大专及以下>博士	小学>初中>高中	—
效应量	d=0.150	η^2=0.004	—	d=0.147	η^2=0.002	d=0.247	η^2=0.010	η^2=0.032	

对不同背景信息（性别、年龄、教龄、师范背景、学段、荣誉、学历、职称）在教师核心素养和能力的一级维度指标上的测评分进行独立样本 t 检验与单因素方差分析，对存在显著差异的背景因素进行事后比较（表6-27）。效应量结果显示，学历因素对道德素养有一定影响，学段因素对教育理想精神、教育教学能力、研究创新能力、学习发展能力有一定影响，师范背景对研究创新能力有一定影响。

表6-27 教师核心素养和能力各一级维度背景因素的差异性检验结果

项目	年龄	教龄	学段	荣誉	性别	师范背景	学历	职称
思想政治素养	—	10年及以下>11～20年；21～30年>11～20年；31年及以上>11～20年	小学>初中>高中	—	女>男	有>无	大专及以下>博士；本科>硕士>博士	—
效应量	—	η^2=0.006	η^2=0.021	η^2=0.002	η^2=0.003	η^2=0.019		
道德素养	41～50岁>31～40岁	21～30年>10年及以下；21～30年>11～20年；31年及以上>11～20年	小学>初中>高中	普通>优秀	女>男	—	大专及以下>博士；本科>硕士>博士	高级=中级>初级>正高
效应量	η^2=0.003	η^2=0.004	η^2=0.005	η^2=0.005	d=0.182	—	η^2=0.031	η^2=0.022
人文与科学技术素养	—	10年及以下>11～20年；10年及以下>21～30年；31年及以上>11～20年	小学>初中>高中	校级>国家级；市级>国家级；区级>国家级	女>男	—	大专及以下>博士；本科>硕士>博士	初级>正高；中级>正高；高级>正高
效应量	—	η^2=0.003	η^2=0.019	η^2=0.003	η^2=0.003	—	η^2=0.017	η^2=0.010
教育理想精神	41～50岁>31～40岁	21～30年>11～20年	小学>初中>高中	—	女>男	—	大专及以下>博士；本科>硕士>博	高级>正高
效应量	η^2=0.003	η^2=0.007	η^2=0.028		η^2=0.003	—	η^2=0.017	η^2=0.006
教育教学能力	30岁及以下>31～40岁	31年及以上=10年及以下=21～30年>11～20年	小学>初中>高中	—	女>男	有>无	本科>大专及以下>硕士>博士	初级=中级=高级>正高

续表

项目	年龄	教龄	学段	荣誉	性别	师范背景	学历	职称
效应量	$\eta^2=0.002$	$\eta^2=0.003$	$\eta^2=0.030$	—	$\eta^2=0.002$	$d=0.118$	$\eta^2=0.017$	$\eta^2=0.007$
沟通合作能力	—	10年及以下>21~30年>11~20年；31年及以上>11~20年	小学>初中>高中	—	女>男	有>无	本科=硕士>大专及以下>博士	初级=中级=高级>正高
效应量	—	$\eta^2=0.004$	$\eta^2=0.018$	$\eta^2=0.009$	$d=0.132$	$\eta^2=0.016$	$\eta^2=0.008$	
研究创新能力	—	—	小学>初中>高中	国家级>校级	—	有>无	本科>大专及以下；本科>硕士	中级>高级
效应量	—	—	$\eta^2=0.030$	$\eta^2=0.003$	$d=0.083$	$\eta^2=0.003$	$\eta^2=0.002$	
学习发展能力	30岁及以下>31~40岁；30岁及以下>41~50岁	10年及以下>11~20年；31年及以上>21~30年	小学>初中>高中	—	女>男	有>无	本科>大专及以下>硕士>博士	初级=中级=高级>正高
效应量	$\eta^2=0.004$	$\eta^2=0.005$	$\eta^2=0.027$	—	$\eta^2=0.001$	$\eta^2=0.003$	$\eta^2=0.012$	$\eta^2=0.003$

9. 基于单一背景因素的重要性分析

利用 Matlab 对全部样本教师核心素养和能力得分前 30%、后 30%的背景因素的重要性进行随机模拟，再对随机结果取平均值，求得背景因素重要性的排序结果。将背景因素作为自变量，将核心素养和能力总分作为因变量，使用随机森林方法进行回归分析，结果如表 6-28 所示。

表 6-28 全部样本教师核心素养和能力背景因素重要性排序分析

排序	结果1	结果2	结果3	结果4	综合
1	学段	学段	学段	学段	学段
2	学历	教龄	年龄	师范背景	师范背景
3	年龄	师范背景	师范背景	年龄	年龄
4	师范背景	年龄	城乡	性别	学历
5	教龄	学历	教龄	学历	教龄
6	荣誉	城乡	学历	教龄	城乡
7	城乡	荣誉	职称	城乡	荣誉
8	职称	职称	荣誉	职称	职称
9	性别	性别	性别	荣誉	性别
回归误差	1.19×10^{-7}	1.28×10^{-7}	1.35×10^{-7}	1.35×10^{-7}	

研究结果显示，总体上，学段、师范背景、年龄、学历和教龄是排前五的影

响因素，这些背景因素对教师核心素养和能力的影响相对于其余因素要大一些，而城乡、荣誉、职称和性别对教师核心素养和能力的影响相对要小一些。

同样采用随机森林方法，对教师核心素养和能力总分前30%与后30%的背景因素的重要性分别进行分析，得到的结果如表6-29和表6-30所示。

表6-29 总分前30%对应的背景因素重要性

排序	结果1	结果2	结果3	结果4	综合
1	师范背景	教龄	学段	教龄	教龄
2	教龄	师范背景	师范背景	学段	师范背景
3	学段	学段	教龄	师范背景	学段
4	年龄	年龄	年龄	职称	年龄
5	职称	荣誉	荣誉	城乡	职称
6	荣誉	职称	职称	荣誉	荣誉
7	城乡	城乡	城乡	年龄	城乡
8	性别	学历	学历	性别	性别
9	学历	性别	性别	学历	学历
回归误差	1.77×10^{-5}	2.00×10^{-5}	2.10×10^{-5}	2.17×10^{-5}	

表6-30 总分后30%对应的背景因素重要性

排序	结果1	结果2	结果3	结果4	综合
1	年龄	性别	学段	学段	性别
2	性别	学历	性别	性别	学段
3	教龄	年龄	教龄	学历	学历
4	学历	师范背景	职称	荣誉	年龄
5	学段	荣誉	荣誉	师范背景	荣誉
6	荣誉	职称	师范背景	职称	教龄
7	职称	教龄	学历	年龄	师范背景
8	师范背景	学段	年龄	教龄	职称
9	城乡	城乡	城乡	城乡	城乡
回归误差	1.26×10^{-6}	1.47×10^{-6}	1.64×10^{-6}	1.76×10^{-6}	

对于总分前30%的样本，教龄、师范背景、学段、年龄和职称对教师核心素养和能力的影响较大，而城乡、性别和学历的影响要小一些。对于总分后30%的样本，性别、学段、学历、年龄和荣誉对教师核心素养和能力的影响较大，而师范背景、职称和城乡的影响要小一些。

结合对总分前30%和后30%的样本分析，发现学段因素均对教师核心素养和能力有较大影响，而城乡的影响较小。差异最突出的是师范背景对前30%的样本影响较大，但对后 30% 的样本影响较小；性别对后 30% 样本的影响较大，而对前 30% 的影响较小。

四、结论与讨论[①]

（一）中小学教师核心素养整体情况较好，其中思想政治素养与道德素养表现最佳，教育理想精神排第三位

由分析结果可知，教师整体核心素养情况较好，其中思想政治素养得分最高（得分率为 90.369%），其次为道德素养（得分率为 89.644%）、教育理想精神（得分率为 86.458%），最后为人文与科学技术素养（得分率为 83.759%）。中小学教师队伍思想政治素养高，高度认同中国特色社会主义，能够引导学生形成做社会主义建设者和接班人的政治认同，能够积极履行"思政进课堂"职责，并为培养中国特色社会主义接班人奠定基础；中小学教师具有较高的道德素养，在社会公德、职业道德、家庭美德、个人品德等方面具有较高素养；教育理想精神测评成绩在核心素养中排第三位，有 89.3% 的教师教育理想精神测评分高于良好表现得分，低于及格分的仅有 1.6% 的教师，说明约 90% 的教师具有终身从教、奉献教育的教育理想与精神，能够平等对待每位学生，能够做到尊重学生、成就学生。相比之下，人文与科学技术素养在核心素养中表现最弱，该维度下的数字素养较为薄弱（得分率为 82.153%），尤其是数字技术应用表现最弱（得分率为 76.202%）。

（二）中小学教师核心能力整体情况较好，沟通合作能力最强，其次为教育教学能力，学习发展能力较弱，研究创新能力最弱

由分析结果可知，教师整体核心能力情况较好。沟通合作能力最强（得分率为 85.455%），其他依次为教育教学能力（得分率为 84.204%）、学习发展能力（得分率为 82.478%）、研究创新能力（得分率为 72.471%）。中小学教师具有很好的沟通合作能力，能够倾听并理解学生、家长、同事以及身边人的想法与意见；中小学教师具有中等偏上的教育教学能力水平，具有较高的学科专业知识水平且能够根据不同情境进行教学设计并予以实施；中小学教师的学习发展能力中

[①] 王光明、甄祎明、刘静：《教师核心素养和能力的实践样态——基于对 4661 名教师的循证研究》，《教师教育研究》2022 年第 5 期，第 23-32 页。

等偏弱，教师对于自身自主学习以及专业发展规划能力的提升不足；中小学教师的研究创新能力在核心素养和能力中最弱，尤其是教育创新思维能力（得分率为76.413%）、教育创新转化能力（得分率仅为58.740%）明显不足。

（三）具有师范背景的教师核心素养和能力水平更高

对教师核心素养和能力依师范背景因素进行差异性分析，结果发现，具有师范背景的教师在教师核心能力方面显著优于无师范背景的教师（$t=2.653$，$p=0.008<0.05$，$d=0.129$）。说明师范教育对于教师核心素养和能力的养成及发展具有重要影响。这一结论充分说明了党和国家对于师范教育以及师范院校高度重视的重要意义。《中共中央 国务院关于全面深化新时代教师队伍建设改革的意见》指出，要"加大对师范院校支持力度"，"重点建设一批师范教育基地，整体提升师范院校和师范专业办学水平"。《教师教育振兴行动计划（2018—2022年）》也指出，要"加大对师范院校的支持力度"，"重点建设一批师范教育基地"。教育部连续多年要求部属师范大学公费师范毕业生全部安排到中小学任教，优质生源从教乐教，提升了教师队伍教师核心素养和能力水平。

（四）乡镇教师核心素养和能力较好，城乡教师核心素养和能力水平均衡

将教师核心素养和能力依城乡背景因素进行差异性分析，结果发现，乡镇教师得分略高于城区教师，但差异较小（$t=8.772$，$p=0.000<0.05$，$d=0.262$），说明城乡教师核心素养和能力较为均衡。究其原因：一是天津市乡镇教育信息化建设水平较高。天津市涉农、农业地区和山区较少，帮扶地区并不多，推进乡村振兴落地见效。二是乡村教师队伍建设初见成效。天津市实施农村教师特岗计划，吸引优质人才到乡村任教，通过多种形式配备乡村教师，完善公开招聘、公费师范生等制度；对乡村教师培养及职后培训力度较大，覆盖范围较广。三是结对帮扶、对口支援等机制建设。天津市教育委员会直属学校发挥优质教育资源辐射引领作用，结对帮扶远城区以提升其教育教学质量。中心城区与环中心城区、远城区结成区域发展共同体，集群优质均衡发展。直属校对口支援，加强城乡一体化。四是2015年以来，天津市全面实施区内义务教育学校教师校长交流轮岗、乡镇中心学校教师走教、"管理团队+骨干教师"组团输出制度，重点引导城镇优秀校长和骨干教师向乡村学校流动，统筹安排乡镇中心学校和所辖村小、教学点

教师交流任教，由此促进了骨干教师适度、合理流动，实现了城乡教育优质均衡发展。

（五）小学教师核心素养和能力最优，初中教师较好，义务教育学校师资水平更加优质均衡，高中教师师资水平均衡不足

研究发现，在核心素养和能力方面，小学教师得分高于初中教师，初中教师得分高于高中教师，差异程度效应量介于小效应与中效应之间（$F=75.294$，$p=0.000<0.05$，$\eta^2=0.032$）。小学教师核心素养和能力得分最高，且标准差较小（$SD=60.195$），表明小学教师核心素养和能力整体较好；初中教师核心素养和能力得分排名第二，标准差最小（$SD=58.343$），表明初中教师核心素养和能力整体水平处于中等偏上且个体间差异较小；高中教师核心素养和能力得分最低，标准差最大（$SD=65.038$），说明高中教师离散程度较大，个体之间差异程度较大，高中教师师资水平均衡不足。近年来，天津市持续推进义务教育学校优质均衡发展，持续实施了义务教育学校教师校长交流轮岗、区管校聘、集团化办学、学校联盟、学区一体化管理、定期交流、跨校竞聘、义务教育学校免试就近入学政策等一系列举措。2020年，天津市人民政府办公厅颁发了《天津市推进义务教育优质均衡发展三年行动方案（2020—2022年）》，提出"实施中小学杰出津门校长、班主任、教师培养支持计划"，"培养引进一批政治过硬的教育家型名师、名校长"，"加强中小学骨干师资梯队建设"，由此极大地促进了义务教育优质均衡发展。教育的优质均衡发展也体现了师资的合理配置，使义务教育学校教师核心素养和能力水平得到显著提升。

（六）随年龄、教龄增长，教师核心素养和能力发展趋势呈"V"形，即教龄在10年及以下的青年教师核心素养和能力最佳，教龄在11~20年的中年教师核心素养和能力欠佳

将教师核心素养和能力依年龄与教龄进行分析，从年龄变量来看，30岁及以下教师优于31~40岁教师，但其差异较小（$F=2.750$，$p=0.041<0.05$，$\eta^2=0.002$）；从教龄变量来看，11~20年教龄教师测评分最低，但差异较小（$F=7.606$，$p=0.000<0.05$，$\eta^2=0.005$）。教龄在10年及以下的教师近似可对应于年龄在30岁及以下的青年教师，这部分青年教师与教龄在31年及以上、年龄在51岁及以上老教师的教师核心素养和能力得分均较高。由于新入职10年是教师

职业发展的黄金期、旺盛期，青年教师正处于这一关键阶段，他们刚刚走出大学校门，经历了丰富的理论学习，自主学习能力、数字技术应用能力、创新思维能力均较强，工作精力旺盛。在接下来 10 年，即教龄在 11~20 年、年龄在 31~40 岁的中年教师的核心素养和能力相对较弱。一是中年教师已经由新手型教师转变为熟练型教师，积累了一定的工作经验，易出现"熟练懈怠""熟而生倦"现象。二是中年教师正处于家庭事业爬坡期，工作与家庭的兼顾使得中年教师没有足够的精力关注自身及专业发展。三是中小学教师职称晋升面临"指标紧张"问题，在一定程度上导致教龄为 11~20 年的中年教师职业发展动力不足。某些中年教师认为晋职无望，工作热情不高，导致其核心素养和能力水平有所下降。

（七）核心素养与能力呈现"本科活跃"与"博士低走"现象

依学历因素对教师核心素养和能力进行分析，结果发现，其呈现"本科活跃"与"博士低走"现象，即本科学历教师得分最高，其次为硕士与大专及以下学历的教师，博士研究生学历的教师得分最低（$F=28.347$，$p=0.000<0.05$，$\eta^2=0.018$）。本科学历教师更加专注于自我提升，具有提升自身核心素养和能力的意识，且具有较强的教育理想精神，愿意主动通过多种方式进行学习，师范背景提升了本科教师核心素养和能力的整体水平。相对而言，博士研究生学历教师核心素养和能力水平反而并不高，原因可能有以下几方面：一是高学历教师并非都是教育学博士，往往具有文、理、工、农等其他学科专业背景，并且部分高学历教师没有师范教育背景；二是原始学历较高的教师，对于学习发展往往有所倦怠，遇到瓶颈期，自身专业发展受困；三是高学历教师读书时间长，工作教学实践时间相对较短；四是调研中抽样得到的具有博士研究生学历的教师数量较少（$n=28$），博士研究生学历教师缺少一定代表性，有待扩大样本量，做进一步全面深入研究。

（八）职称与荣誉对教师核心素养和能力未见显著影响，即不同职称或不同荣誉的教师之间核心素养和能力无显著差异

依职称与荣誉对教师核心素养和能力进行分析，结果发现，依职称变量看，初级及以下职称教师与中级及以上职称教师之间的核心素养和能力无显著差异（$t=1.021$，$p=0.308>0.05$）；依荣誉变量看，教师核心素养和能力在普通教师与优秀教师间无显著差异（$t=1.256$，$p=0.210>0.05$）。这说明整体教师队伍具有较高

水平的教师核心素养和能力，中低职称和未获国家级荣誉的教师核心素养和能力水平较高，自我提升与专业发展并未受到职称和荣誉等外部因素的影响。但是研究同时发现，在教师核心素养和能力水平上，正高级职称与获国家级荣誉教师与其他教师相比未见应有优势。原因可能如下：第一，由于抽样样本中正高级教师（$n=34$）与获国家级荣誉教师（$n=65$）的人数较少，在全市（天津市）范围内缺乏一定的代表性，有待扩大调查样本量以做进一步深入研究；第二，在《深化新时代教育评价改革总体方案》印发之前，评奖评优活动仍存在"唯荣誉""唯帽子"的马太效应现象，职称评聘中仍存在重视荣誉级别、班主任年限、讲座级别及数量、课题和论文级别及数量等具有高显示度的量化指标，对于教师的核心素养和能力以及教育教学实绩和实效的重视程度不够，一些教师以晋职、获得荣誉为目标，而不以立德树人培养人才、教师核心素养和能力发展为目标，高职称、高荣誉评价标准未起到应有的良好导向作用。加强中小学正高级教师以及高荣誉教师的聘（评）后管理和相关问题的治理，是亟待解决的现实问题。例如，天津市教育委员会正在委托我们课题组着力解决天津市中小学高级职称教师聘（评）后管理的问题，近期将出台相关制度文件。

针对中小学教师队伍在教师核心素养和能力方面的优势与短板不足，同时结合党和国家、教育部等部委的系列政策和举措，本研究建议适时修订教师专业和师范专业认证标准，增加社会公德和家庭美德要求，构筑系统化的、全面的师德教育体系；研制师德师风的表现性指标体系和评价模型，建设师德师风大数据，试点"双高教师影响力倍增计划"，切实引领高职称、高荣誉教师发挥师德示范引领作用；开展跨学科研究，进一步探索教师中介因素对道德素养的影响路径与提升策略；建设"教师道德仿真模拟实验室"，强化中小学教师共情能力培养；同时实施高中教师改进计划、中年教师振兴行动，以及"青蓝工程""优秀教师影响力倍增计划"等，国家以及各省（自治区、直辖市）需要出台促进教师核心素养和能力发展的政策与专业标准，学校要营造促进教师核心素养和能力发展的组织文化（具体见本书第七章和第八章）。

基于上述调查数据，课题组形成了《天津市中小学教师核心素养和能力现状调查整体情况报告》，该报告成为《2019—2020年天津市基础教育发展报告（蓝皮书）》的主要内容。利用这套测评工具，课题组对教育部对口支援县河北省威县中小学教师进行了测评，并于2021年向威县人民政府提交了《威县中小学教师核心素养和能力现状调查研究报告》。

需要说明的是，本节主要给出了天津市教师核心素养和能力的整体实践样态。实际上，关于天津市教师核心素养和能力的分维度以及具体指标，本研究均开展了融入人口学变量的实践样态的循证。例如，本研究开展了融入人口学背景因素的中学数学教师自主学习能力现状循证，测评结果表明，天津市数学教师自主学习能力水平整体较好，具体而言，教师的学习规划制定能力最佳，学习成效评价能力居中，学习习惯养成和学习方法掌握水平相对较差，需要提升。差异性分析表明，对于自主学习能力整体而言，女教师显著优于男教师，初中教师的自主学习能力更强，41～50岁教师的自主学习能力弱于51岁及以上的教师，乡村和城镇教师的自主学习能力并不弱，博士研究生学历教师未呈现其应有优势。教师的教龄和职称在自主学习能力方面不存在显著差异，但在子维度中，21～30年教龄的教师在学习方法掌握和学习成效评价方面表现出不足，高级职称教师在学习习惯养成方面并未呈现其应有优势[1]。再如，本研究还开展了基于人口统计学因素分析的中国中小学教师研究创新能力实践样态研究，研究结果表明，中小学教师具有良好的研究创新能力，教师的教学研究能力高于教育创新能力。教师的学历、师范背景、职称对教师研究创新能力有显著影响，但效应量为小效应。不同学段教师在研究创新能力方面存在显著差异，效应量介于小效应与中效应之间。教师的性别、年龄和教龄对教师研究创新能力未见显著影响[2]。

---

[1] Wang G, Kang Y, Li F, et al. An evidence-based study on the current status of Chinese secondary school mathematics teachers' autonomous learning capacity across demographic and contextual factors. Frontiers in Psychology, 2022（13）: 1042838.

[2] Wang G, Zhang D, Kang Y, et al. The influence of demographic factors on the ability to research and innovate among primary and secondary school teachers. Universal Journal of Educational Research, 2022, 10（10）: 553-569.

第七章
教师核心素养和能力建设的政策探索

　　政策是促进教师核心素养和能力发展的重要外部力量。改革开放以来，党和国家对教师工作始终充满关怀，尤其是具有里程碑意义的《中共中央 国务院关于全面深化新时代教师队伍建设改革的意见》更是将教师工作重要性提到新高度。该文件特别指出，"各级党委和政府要从战略和全局高度充分认识教师工作的极端重要性"，这说明党和国家已经将全面加强教师队伍建设作为新时代一项重大政治任务和国家战略。通过梳理我国中小学教师政策发展变迁史会发现，我国教师核心素养和能力建设具有史无前例的良好政策环境。该文件也特别指出，"培育一批专业机构，专门研究教师队伍建设重大问题，为重大决策提供支撑"。基于教师核心素养和能力的实践样态提出教师核心素养和能力建设的咨政建议，更是教师教育研究工作者的责任担当。

第一节 改革开放以来我国教师专业发展的政策变迁

我国颁布了一系列教师政策，以规范和促进中小学教师队伍建设，使中小学教师队伍无论是在数量上还是在质量上都得到了快速发展。回顾改革开放以来我国中小学教师政策的发展与变革，可为新时代中小学教师队伍的建设提供历史经验与启示。

改革开放以来，党和国家针对不同时期中小学教师队伍建设存在的不同问题，出台和改革了相应的教师政策。从总体上看，我国中小学教师政策经历了恢复发展时期、法制规范时期、振兴发展时期和新时代建设时期四个阶段[1]，教师专业发展的政策也因之变迁。

一、恢复发展时期（1978—1991年）

改革开放之初，我国教师队伍数量严重不足，建设一支数量充足、合格稳定的教师队伍成为社会发展的迫切需要。大力发展师范教育、着力加强教师培训、整顿当时的教师队伍成为重要举措。

（一）大力发展师范教育

1978年，教育部颁布《关于加强和发展师范教育的意见》，强调大力发展和办好师范教育，并要求各地努力办好中等师范教育。为回应这一政策号召，《关于办好中等师范教育的意见》《中等师范学校规程（试行草案）》《中等师范学校教学计划（试行草案）》《关于基础教育师资和师范教育规划的意见》等政策相继出台[2]，为我国中等师范教育的快速发展奠定了制度基础。1985年，《中共中央关于教育体制改革的决定》发布，充分肯定并强化了已有的师范教育体制，要求把发展师范教育作为发展教育事业的战略措施。1986年，《中华人民共和国义务

---

[1] 王光明、廖晶：《改革开放40年来我国中小学教师政策的发展历程及特点分析》，《课程·教材·教法》2018年第11期，第4-10页。

[2] 任胜洪、张翔：《改革开放以来我国中小学教师培养制度的变迁》，《教学与管理》2013年第36期，第43-45页。

教育法》出台,规定国家采取措施加强和发展师范教育。随后,国家颁发相关文件,规定师范院校可采取提前单独招生或参加统一考试提前录取的办法,以吸引更多生源①。师范教育的蓬勃发展有效地补充了教师队伍数量的短缺。

(二)着力加强教师培训

1979年,《关于加强教师培训工作的意见》发布,在我国教师政策中首次出现"教师培训"字样,表明教师培训开始受到国家关注和政策支持。1980年,《关于进一步加强中小学在职教师培训工作的意见》发布,强调要制定和完善中小学在职教师培训计划,建立和健全在职教师进修的考核制度,改善教师进修院校办学条件等②。1982年,《关于加强教育学院建设若干问题的暂行规定》颁布,许多地区恢复和建立了教师进修学校。1983年,《关于加强小学教师在职进修工作的意见》颁布,指明了教师培训的形式和任务。1985年,《中共中央关于教育体制改革的决定》发布,提出要"使绝大多数教师能够胜任教学工作"的发展目标,以及"只有具备合格学历或有考核合格证书的,才能担任教师"的准入要求③。这些政策的出台,为20世纪80年代以学历补偿为特点的教师培训政策定下了基调,同时也促进了教师在职培训进入稳步发展阶段。

进入20世纪90年代,随着学历提升培训的迅速推进,中小学教师学历合格的比例大幅提高,教师培训开始关注教师专业能力的发展。为了让教师不仅学历合格,在政治思想、师德修养、教育理论、教学艺术、工作能力等方面都合格④,教师培训在继续强化学历补偿的基础上,开始向继续教育过渡。1990年,全国中小学教师继续教育工作座谈会召开,号召各地积极开展中小学继续教育试点⑤。1991年,《关于开展小学教师继续教育的意见》颁布,规定了继续教育的任务、层次、内容、形式和方法等内容。

---

① 张彩云等:《中小学教师工作政策研究》,人民教育出版社2015年版,第35页。
② 李瑾瑜、史俊龙:《我国中小学教师培训政策演进及创新趋势》,《西北师大学报(社会科学版)》2012年第5期,第83-89页。
③ 中共中央:《中共中央关于教育体制改革的决定》.(1985-05-27)[2023-06-05]. http://fgcx.bjcourt.gov.cn:4601/law?fn=chl050s095.txt。
④ 曲铁华、崔红洁:《我国教师教育政策的演进历程及特点分析——基于(1978—2013)政策文本的分析》,《国家教育行政学院学报》2014年第12期,第56-62页。
⑤ 柳斌:《国家教委副主任柳斌同志在全国中小学教师继续教育工作座谈会上的讲话》,《中学教师培训》1991年第1期,第3-5页。

（三）整顿当时的教师队伍

为了维持教师队伍的稳定性，调动教师的积极性，国家加强了对教师的管理。一方面，对教师队伍进行整编。1983年，《关于中小学教师队伍调整整顿和加强管理的意见》出台，要求制定中小学的编制标准和合格教师的质量标准，制止能够胜任教师工作的骨干教师和合格教师外流。另一方面，提升中小学教师的社会地位和工资待遇。1985年，全国人民代表大会常务委员会通过《关于教师节的决定》，决定每年9月10日为教师节；1987年，国务院下发《关于提高中小学教师工资待遇的通知》，明确要求从1987年10月起，将中小学教师当时的工资标准提高10%；1991年，《关于认真检查教师工资待遇有关政策的通知》要求各地检查落实国家规定的各项教师工资政策，坚决杜绝拖欠教师工资的现象。这一时期，教师的职业地位得以恢复，教师的数量得到增加，教师队伍建设的各项工作逐步走向正轨。

二、法制规范时期（1992—2001年）

1992年，党的十四大报告提出，"科技进步、经济繁荣和社会发展，从根本上说取决于提高劳动者的素质，培养大批人才。我们必须把教育摆在优先发展的战略地位……加强师资队伍的培养和建设"。这是改革开放后，我国首次在党的全国代表大会中对教师队伍建设做出明确要求。

这一时期，我国的"法治"意识逐渐加强。党的十四大报告提出要高度重视法治建设，加强立法工作。党的十五大报告提出"依法治国"的基本方略。在教育方面，1993年《中华人民共和国教师法》（简称《教师法》）出台，1995年教育的根本大法《中华人民共和国教育法》（简称《教育法》）颁布，为以后教师政策的制定与实施提供了法律依据，教师政策进入法制规范时期。

（一）明确教师专业地位与合法权益

《教师法》指出"教师是履行教育教学职责的专业人员"，第一次在法律上明确了教师的专业地位，规定了教师具有教育教学、学术研究、指导学生、享受国家规定的福利待遇、参与学校民主管理、参加培训这六项权利，同时对教师的工资、津贴、住房、医疗等待遇做出规定和保障。《教育法》从上位法的角度再次强调"全社会都应当尊重教师"，重申"改善教师的工作条件和生活条件，保障教师的合法权益,提高教师的社会地位"等内容。法律对教师地位和权益的保障在社会上产生了积极反响,对于提高教师的社会声望起到了重要作用。

(二)规范教师管理制度

法律的完善使教师管理的各项制度得到规范。首先,建立教师资格制度。《教师法》规定教师资格制度为我国教师的职业许可制度。《教师资格条例》《〈教师资格条例〉实施办法》的相继出台,对教师的种类、资格条件、资格考试、资格认定等做出了具体规定,促进教师资格制度真正进入实施阶段。其次,严格教师聘任制度。20世纪90年代初期,国家颁布《关于中小学教师职务聘任工作中有关问题的通知》《关于当前做好中小学教师职务聘任工作的几点意见》等政策文件,为实现教师职务由任命制向聘任制转轨奠定了基础。随后,《教育部办公厅关于当前加强教师队伍管理的通知》《面向21世纪教育振兴行动计划》《国务院关于基础教育改革与发展的决定》等文件进一步推动了教师聘任制的落实。再次,强化教师考核制度。《教师法》明确提出,要对教师的政治思想、业务水平、工作态度和工作成绩进行考核。2000年,教育部在《关于加强中小学教师职业道德建设的若干意见》中要求"把职业道德作为考核教师工作的重要内容和职务聘任的重要依据"。最后,加强教师编制管理。为更好地落实教师聘任制度,国家开始核定中小学教职工编制标准。2001年,中央编办、教育部、财政部联合下发《关于制定中小学教职工编制标准意见的通知》,对中小学教职工编制的核定原则和标准做出了明确规定。

三、振兴发展时期(2002—2011年)

2003年,党的十六届三中全会确立了全面、协调、可持续的科学发展观。"以人为本""科学发展"的思想指导教师政策的制定,要求"加强教师队伍建设,提高教师的师德和业务水平"[①]。2007年,党的十七大报告明确提出"扶持贫困地区、民族地区教育……加强教师队伍建设,重点提高农村教师素质",促使教师政策在追求效率的同时更加兼顾公平。为了实现党对教师队伍建设的殷切希望,教师政策不断改革创新,以推动中小学教师队伍建设的全面振兴发展。

---

① 江泽民:江泽民在中国共产党第十六次全国代表大会上的报告.(2002-11-08)[2022-04-15]. https://www.cntheory.com/tbzt/sjjlzqh/ljddhgb/202110/t20211029_37374.html.

（一）加强薄弱地区教师队伍建设

为建构和谐社会，推进义务教育均衡发展，切实加强薄弱地区教师队伍建设成为教育工作的重中之重。首先，在教师政策的制定上开始向薄弱地区倾斜。2005年，《教育部关于进一步推进义务教育均衡发展的若干意见》指出，要"统筹教师资源，加强农村学校和城镇薄弱学校师资队伍建设"，"核定教师编制时要向农村学校倾斜，新增教师要优先满足农村学校、城镇薄弱学校的需求"。其次，创新薄弱地区教师队伍补充机制，鼓励优秀人才到艰苦贫困地区从教，促进优质教师向农村边远地区流动。例如，定期选派城镇教师到农村交流任教，建立城镇教师支援农村教育制度；制定"特岗计划"政策，公开招聘高校毕业生到西部"两基"攻坚县农村义务教育学校任教；颁布"免费师范生"政策，引导优秀师范毕业生到农村教育基层等。最后，提升薄弱地区教师的能力素质，在"输血"的同时也不忘"造血"。一系列政策举措的实施为农村中小学补充和发展了大量优质骨干教师，有力缓解了部分农村学校师资力量薄弱、结构不合理的问题。同时，为了促进政策的有力落实，教育部加大了对政策实施情况的通报。例如，教育部网站定期对连片特困地区乡村教师生活补助实施情况进行通报，公布全国乡村教师队伍建设优秀工作案例等。

（二）推进教师工作的标准化建设

教师培养与培训的标准化是保证教师质量的基本前提[①]。进入21世纪，经济、社会、文化的变革使得对教师能力和素质的要求越来越高，推进教师培养与培训的系统设计和标准化建设成为迫切需要。

在教师培养方面，积极推进教师专业标准、教师教育课程标准、教师教育机构资质认证标准、教师教育质量标准的建设。《2003—2007年教育振兴行动计划》指出，要"制定教师教育机构资质认证标准、课程标准和教师教育质量标准，建立教师教育质量保障制度"。2004年，教育部启动《教师教育课程标准》的研制工作，历经7年的努力，到2011年，《教师教育课程标准（试行）》颁布，成为制定教师教育课程方案、编写教材、开发课程资源以及开展教学、评价和管理的依据。随后，《教育部关于大力推进教师教育课程改革的意见》《教育部办公厅关于开展教师教育国家级精品资源共享课建设工作的通知》等一系列文件相继出台，完善了以教师教育课程标准为基础的教师教育体系建设。2012年，

---

① 张彩云等：《中小学教师工作政策研究》，人民教育出版社2015年版，第314页。

教育部公布了《小学教师专业标准（试行）》《中学教师专业标准（试行）》，成为引领中小学教师专业发展的基本准则，为中小学教师素质的专业化提升提供了方向和标尺[①]。

在教师培训方面，加强培训课程的标准化建设，对师资比例、实践性课程比例提出明确的量化要求。为规范"国培计划"项目管理，提高培训质量，教育部委托全国教师教育课程资源专家委员会组织专家研制了《"国培计划"课程标准（试行）》，并于2012年发布，要求各地参照该标准设置培训方案。

（三）深化教师人事制度改革

职称制度能够有效激励教师的发展。依托职称改革，我国加快了教师人事制度改革。2006年，《事业单位岗位设置管理试行办法》及其实施意见发布，使中小学教师职称制度进入规范化的轨道。2009年，人力资源和社会保障部、教育部印发《关于深化中小学教师职称制度改革试点的指导意见》，围绕体系构建、评价标准、评价机制等对中小学教师职称制度进行改革。在改革职称制度的同时，我国教师政策也在着力完善评价政策，并据此改革分配制度。2008年，《教育部关于做好义务教育学校教师绩效考核工作的指导意见》出台，提出"着力构建符合教育教学和教师成长规律、导向明确、标准科学、体系完善的教师绩效考核评价制度"。绩效考核评价的内容涉及师德和教育教学、从事班主任工作等方面，并进一步强调将绩效考核结果作为绩效工资分配、教师资格认定、岗位聘任、职务晋升、培养培训、表彰奖励等工作的重要依据。同年，《国务院办公厅转发人力资源社会保障部 财政部 教育部〈关于义务教育学校实施绩效工资指导意见〉的通知》发布，规定从2009年1月1日起对中小学教师实行绩效工资改革。

四、新时代建设时期（2012年至今）

党的十八大以来，我国教育事业进入新时代，以习近平同志为核心的党中央高度重视教师工作的极端重要价值，从国家和社会发展的高度做出一系列重大部署，提出"把立德树人作为教育的根本任务……加强教师队伍建设"。2017年，党的十九大召开，明确提出"加强师德师风建设，培养高素质教师队伍，倡导全社会尊师重教"。2018年，《中共中央 国务院关于全面深化新时代教师队伍建设

---

① 段志贵、秦虹、宁连华：《从外延到内涵：数学教师专业发展研究走向——近年来数学教师专业发展研究述评》，《数学教育学报》2017年第6期，第72-79页。

改革的意见》发布，成为中华人民共和国成立以来我国出台的第一个专门面向教师队伍建设的里程碑式政策文件，擘画了新时代教师发展的蓝图。2022年，教育部等八部门联合印发《新时代基础教育强师计划》，从思想政治素质、师德师风建设等具体角度对新时代基础教育教师发展做出具体谋划。党的二十大报告，对加强师德师风建设、培养高素质教师队伍、弘扬尊师重教社会风尚等方面着重做出部署。

（一）全新认识教师工作的极端重要性

新时代党和国家对教师工作的重视达到了前所未有的政治高度。党和国家对各级党委和政府提出明确要求，指出要从战略高度认识教师工作的极端重要性，把教师队伍建设作为一项重大政治任务和根本性民生工程。要求各省（自治区、直辖市）党委常委会每年至少研究一次教师队伍建设工作，对教师工作要优先谋划、优先投入、优先满足。为了全力保障教师政策落地见效，我国实行一把手负责制，并将教师队伍建设情况作为党政领导班子和有关领导干部考核、奖惩、任免的重要参考。

（二）进一步加强薄弱地区教师队伍建设

2012年，教育部、中央编办、国家发展改革委、财政部、人力资源和社会保障部等多部门联合出台《关于大力推进农村义务教育教师队伍建设的意见》，指出要"加强农村教师国家级示范培训，积极探索农村教师远程网络培训的有效模式，为农村义务教育教师建立网络研修社区"。2015年，《国务院办公厅关于印发乡村教师支持计划（2015—2020年）的通知》发布，要求全面提升乡村教师能力素质，"把乡村教师培训纳入基本公共服务体系，保障经费投入，确保乡村教师培训时间和质量"。2014年，教育部、财政部、人力资源和社会保障部联合下发《关于推进县（区）域内义务教育学校校长教师交流轮岗的意见》，创新性地提出教师队伍"县管校聘"的管理制度。2015年，人力资源和社会保障部、教育部联合印发《关于深化中小学教师职称制度改革的指导意见》，指出以健全制度体系、完善评价标准、创新评价机制、实现评聘衔接为核心举措，在全国范围内推动中小学教师职称制度改革，首次设立正高级职称。2022年，人力资源和社会保障部、教育部印发《关于进一步完善中小学岗位设置管理的指导意见》，指出"要按照乡村振兴重大战略部署有关要求，中小学岗位实行县域统筹管理，协调县域内同学段学校教师岗位结构并向乡村适当倾斜。乡村中小学可以通过特设岗位引进急需紧缺高层次教师、设置'定向评价、定向使用'教师中高级岗位，缓解招人难、留人难等问题"。

（三）教师职业的公共属性得到认可

《中共中央 国务院关于全面深化新时代教师队伍建设改革的意见》明确了教师职业的公共属性，确立了公办中小学教师为国家公职人员的特殊法律地位，并要求提升教师的政治地位、社会地位、职业地位。对中小学教师的工资实行长效联动机制。加大教师表彰力度，积极营造尊师重教的社会氛围，真正让教师成为令人羡慕的职业。

（四）教师教育迎来发展新契机

2017年，教育部印发《普通高等学校师范类专业认证实施办法（暂行）》，为推进教师教育质量保障体系建设、提高师范类专业人才培养质量提供有力支撑。2018年，教育部等五部门印发《教师教育振兴行动计划（2018—2022年）》，指出要采取切实措施建强做优教师教育，推动教师教育改革发展。该计划列出十大主要举措，明确了2018—2022年的具体任务，为教师教育的发展带来了新的契机。2022年，教育部等八部门联合印发《新时代基础教育强师计划》，进一步细化了基础教育教师专业发展的具体任务，奏响了新时代教师专业发展的号角。

第二节　政策视角下的优秀教师基本特征

21世纪以来，不少发达国家或非政府组织将优秀教师的特征纳入教师专业标准内容。例如，美国、英国、澳大利亚等国家在制定教师专业标准时，均依据教师不同专业发展阶段分级制定。美国四大全国性的教师专业标准机构分别针对不同发展阶段的教师，出台了相应的分级标准：候选教师专业标准［全国教师教育认可委员会（National Council for Accreditation of Teacher Education，NCATE）制定］、初任教师专业标准［州际教师评估与支持联合会（The Interstate Teacher

Assessment and Support Consortium，InTASC）制定]、优秀教师专业标准（美国全国专业教学标准委员会制定）和卓越教师专业标准[美国优质教师证书委员会（American Board for Certification of Teacher Excellence，ABCTE）制定]。英国教师专业标准中对合格教师、普通教师、经验教师、优秀教师、卓越教师五个级别教师应达到的专业标准进行了详细阐述[①]。澳大利亚公布的《澳大利亚教师专业标准》分别对初任教师、熟练教师、优秀教师及领航教师的专业要求及特征做了说明[②]。这些国家"层级递进式"的分级教师专业标准体现了"发展性评价"的精神，为不同阶段教师的专业发展提供了指导。这些分级教师专业标准的制定为优秀教师的定义和评估提供了政策（标准）依据，对教师专业成长起着导向和指引作用。

欧美国家除了在教师专业标准中对优秀教师的特征有所描述之外，官方或民间协会组织还设立了一些与优秀教师相关的荣誉称号和奖项评选，这些教师荣誉和奖项的评奖遴选条件也为优秀教师的特征研究提供了参照。例如，1952年，美国设立"国家年度教师奖"（National Teacher of the Year，TOY）。1994年，加拿大设立"总理卓越教学奖"（Prime Minister's Awards for Teaching Excellence）和"总理STEM杰出教学奖"（Prime Minister's Awards for Teaching Excellence and Teaching Excellence in STEM），成为授予加拿大K-12级卓越教师的年度至高荣誉。1998年，新加坡设立"教师总统奖"（The President's Award for Teachers，PAT）。非政府组织瓦尔基环球教育集团基金会于2000年设立全球教师奖（The Global Teacher Prize）。2014年，新西兰设立"总理教育卓越奖"（Prime Minister's Education Excellence Awards）。上述国家或民间非政府组织关于优秀教师的遴选条件也反映着优秀教师的特征。

优秀教师的专业标准以及优秀教师荣誉的遴选条件属于政策范畴。基于政策视角，课题组探讨了优秀教师在学识与关键能力、关注学生的发展、发挥引领示范作用等方面的共性特征。

一、学识与能力：优秀教师的成事之基

优秀教师需要具备渊博的学识和必备的核心能力，这是优秀教师之所以优秀

---

① Professional Standards for Teachers. Training and Development Agency for Schools. （2014-07）[2022-03-01]. http://www.tda.gov.uk/upload/resources/pdf/d/draft_revised_standards_for_classroom_teachers_24_may_06.pdf.

② Australian Professional Standards for Teachers. The Australian Institute for Teaching and School Leadership. （2018-10）[2022-02-01]. https://www.aph.gov.au/~/media/Committees/eet_ctte/estimates/bud_1415/Education/Answers/ED0172_15.pdf.

的基础条件。发达国家制定的优秀教师专业标准、荣誉称号和评奖条件,都对优秀教师在学识与能力方面的应有特征给出了具体描述。

(一)优秀教师具有扎实的学识

在学识特征方面,美国、澳大利亚和英国等国家的优秀教师专业标准均将拥有厚实的专业知识基础、深刻理解专业知识、掌握必要的跨学科知识等作为优秀教师的必备条件。美国的优秀教师专业标准认为优秀教师应熟练掌握学科领域及相关学科的专业知识;英国优秀教师标准要求优秀教师需扎实掌握专业知识,深刻理解任教学科和关联学科的内容;澳大利亚教师专业标准则要求优秀教师不仅要掌握任教学科的内容,洞悉知识之间的联系,而且要知道如何更好地传授这些内容。同样,优秀教师的遴选条件要求,候选人必须有证据表明具有扎实的学识,如美国的"国家年度教师奖"评选要求参评者是知识渊博的教学能手。

总之,拥有厚实的学科知识、跨学科知识以及如何传授这些知识的教学知识,是一名优秀教师应具备的基本特征。与普通教师相比,人们对于优秀教师任教学科知识触类旁通、举一反三的要求更高,更加注重要求教师具备跨学科知识,不断拓展完善认知结构,并且能够更熟练地运用教学知识。

(二)优秀教师具有关键能力

20世纪50年代以来,一些学者探索使用关键能力清单研究优秀教师的特征,重视优秀教师关键能力的凝练,这样的观点影响着教师政策的制定[1]。20世纪50—60年代,学界倡导以"关键能力"或"关键能力行为表现"研究优秀教师的基本特征,学者提出采用具体的、可操作的、可观察到的关键能力标准或行为表现,作为鉴别优秀教师的遴选条件。20世纪70年代,美国教育界受到"问责运动"的影响,促使研究者深入解读优秀教师的教学特征,认为优秀教师应在教学设计、教学过程的实施、教学评价、交流沟通等方面表现出卓越能力[2]。上述研究影响了教师政策的制定,例如,20世纪80年代,美国教育考试服务中心(Educational Testing Service,ETS)采用"普瑞克西斯考试体系(Praxis

---

[1] Becker B J, Kennedy M M, Hundersmarck S. Hypothesis about "quality": A decade of debates. Annual Meeting of the American Educational Research Association, Chicago, 2003.

[2] The Florida Catalog of Teacher Competencies. First Edition. Panhandle Area Educational Cooperative, Post Office Drawer 190, Chipley, Florida 32428(no price quoted), 1973.

Series)"对教师知识和能力进行测评，测评中更加注重教师的关键教学能力[①]。这直接影响了美国全国性的教师专业标准机构针对优秀教师、卓越教师制定的相应分级标准中对关键能力的重视程度。英国、澳大利亚等国家相继出台面向优秀教师的能力标准，同样也聚焦于关键能力。总结归纳国外优秀教师专业标准和能力标准，其主要聚焦在如下四个视角：①基于课堂教学能力的视角，优秀教师应具备良好的教学过程设计、教学过程管理、教学过程评价的能力，并能够恰当运用数字技术和各种教学策略、模式与方法；②教师终身学习的视角，优秀教师应具备自主学习和反思的能力；③教师创新教学知识的视角，优秀教师应具有发现教学规律、构建教学知识的能力；④社会交往的视角，优秀教师善于与学生、学生家长以及同行交往，与他人合作意识和合作能力强。

二、关注学生发展：优秀教师的卓越之本

20世纪50—60年代，学界注重教师关键能力标准和行为表现，影响了教师政策的制定。到20世纪60年代末70年代初，人本主义的思想也影响了教师政策的制定。1970年前后，受人本主义心理学的影响，一种强调教师人本特征的思想——人本主义教师教育（humanistic based teacher education）理念兴起并产生日益广泛的影响。这一理念在关注教师个性和人格品性的同时，更为强调教师对学生发展的关注[②]，关注学生发展与注重知识能力是不同的视角，关注学生发展在教师政策的制定过程中越发得到重视。

美国的优秀教师专业标准共包含五大方面核心标准，其中之一是优秀教师应致力于学生的发展和促进学生的学习[③]。澳大利亚教师专业标准中的第一项标准就是教师要关注学生的身心发展水平和学生的个性发展[④]。发达国家教师国家荣誉奖项的评审标准特别关注教师对于学生成就、成长方面的贡献。例如，加拿大"总理卓越教学奖"和"总理STEM杰出教学奖"的评选标准包括对于学生的进

---

① King B M. Locking ourselves in: National standards for the teaching profession. Teaching & Teacher Education，1994，10（1）：95-108.

② Joyce B R. Teacher Education，74th Yearbook of the National Society for the Study of Education. Chicago: University of Chicago Press，1975.

③ NBPTS. What Teachers Should Know and Be Able to Do.（2016-01-20）[2022-04-15]. https://www.accomplishedteacher.org/_files/ugd/0ac8c7_25be1413beb24c14ab8f6e78a20aa98f.pdf.

④ Australian Professional Standards for Teachers. The Australian Institute for Teaching and School Leadership.（2018-10-09）[2022-02-01]. https://www.aitsl.edu.au/docs/default-source/national-policy-framework/australian-professional-standards-for-teachers.pdf?sfvrsn=5800f33c_90.

步和能力发展的帮助。美国"国家年度教师奖"评选标准包括要激发所有学生的学习潜力，得到学生、学生家长以及同行的普遍赞许①。新西兰"总理教育卓越奖"主要评审要素包括促进了学生的发展，拥有学生获得进步或成就变化的证据或数据，具有明显的证据表明促进了学生社会情感、文化和学业方面的增值贡献，拥有促进所有学生进步的充实证据②。新加坡"教师总统奖"首先要求候选者要在促进学生发展方面有贡献。该奖项的主要评选条件包括致力于学生品格和道德的发展，能够激发学生学习潜力③。

上述标准内容将教师成就与学生成就紧密相连，导向教师激发学生潜能，帮助每位学生成长和进步。教师的劳动指向学生的进步和发展，是优秀教师之所以卓越的本源特征。

三、引领与示范：优秀教师的应有之义

为人师表是对教师职业的共性要求，也是古今中外的学者共识。这些共识也影响着优秀教师专业标准以及优秀教师遴选条件的政策制定，普遍成为发达国家或非政府组织的优秀教师专业标准以及优秀教师荣誉的遴选条件。例如，英国教师专业标准中将成为同行学习的榜样，并在学校发展中发挥重要作用纳入优秀教师标准内容。澳大利亚教师专业标准将能够有效帮助其他同事教学、分享教学经验、帮助其他教师专业发展作为标准内容的构成。加拿大"总理卓越教学奖"和"总理STEM杰出教学奖"遴选标准包括教学的改革与示范、专业引领贡献与领导力。新西兰"总理教育卓越奖"的遴选标准包括在使用新西兰制定的课程文件和教育政策方面有示范性，拥有学校领导力、教师专业发展变化的综合证据。新加坡"教师总统奖"的遴选标准包括能够引领并促进其他教师的专业发展，能够发挥榜样示范作用。

综观上述，优秀教师专业标准或优秀教师遴选条件，普遍要求优秀教师不仅是教育教学的典范，同时能够促进其他教师的专业发展，带领更多的教师进步。能够发挥引领示范作用，是优秀教师的应有之义。

---

① 张忠华、周萍：《怎样培养卓越教师——由美国"国家年度教师"评选引发的思考》，《教师教育学报》，2017年第6期，第117-124页。

② Ministry of Education. The Judging Panel will Review the Entries to Identify the Extent to Which Each Case Study Shows. [2023-06-05]. https://www.pmawards.education.govt.nz/judges.

③ Ministry of Education. President's Award For Teachers 2019.（2019-09-04）[2023-06-05]. https://www.moe.gov.sg/news/press-releases/presidents-award-for-teachers-2019.

四、业绩与贡献：优秀教师的价值之徽

从教师劳动的结果来看，有教育教学业绩、对社会有贡献成为优秀教师专业标准的构成内容及优秀教师的遴选条件。例如，澳大利亚教师专业标准要求优秀教师具有显著的教育教学成就，并能够为社区做出相应贡献。美国"国家年度教师奖"评选条件包括教学业绩得到学生、学生家长以及同事的普遍赞许，参与学校以及学校所在社区的各类事务并且发挥重要作用。新西兰"总理教育卓越奖"的遴选条件包括具有明显的证据表明促进了学生社会情感、文化和学业方面的增值，有证据表明在社区服务方面有贡献。"全球教师奖"的遴选条件则包括有显示度的教学业绩，在学校以外服务社会方面有贡献，在帮助学生成为全球公民方面有贡献。

综上，许多国家将优秀教师在教育教学领域有实绩、在服务社会方面做出应有的贡献作为优秀教师的标准内容。具有优秀的业绩与贡献，是优秀教师的价值之徽。

五、启示与思考

研究优秀教师的特征，要扎根发展变化的新时代，立足中国教师特色，在总结国外优秀教师的专业标准和荣誉获奖遴选条件的基础上，融通中外，深化对我国优秀教师特征的认识，同时探索可供参考的建设路径。

（一）以评促建：明确优秀教师评价标准，构建并细化分级教师专业标准体系

教师专业化水平的提升，离不开以教师专业标准为基础的顶层设计和系统建设。由政策标准研究可知，美国、澳大利亚和英国等国家建立了优秀教师层级的专业标准。我国制定了学段化的教师专业标准，还没有颁发针对不同层级教师的专业标准。2012 年，我国教育部颁布《中学教师专业标准（试行）》《小学教师专业标准（试行）》《幼儿园教师专业标准（试行）》，标准在研制中充分考虑了不同学段教师的特点，这三个标准确立了我国基础教育阶段的教师专业发展的理念，凸显了教师职业的专业属性，明晰了我国教师专业发展的专业知识和能力结构，在我国教师政策发展史中具有里程碑式的意义。但这三个标准并未涉及处于不同专业发展阶段的教师专业要求。进入新时代，教师队伍的专业化建设面临新

的挑战,亟须以教师专业标准的修订为契机,对教师的专业发展进行更为精细的指导,引领教师主动适应社会的变革,主动适应新时代人才培养的需要。

综上,本书建议依据教师专业发展阶段,明确各阶段专业要求,制定相应的教师专业标准,构建包含优秀教师专业标准在内的教师分级专业标准体系,并明确、细化分级专业标准,以分级专业标准引导广大教师尽快成长为骨干教师、卓越教师、教育家型教师,为教师的专业化成长提供指导性文件及评价量规。

习近平新时代中国特色社会主义思想是建立我国优秀教师专业标准的指导思想。习近平总书记在全国教育大会上专门针对教育评价问题提出,"要深化教育体制改革,健全立德树人落实机制,扭转不科学的教育评价导向,坚决克服唯分数、唯升学、唯文凭、唯论文、唯帽子的顽瘴痼疾,从根本上解决教育评价指挥棒问题"[①]。因此,应建立我国优秀教师专业标准,不能简单地以学生考试成绩、学生升学情况、教师学历高低、教师发表论文数量和荣誉称号的级别等作为鉴别教师优秀与否的唯一标准,而是应立足于我国优秀教师核心素养和能力的特征,建立指标体系全面、具体并且可观测的优秀教师评价标准。一是注重优秀教师的实绩贡献。优秀教师评价标准应当关注优秀教师在教育和社会服务中对社会主义事业所做出的实际成就和杰出贡献。二是优秀教师应当赢得多方认可。评价主体由多个主体共同组成,多元化的评价标准与多元主体分别相对应。复合型教师才能够获得学校和社会的全方位好评[②]。三是细化标准内容,强化时代性和可测性。构建针对不同发展阶段的教师"三级指标"分级专业标准,其中一、二级指标充分考虑我国教师专业发展的实际,注重突出新时代要求,强化对教师思想政治素养、道德素养、人文与科学技术素养、教育理想精神,以及教育教学能力、研究创新能力、学习发展能力、沟通合作能力的考查;三级指标充分借鉴国际经验,明确相应专业发展阶段教师的具体行为和表现,提升指标的可操作性和可测性。四是基于专业标准开发评价工具,完善教师评价与管理制度。基于教师分级专业标准来开发教师评价工具,为教师资格认证、教师职称评审、教师分级培训等提供测评依据。改革中小学教师职称评审制度,建立教师专业发展阶段认证制度,将教师专业发展阶段认证与教师专业技术职称评定挂钩,即教师在通过分级专业标准认证后,即可获得相应的职称评审资格,切实破除教师评价唯分数、唯升学、唯文凭、唯论文等顽瘴痼疾,同时也为教师的自我反思、自我完善

---

① 习近平:坚持中国特色社会主义教育发展道路 培养德智体美劳全面发展的社会主义建设者和接班人.(2018-09-11)[2023-04-12]. http://edu.people.com.cn/n1/2018/0911/c1053-30286253.html.

② 陶兴模:《中学数学教师素质的类型及其评价》,《数学教育学报》2005年第3期,第95-97页。

和自我发展提供正确导向，并有利于规范教育实践活动的专业化水平，促进教师发展。

（二）以点带面：加强示范引领，推进"个体优秀"向"群体优秀"转变

国外优秀教师专业标准以及优秀教师的遴选条件，除重视优秀教师自身所取得的成果之外，还关注优秀教师在校园内外所起到的头雁带动群雁的引领作用，以及其优秀势能所产生的辐射作用和影响，重点加强优秀教师的示范引领作用，逐点推进，星火燎原，进而实现优秀教师的"自我优秀"向"集体优秀"的集群式变化。优秀教师的形成和发展过程是"个体我"在与外界互动过程中逐渐成为崭新的"社会我"的过程，优秀个体在与外界相互作用的过程中，发挥其处于辐射中心位置的影响力，由单一的"示范效应"带动周围教师也发生好的转变，逐步产生连锁效应，进而促进和实现群体式优秀。新时代的优秀教师应具有社会责任和社会担当，在同行中起到职业引领作用，为教师职业提供模范，为加快教师职业发展做出贡献。优秀教师积极促进学科专业和教育事业的发展，注重专业实践与专业参与。优秀教师在提升学校和区域的教育质量、加强学校发展和教师队伍建设、提高学校办学水平等方面有重要助导作用。扩大优秀教师的影响范围，提升学校和区域内整体教师核心素养和能力水平，是优秀教师在教师教育活动中应尽的责任与义务。

（三）特色强师：彰显我国优秀教师特色，聚焦教师核心素养和能力

国外优秀教师的四个特征着重体现在教师能力方面，我国教师队伍建设也包括教师能力建设。为了提高教师队伍建设的效率，要重视教师核心能力的建设[①]。除外显的教师核心能力之外，还必须重视内蕴的教师核心素养的建设。为了有效落实立德树人根本任务，我国教师队伍建设首要必须重视教师的思想政治素养建设，思想政治素养是教师所必须具备的最重要素养。为履行好教师职责的根本要求，对于优秀教师来说，首先需要具有高度的政治觉悟，在思想政治素养方面率先垂范；其次需要在道德素养、教育理想精神、人文与科学技术素养等方面身体力行。我国自古就有"程门立雪""魏昭尊师"等典故，其中也蕴含着优

---

① 王光明、张永健、吴立宝：《教师核心能力的内涵、构成要素及其培养》，《教育科学》2018年第4期，第54—61页。

秀教师所拥有的内蕴的道德素养和教育理想精神等。中华人民共和国成立以来，我国涌现了一大批核心素养内蕴深厚的优秀教师。进入新时代，黄大年式的教师团队、全国教书育人楷模、全国最美教师等教师荣誉获得者，坚持为党育人，为国育才，涵养思想政治素养和师德，厚植教育报国的理想精神等，进一步彰显了我国优秀教师的本源和特色。聚焦教师核心素养和能力，立足中国教师队伍特色予以重点建设，有助于高效完成"到 2035 年……培养造就数以百万计的骨干教师、数以十万计的卓越教师、数以万计的教育家型教师"①的目标任务。

第三节 教师核心素养和能力建设的相关建议

2015 年，中共中央办公厅、国务院办公厅颁布《关于加强中国特色新型智库建设的意见》，指出"深入实施中国特色新型高校智库建设推进计划，推动高校智力服务能力整体提升"。2019 年，教育部颁布《关于加强新时代教育科学研究工作的意见》，指出"增强科研成果转化意识，引导鼓励开展政策咨询类、舆论引导类、实践应用类研究，推动教育科研成果转化为教案、决策、制度和舆论"。这些文件对新时代教育研究提出新要求。笔者开展的"教师核心素养和能力的建设研究"既重视落实党和国家教师队伍建设的决策部署，探寻学理以及实践样态等，也注重研究成果转化，从教师培养、教师激励、教师标准、师德师风建设等方面进行了转化研究，就提高教师影响力、高师院校学科教师队伍建设、建立教师国家荣誉制度、教师影响力、思政育人和师德建设等内容提交了咨政建议，以下为部分咨政建议内容。

一、关于加强大中小幼教师思政育人能力的建议

习近平总书记在 2020 年"六一"寄语中指出，"在这次全国人民万众一心抗击新冠肺炎疫情的斗争中，广大少年儿童也经历了一段特殊时期，不仅亲眼目睹了中国人民众志成城、迎难而上的伟大壮举，而且听从党和政府号召、以实际行

---

① 中共中央、国务院：中共中央 国务院关于全面深化新时代教师队伍建设改革的意见.（2018-01-31）[2023-04-12]. https://www.gov.cn/zhengce/2018-01/31/content_5262659.htm.

动支持抗疫斗争，展现了我国少年儿童的良好精神风貌""当代中国少年儿童既是实现第一个百年奋斗目标的经历者、见证者，更是实现第二个百年奋斗目标、建设社会主义现代化强国的生力军"①。大中小幼教师需紧紧抓住这个最真实、最震撼的教育机会，提升思政育人能力，广泛推进思想政治教育，让社会主义核心价值观在青少年的心田中生根发芽、开花结果。

（一）打造大中小幼一体化联盟，建立"手拉手"长效合作机制，为提升教师思想政治教育能力提供广阔支持平台

充分发挥高校马克思主义学院的辐射带动作用，通过合作研究课题、开办学术研讨会议、开展师资培训、建立实践基地等方式，打造大中小幼思想政治教育一体化联盟。依托网络建立跨学段交流研修机制，发挥高校和高水平思政课专家的引领示范作用，定期开展大中小幼思政教育一体化教学研究活动，逐步建立并完善"手拉手"长效合作机制，建设大中小幼思政教育教师专业发展共同体，为提升大中小幼教师思政育人能力提供广阔支持平台。

（二）进一步强化教师教育专业"思政"，开展"思政"问诊，强化"精准"培训

首先，以师范类专业认证和教师教育一流本科专业建设为契机，进一步强化学前教育专业"思政"。由教育部高等教育教学评估中心组织专家，在进一步强化教师教育专业思政的前提下，完善教师教育师范专业二、三级认证标准，以"认证标准"推动思想政治教育切实纳入教师教育专业人才培养方案、课程体系、教学体系以及专业文化建设等各个方面。对践行思想政治教育取得显著成效的教师教育专业，建议在国家一流本科专业建设点的评估中予以倾斜。通过"建标准""树标杆"，为社会源源不断输送专业化教师。

其次，利用"国培""省培"等职后培训平台，促进教师思想政治素养和能力提升。组织专家研制教师思政素养和能力测评工具，开展对教师思想政治素养和思政教育能力的诊断，基于诊断结果，在"国培""省培"中开展有针对性的精准专项培训。

---

① 中华人民共和国中央人民政府：习近平寄语广大少年儿童强调 刻苦学习知识坚定理想信念磨练坚强意志锻炼强健体魄 为实现中华民族伟大复兴的中国梦时刻准备着 向全国各族少年儿童致以节日的祝贺．（2020-05-31）[2023-06-12］.https://www.gov.cn/xinwen/2020-05/31/content_5516309.htm?jump=false.

二、关于精准建设教师"全德"的建议

德为立教之本，教师明大德、守公德、严私德，是落实立德树人根本任务的重要保障。为了培育大国良师，回应好造就"大先生"的社会关切，党和国家将师德师风作为教师队伍建设的第一标准和首要任务。但是，当前师德师风建设中，存在窄化认识师德师风的现象，将师德师风桎梏于教师职业道德范畴。由于教师职业应然具有学为人师、行为世范、自树树人的特质，教师在社会公德、家庭美德、个人品德等方面出现问题，容易引发较大舆情，敌对势力甚至借机混淆是非、质疑、讥讽我国制度，攻击抹黑党和国家的形象。教师职业道德虽是师德师风建设的重要内容，但并非全面内容。开展涵盖社会公德、职业道德、家庭美德和个人品德（简称"全德"）的教师道德素养的全面科学评价，针对薄弱内容、关键群体，引导教师加强"全德"建设，发挥关键群体在"全德"方面的关键作用，创新教师"全德"的建设路径，将促进师德师风建设内涵质量不断提升，推进师德师风建设工作不断深化和全面化。

（一）适时修订教师专业和师范专业认证标准，增加社会公德和家庭美德要求，构筑系统化的全面师德教育体系

建议加快各级各类教师专业标准的修订和研制。对标《新时代公民道德建设实施纲要》要求，将社会公德、家庭美德等纳入修订范围，构筑系统化的全面师德教育体系。将"文明出行、文明交通、文明旅游、文明就餐、文明观赛"等公共文明规范，"尊老爱幼、男女平等、夫妻和睦、勤俭持家、邻里互助"等生活道德规范，纳入教师专业标准。鼓励和支持各省（自治区、直辖市）将社会公德以及家庭美德典型行为纳入师德师风的正面清单和负面清单，将社会公德以及家庭美德纳入教师师德师风的考核范畴，从教师荣誉、年终考核、人才称号遴选以及职称晋升等方面，全面系统考核教师道德素养。修订师范专业认证的践行师德方面的评估指标，将社会公德、个人品德、教师职业道德和家庭美德等均纳入师德规范的范畴。导向师范专业重视开展"全德"方面的第一课堂、第二课堂、第三课堂教育活动。引导师范生全面践行社会公德、职业道德、家庭美德和个人品德等师德规范。

（二）研制师德师风的表现性指标体系和评价模型，建设师德师风大数据，强化师德引领示范

为了让师德在教师职称晋升以及荣誉评审等专业发展活动中有效发挥决定作用，建议设置专项课题，基于教师"全德"，研制教师师德师风的表现性指标体系和评价模型，并将其应用于教师个体师德师风的评价。将毕业生代表、在读学生、学生家长、同事、行政管理人员等利益相关者的综合评价结果，作为教师职称与荣誉评审材料的一部分，予以公示，增强师德在教师专业发展评审活动中的客观性与显示度，并发挥其决定权作用。鼓励有条件的区域，探索运用区块链技术，基于日常生活和教育教学活动的"全德"过程性表现，以及"全德"测评结果，建设师德师风大数据，在教师荣誉以及职称评审活动中，有效将师德师风测评数据作为道德素养发展状况的证据，规避简单将高荣誉作为高师德的证据。对已取得高级职称、高学历（简称"双高"）的教师群体，实施影响力倍增计划，利用"国培""省培"以及其他教师研修平台，开设双高教师师德师风研修专项活动，重点开展以社会公德、职业道德等"全德"养成为主要内容的系列活动，强化"双高"教师的道德素养。利用人工智能手段，基于过程性大数据，实施教师"全德"测评。建议师范院校率先开展积极探索，遴选成绩居于前列的双高教师，在"学习强国"以及《中国教师报》《中国教育报》等平台等开设师德师风专栏，定期推介"双高"教师货真价实的优秀师德师风事迹，充分发挥"双高"人群的示范引领作用。责成网监部门，定期开展涉及反党、反社会主义、反人民等"公知教师"报道的网络检查专项行动、随机抽检行动，责令贴吧运营公司、自媒体平台等删除有关宣扬这些"公知教师"的报道内容，限期整改，对于"公知教师"以及媒体报道情节严重者，移交司法部门处理。

（三）开展跨学科研究，探索教师道德素养的影响因素与提升策略，建设"教师道德仿真模拟实验室"，强化中小学教师具身道德培养

在国家社会科学基金项目、教育部人文社会科学项目中设立教师道德发展专项课题，择优遴选在神经教育学、脑科学、教育心理学以及人工智能等领域有深厚造诣的专家团队，开展教师道德发展跨学科研究，进一步探索道德素养的养成机制、影响路径与提升策略。支持教育部遴选的两批人工智能助推教师队伍建设试点高校和地区，探索建设教师"全德"仿真模拟实验室，利用人工智能情感计

算技术，开展教师对学生情绪预测、同情心训练等内容培训，同时通过多模态数据采集方式、多元化的大数据挖掘和分析技术，开展循证研究，建立教师"全德"素养动态数据库，为开展教师道德素养测评等研究提供数据支撑。鼓励各级教师培训机构在师德培训中整合社会公德、职业道德、家庭美德、个人品德内容，加强具身学习，通过角色扮演、实地参观、反思性写作、拜访老一辈教育家等综合实践活动，强化教师道德素养发展，以知促行，以行合知，达成"全德"知行合一。

三、关于完善教师国家荣誉表彰制度的思考与建议[1]

《中共中央 国务院关于全面深化新时代教师队伍建设改革的意见》提出，要"加大教师表彰力度"，"大力宣传教师中的'时代楷模'和'最美教师'"。在全国教育大会上，习近平总书记强调"全党全社会要弘扬尊师重教的社会风尚"[2]。20世纪70年代以来，我国教师荣誉制度对教师地位的提升发挥着积极的作用，彰显了国家和政府对教师工作的重视。为彰显教师在中华民族伟大复兴方面的基础性作用，体现党和国家对教师的高度尊重和关怀，展现中国教师的先进性、代表性和时代性，让广大教师在教书育人岗位上做出更大贡献，完善现有的教师国家荣誉表彰制度迫在眉睫。我们课题组以美国、英国、澳大利亚、新西兰、新加坡、日本六国的国家教师荣誉奖项为参考，获得以下经验与启示。

（一）设立国家教师荣誉的域外经验

1. 其他国家设立国家级教师荣誉情况

国外对于教育事业和教师工作也给予高度重视和尊重，一些国家设有国家级教师荣誉称号。英国设有"皮尔逊教学奖"，包括年度数字创新奖、特殊需要教学卓越奖、小学年度校长奖、中学年度校长奖、终身成就奖、年度杰出新教师奖等13类奖项；美国设有"国家年度教师奖"，分为中央和地方两个层次，每年4月底由美国总统在白宫宣布国家年度教师获得者名单并颁发证书；新西兰设有

---

[1] 王光明、徐德明、张建伟：《关于完善教师国家荣誉表彰制度的思考与建议》，《天津教育报》2019年6月10日，A3版。

[2] 中华人民共和国中央人民政府：习近平出席全国教育大会并发表重要讲话.（2018-09-10）[2023-06-12]. https://www.gov.cn/xinwen/2018-09/10/content_5320835.htm?tdsourcetag=s_pcqq_aiomsg.

"总理教育卓越奖",该奖项设有四个奖项类别,分别为卓越参与奖、卓越领导奖、卓越教学和学习奖、卓越健康和福祉教育奖,"总理教育卓越奖"从这四个奖项所有入围者中选出 1 位整体表现最优的佼佼者;新加坡设有"教师总统奖",颁给新加坡国家认可的在教育领域发挥关键作用、有利于成就民族未来的优秀教师,并由总统为获奖者颁发荣誉证书。

2. 评审标准注重体现教师的引领作用和社会贡献

在国外,教师荣誉奖项的评审标准与时俱进,反映着当代各国的国家意志和社会发展需求。国外评审标准主要聚焦在以下三点:一是将教师成就与学生成就紧密相关。英国、美国、新加坡等国家的教师奖都关注教师是否激励和吸引学生,是否帮助他们充分发挥学术潜能和社会潜力。二是强调示范引领作用。新加坡、新西兰等国家都要求获奖教师加强自身专业能力的影响,引领并促进其他教师的专业发展。美国还要求获奖教师到美国各州及世界各国访问,对各种教育单位、政府部门给出政策建议。三是关注教师在课堂之外所做的贡献。英国、美国、新西兰等国家都关注获奖教师在课堂以外对学校或社区做出的贡献。

3. 评审过程吸引全民参与且考查全面

国外教师荣誉奖项的评审过程能够吸引全民参与,便于让社会认知教师的社会贡献和国家贡献的意义,有助于形成尊师重教的社会文化。例如,英国、美国、澳大利亚、新加坡等国家的教师奖项评选大多由专门网站进行宣传,网站上显示评奖指南、奖项概况、评选条件和往届获奖者等资料,评审过程中均设置提名环节,吸引全民参与。在英国,任何人都可以通过"感谢教师"活动对任何教师进行推荐。评审小组还会查看学生、家长、同事和其他人的观点,并基于这些证据确定他们将访问的学校的候选人名单。在新加坡,个人既可以通过在新加坡教师学院网站上提交在线提名、扫描网站提供的二维码获得提名,还可以通过下载提名表格进行提名。

(二)完善教师国家荣誉表彰的若干建议

1. 设置国家级教师荣誉奖项,完善教师荣誉制度

建议设置国家级教师荣誉奖项,体现尊师重教传统,展现新时代中国教师的

价值追求。国家级教师荣誉称号可设为"中国人民教师奖",结合《中华人民共和国国家勋章和国家荣誉称号法》,按照纵向整体协调、横向基本均衡的原则,分级建立我国教师荣誉制度。在国家级人民教师奖之下,各省(自治区、直辖市)评选各地"人民教师",成为国家级人民教师候选人,形成金字塔形"人民教师奖"系列。建议开展国家级教师荣誉奖项评选,每两年在教师节前后评选,由国务院颁发国家荣誉称号奖章、证书和奖励。成立国家教师荣誉基金委员会,设立专门基金,定期对国家级、省部级教师奖项进行资助。

2. 更新评审标准,体现时代要求和中国特色

建议成立专门机构,负责国家级教师荣誉奖项评审标准制定。评审标准当以立德树人根本任务和"五育并举"的全国教育大会目标贯穿始终,体现出中国特色和新时代要求。对政治上存在问题、师德失范、学术不端的教师均实行"一票否决"。结合国家社会科学基金教育学相关课题研究成果,将评审标准设立为政治素养、道德素养、文化素养、教育精神,以及教育教学能力、沟通合作能力、学习反思能力、教研创新能力等八个维度,评审标准之下设计操作性强的测评指标。同时,借鉴国际经验,加强对教师育人能力的考查,注重挑战和激发学生的全部潜能,为学生全面而有个性的发展服务;引导优秀教师为学校建设或社区建设出谋划策、贡献力量;强调优秀教师发挥领航专业发展、示范辐射教育界的作用。

3. 增大评选过程参与度,扩大社会影响力

建议国家级教师荣誉评审委员会由高校的教育学专家代表、教育官方代表、教师教育协会代表、优秀教师代表、社会人士代表组成。每年分阶段进行省级人民教师、国家级人民教师的评选和表彰。国家级教师荣誉评选过程包括社会提名、地方遴选、资格审查、参选公示、材料评核、群众评议、专家评议、候选公示、质询仲裁等环节。建设相应信息化公益网站,一方面鼓励企业或社会爱心人士捐资助教,另一方面鼓励教师奖项申报者上传优秀案例、视频共享,吸引公众为优秀教师投票,监督基金使用。国家级奖项获得者的名字或形象可借助书籍、印章等多种途径进行传播,在全社会形成尊师重教的氛围。

四、关于提高天津教师影响力、讲好天津教育故事的建议

习近平总书记指出,"一个人遇到好老师是人生的幸运,一个学校拥有好

老师是学校的光荣,一个民族源源不断涌现出一批又一批好老师则是民族的希望"[①]。党的十九大报告明确指出,"培养高素质教师队伍,倡导全社会尊师重教"。《中共中央 国务院关于全面深化新时代教师队伍建设改革的意见》要求,"形成优秀人才争相从教、教师人人尽展其才、好教师不断涌现的良好局面"。

在我国近现代史上,天津教育引领了中国教育发展,先后涌现出严范孙先生、张伯苓先生等教育名家;北洋大学堂是我国第一所现代意义上的大学,开启了中国近代教育的航程;南开系列学校的故事至今仍在流传。但是,当前"当代教育名家""万人计划"的评选,折射出天津教师的全国影响力亟待进一步提升,天津当代教育故事有待广泛传播。

为此,建议以长期工作与短期交流相结合的引进机制,丰富人才引进项目,建立优质师资灵活弹性的引进和发展机制。完善配套支持措施,提高人才引进待遇,解决引进人才的周转住房及子女教育问题。优化教师专业发展环境,吸引并留住一流人才,使其积极投身教育、乐于教育,不断提升教育教学及教育研究水平,为天津市源源不断涌现一批又一批"四有"好老师、实现教育强市、服务天津市五个现代化建设提供智力支持。

五、加强县中教师队伍建设的建议

县城中学容纳了全国近一半的中学生,为国家教育的持续发展提供了有力支持。但"教师核心素养和能力建设"的课题调研表明,县中衰落愈演愈烈,甚至出现了"县中塌陷"现象,成为教育区域均衡的一大"痛点",其中典型表现是优质教师留不住,新任教师招不来,县中师资教师核心素养和能力整体水平下滑。

(一)县中教师存在的问题

在城市化推进进程中,区域中心城市、经济发达城市对县城具有虹吸效应,导致县中一部分教学成绩卓著的骨干教师、学科带头人被挖走;民办中学、教育机构出高薪聘请优质教师,导致一批优质教师辞职。与此同时,随着就业环境的

---

① 习近平:《做党和人民满意的好老师——同北京师范大学师生代表座谈时的讲话(2014年9月9日)》,《人民日报》2014年9月10日,第2版。

改变，最优秀的师范生毕业后基本都选择留在大城市，而公费师范生优先被分配到农村义务教育学校任教服务。对于县中来说，优质教师留不住，新任教师招不来，致使整体师资水平下滑。

（二）加强县中教师队伍建设的建议

建议加强本土师资培养，组建"师范院校-县中"教师发展共同体，提高教师待遇，整体提升县域教师教育教学水平。具体来说可从以下几方面着手。

一是保送县中优秀学生攻读公费师范生，加强本土师资培养。设置师范院校专项招生计划，免试推荐县中优秀学生为公费师范生，并要求其毕业后回原籍县中就业，培养一支"回得来、留得住、用得着"的本土化县中师资队伍。

二是组建"师范院校-县中"教师发展共同体，促进现有教师专业发展。首先，设立针对县中的省部级教育科学专项规划课题，主持课题的师范院校学科教学论专业教师带领研究团队深入县中，实地研究县中存在的教育教学问题，并将县中教育教学质量提升实效作为课题结题依据，切实促进县中提升教育水平。其次，开展针对县中教师专业发展的"体检"，基于监测结果，开展教师专业发展水平的精准提升行动，并将其纳入"国培计划"。

三是适当提高教师待遇，尤其对于经济落后和地理位置偏远的中西部县域教师，可视其为"乡村教师"，给予其相应的经济和专业发展待遇。开展"寻找最美县域教师"的公益行动，提高县域教师的社会地位，确保现有教师安心从教、乐于从教。有条件的地区可以高配县中校长行政级别，点燃校长治校热情，激发县中办学活力。

六、关于加强高等师范院校"学科教育"师资队伍建设的建议[①]

教育学与其他学科融合的教育可以简称"学科教育"。"学科教育"的内涵远比学科课程与教学论、学科教学丰富，还包括 STEM 教育、环境教育、综合实践活动等综合性、跨学科的教育。

"学科教育"师资队伍是培养教师的教师，是教师教育的主力军。在加快推

---

① 王光明、吴立宝、张永健等：《关于加强高等师范院校"学科教育"师资队伍建设的建议》.（2019-04-19）[2022-12-27]. http://www.cssn.cn/jyx/jyx_jyqg/202209/t20220913_5492697.shtml.

进建设教育强国的今天,加强"学科教育"师资队伍建设,是从"根"上解决"教师的教师"师资短缺等问题的高效之举和重要途径。当前许多发达国家和地区越发重视教师教育人才培养,尤其是和基础教育相关的"学科教育"的师资培育。

为加快"学科教育"教师队伍建设,国家出台了《教师教育振兴行动计划(2018—2022年)》《教育部关于实施卓越教师培养计划2.0的意见》等文件,提出在岗位聘用、绩效工资分配等方面,对学科课程与教学论教师实行倾斜政策。一些地方,如江苏省、福建省、河北省等相继出台区域教师教育振兴行动计划,给予学科课程与教学论教师政策关怀。这些政策的出台为"学科教育"教师队伍发展提供了一定的政策和制度保障。一些师范院校,如南京师范大学、华东师范大学、华南师范大学、天津师范大学等整合学校内部资源,在"学科教育"教师队伍建设上取得了一定成效。相比于国际发展,我国对这支队伍的建设略显滞后,存在的一些突出问题影响到振兴教师教育战略的实施,亟待解决。

(一)我国"学科教育"教师队伍建设存在三大问题

1."学科教育"教师的归属复杂,半数以上教师感觉迷茫和自卑

对全国125所师范院校242名"学科教育"教师的调研发现,"学科教育"教师学院归属不清,其中有72.7%的教师归属于学科学院,如数学学院、物理学院等;17.8%的教师归属于教育科学学院(或教育学院);仅有9.5%的教师归属于教师教育学院。调研的教师群体中,有82.2%的教师感觉迷茫和自卑;73.6%的教师表示自己像是需要被照顾的"残疾人";在归属于学科学院或教育学院的教师中,高达91.8%的教师认为自己被边缘化,成了学院的"配角",影响了他们对教育教学工作的积极性。

2."学科教育"师资队伍数量上存在明显缺口

从"学科教育"的传统学科来看,以数学教育为例,在被调研的125所师范院校中,有46所院校的学科教育教师不足4人,10所院校仅有1~2名学科教育教师;在教师的职称结构上,有34所院校没有数学教育的教授,28所院校仅有1名数学教育教授;在教师的学历结构上,有33所院校没有博士学位数学教育教师,46所院校仅有1~2名博士学位数学教育教师;在学校对教师的需求上,2018年,全国有81所师范院校急聘2名以上拥有博士学位的数学教育教

师，但全国数学课程与教学论专业每年的博士毕业生不足 30 人，供需相比之下，仅 2018 年的缺口就至少需要 6 年才能补足。以上是数学教育的情况，其他学科教育面临师资缺口的情况更加严重，例如，2018 年，6 所部属师范大学中仅有 3 所招收生物教育学术型博士，正常情况下每年可毕业 3 人。

从"学科教育"的新兴学科来看，以 STEM 教育为例，奥巴马颁布了《总统 2012 预算要求和中小学教育改革蓝图法案》，其中规划 2020 年以前培养 10 万名 STEM 教师。美国联邦 STEM 教育进展报告显示，美国在 STEM 教育领域的投资逐年增加，2016 年已突破 30 亿美元，同时关注 STEM 教师的培养。近年来我国开始重视 STEM 教育，如江苏省、深圳市、成都市等都发布专门文件，大力推进 STEM 课程，但目前高等师范院校中没有相应专业和学科，造成 STEM 教育师资紧缺，影响了 STEM 课程、综合实践课程的建设和实施。

在当今芯片、人工智能、医药健康、通用航空等高精尖技术和产业均需跨学科人才的背景下，加速跨学科人才的培养刻不容缓。我国基础教育虽已经开设综合实践活动、体育与健康、道德与生活等跨学科课程，然而师资严重缺乏。目前高等师范院校普遍未建设上述跨学科师范专业，更奢谈跨学科的"学科教育"师资培养，致使一些跨学科课程因无教师胜任而沦为虚设或成为简单的学科课程叠加。

3. 平台不足，制约"学科教育"教师的专业成长

专业期刊是教师队伍成长的重要平台之一。国际 SSCI（Social Sciences Citation Index，社会科学引文索引）索引中，学科教育专业期刊为 60 种，占教育学期刊的 25.1%。而在我国 CSSCI（Chinese Social Sciences Citation Index，中文社会科学引文索引）索引中，"学科教育"专业性期刊仅有 2 种，只占教育学期刊的 3.7%，造成"学科教育"教师队伍在国内发表高质量期刊论文存在先天不足。科研立项是教师队伍成长的另一重要平台。我国"学科教育"在课题立项上也存在边缘化现象。以数学教育为例，在全国教育科学规划近 10 年（2008—2017 年）的立项课题中，数学教育项目仅 31 项，占全部立项的 0.71%。而美国国家级资助机构联邦教育科学研究院 10 年来资助的数学教育项目高达 96 项，约占全部立项的 6.67%。与美国相比，我国存在较大差距。

（二）造成学科教育教师发展困境的原因分析

1. 我国"学科教育"的学科地位过低，造成教师发展迷茫

我国"学科教育"归属于教育学二级学科"课程与教学论"之下，各个分科只是具体的研究方向，等同于"三级"学科的地位。而在发达国家和地区，如英国、美国、澳大利亚、芬兰和日本等，不存在严格意义上的二级学科划分，教育学与任何学科结合均是学科方向，如数学教育、物理教育、科学教育、环境教育、STEM 教育等，可近似等同于我国的"二级"学科地位。在我国香港，"学科教育"级别更高，如数学教育，授予的博士学位既不是教育学博士，也不是理学博士，而是哲学博士，跨越了学科门类。

我国高校学位点的申报一般是依托二级学科来进行，"学科教育"尚未成为二级学科，无论是学科发展还是人才培养均受掣肘。诸如跨学科的 STEM 教育、环境教育等至今还没有被纳入学科分类，我国高校尚未具有培养 STEM 教育和环境教育等方面博士生的资质。"学科教育"学科地位过低，影响教师的专业自信，造成"学科教育"教师归属难题和发展迷茫。

2. "学科教育"人才培育力度不够，影响供需平衡

"学科教育"师资缺乏，一方面由于我国"学科教育"博士生培养力度不足，造成"学科教育"师资储备匮乏；另一方面由于"学科教育"不受重视，对优秀人才的吸引力度不够，难以从其他领域获得师资补充。以数学为例，美国共有 72 所高校招收数学教育博士研究生，其中 16 所是美国排名前 100 的学校。仅 2017 年在读学科数学全日制博士生达 554 人，非全日制博士生达 456 人。而我国仅有 16 所院校培养数学教育博士，2018 年全国仅数学教育博士生的需求就达 160 余人，国内"学科教育"博士培养规模远不能满足师范院校的"学科教育"教师队伍建设需求。

3. "学科教育"政策配套不足，造成专业发展平台缺乏

国家制定的现行政策强调对"学科教育"教师在岗位聘用、绩效工资分配等方面予以政策倾斜，然而高校教师的考核评价、工资待遇与教师的科研成果息息相关。可惜的是，我国当前政策却并未触及这一核心问题，"学科教育"教师依然面临论文成果没有 CSSCI 发表平台以及课题立项难的窘境。第四轮教育学学科评估论文收录情况，国内只统计 2012 年 1 月 1 日至 2015 年 12 月 31 日期间

CSSCI 和 CSCD（Chinese Science Citation Database，中国科学引文数据库）收录的论文，教育部人文社会科学一般项目结题以及全国教育科学规划课题结项，也只认定 CSSCI 来源期刊发表论文的成果。高等师范院校在追求教育学科排名的过程中，"学科教育"教师也因 CSSCI 发表和科研立项等客观条件的先天不足，在考核评价上"低人一等"、倍感委屈。这便造成了国家虽多次强调给予"学科教育"教师政策关照，但相关院校执行不当，落实不力，造成教师无法切实感受到国家政策的春风暖意。

（三）加强学科教育教师队伍建设的三点建议

国家应尽快出台"学科教育"教师队伍建设专项指导意见，统筹规划这支队伍建设，不断提高师范院校对此项任务的重视程度，为建设教育强国培育更多大国良师。

1. 学科建设：加快建设"学科教育"二级学科，引导相关院校整合教师教育资源，强化教师教育

建议国务院学位委员会教育学学科评议组强化自主设置二级学科，引导和鼓励相关高校根据自身条件，建设教育学与其他学科相融合的二级学科。由教育部统筹，教师工作司和学位管理与研究生教育司负责，鼓励拥有各个教育学一级学科的院校，自主开设科学教育、数学教育、STEM 教育、环境教育等二级学科。鼓励相关学院加强合作，整合教师教育资源，开展"学科教育"的学术研究和人才培养，及时表彰做出积极探索的单位，在每年一度的全国师范大学联席会议中予以宣传和表彰。

2. 人才引育：系统实施"学科教育"人才培育计划，开展校际联盟，打造高质量团队

设置"学科教育"博士专项计划、"学科教育"博士后专项计划，给予专项指标。由教育部牵头，教师工作司和学位管理与研究生教育司具体负责，引导师范大学和综合性大学重视高端"学科教育"人才培养。

设立"学科教育"培养专项计划。由教育部统筹，财政部、中央编办、国家留学基金委协同负责，打造"学科教育"教师学历提升计划、国内培养计划、海外留学计划，加大"学科教育"高端人才的引进，大力培育优秀"学科教育"科

研和教学团队。

统筹实施师范院校联盟制度。以部属师范院校、省属师范大学为核心，建立区域师范院校联盟，如京津冀师范院校联盟、西部师范院校联盟、长三角师范联盟、珠三角师范联盟等。鼓励联盟院校互派教师挂职交流学习，不断提升"学科教育"教师团队的整体实力。

3. 科研平台：增设"学科教育"类别，落实政策关怀

增设"学科教育"类别期刊。由教育部社科司统筹，责成CSSCI、中国人文社会科学期刊AMI综合评价等期刊评价单位，参照SSCI或北京大学图书馆核心期刊的遴选办法，增设"学科教育"类别。或者由教育部委托"学科教育"专家组成"第三方"，研制"学科教育"类期刊以及将"学科教育"作为重要栏目的教育学类期刊的评价标准，将评估结果作为师范院校的教师教育水平评估和师范专业认证、教育硕士和博士水平评估等的重要指标，以此导向相关院校真正重视"学科教育"。或者在下一轮学科评估以及教育部科研成果认定中淡化"论文"出身，强化同行评议。同时，由教育部联合中宣部设立专项计划，加大对"学科教育"，尤其是跨学科"学科教育"类期刊的支持，鼓励该类期刊的创办和国际化发展，提升优质期刊的国际影响力。

增设教育学与其他学科融合的"学科教育"类课题。在全国教育科学规划课题、教育部人文社会科学一般项目以及重大项目中设立"学科教育"专项课题，研究当前"学科教育"领域的热点和趋势，引领未来基础教育和教师教育发展的方向。

最后要说明的是，本书通过对教师核心素养和能力的测评，精准发现了现有教师核心素养和能力的优势与短板。一些测评结果印证了经验常识，如调研和测评中发现体育课和劳动课教师、安全教育教师、在线教育教师、适合强基计划人才培养的教师以及高校教师教育教师在专业发展方面存在欠缺，我们也开展了相关的智库成果研究。此外，测评也发现了一些现象和常识不符，如高荣誉、高职称的中小学教师的思想政治素养和道德素养等核心素养水平并不高，为此，需要进一步改革中小学教师职称评审标准，导向中小学教师全方位发展教师核心素养和能力。

无论是印证经验常识的问题，还是教师核心素养和能力测评中的新发现，课题组均据此向党和国家有关部门以及天津市有关部门提交了教师队伍建设的相关

咨政建议，研究成果成为教师队伍建设的循证依据。其中基于调研发现的教师师德师风建设不健全的现象，提出相应建议，得到教育部采纳；同时接受天津市教育委员会委托研发《中小学师德师风考核指标体系》，将"全德"建设等理念纳入其中。针对教师教育职前培养，将教师核心素养和能力的框架体系纳入《中共天津市委天津市人民政府关于全面深化新时代教师队伍建设改革的实施意见》《教育硕士专业学位授权点专项评估指标体系（修订）》《教育硕士专业学位研究生在线示范课程建设》的策划、工作方案撰写、评选方法研制等咨政工作中。

第八章
教师核心素养和能力建设的学校组织文化探索

习近平总书记在考察北京市八一学校时强调,"我们的教育改革要坚持文化自信,好的经验要坚持,不足的要补齐"[①]。学校作为不断发展的有机生命体,学校组织文化就是其生存与发展的灵魂。教师核心素养和能力的发展,除了教师自身的内在追求外,其所工作、生活的学校组织文化环境也是不可或缺的关键因素,表现为以浸润的方式在潜移默化中影响着教师的专业成长。教育部发布的《义务教育学校管理标准》也指出,"营造健康向上的学校文化","为师生创造安定有序、和谐融洽、充满活力的工作、学习和生活环境"。促进教师核心素养和能力发展的学校组织文化建设,不仅为每一位教师的发展,而且从整体上为教师群体的发展营造出良好的组织文化氛围。建设学校组织文化的前提在于明确形成这一组织文化的影响机制、重点任务,如此才能突出重点,予以精准建设。

---

① 中华人民共和国中央人民政府:习近平在北京市八一学校考察时强调 全面贯彻落实党的教育方针 努力把我国基础教育越办越好.(2016-09-09)[2023-03-30]. http://www.gov.cn/xinwen/2016-09/09/content_5107047.htm.

第一节　教师核心素养和能力建设的学校组织文化循证

学校组织文化作为立德树人不可或缺的重要因素，潜移默化地影响着教师核心素养和能力的发展。学校组织文化建设是一项复杂的系统工程，教师作为学校组织文化复杂系统的适应性主体，需要通过自身的调整，不断适应学校的组织文化建设。而为了促进教师核心素养和能力的发展，学校组织文化在建设过程中也需要关注教师的适应行为，以实现与教师的共同发展。

一、学校组织文化建设的理论探索

学校组织文化为教师核心素养和能力发展提供了不可或缺的场域。学校组织文化是一个系统，其建设过程体现了复杂的系统适应过程。

学校组织文化建设过程体现出典型的复杂适应系统特征。其一，学校组织文化建设是一个动态的发展过程，受时代发展、学校历史传统、学校发展理念、学校领导视野、师资力量的变化等因素的影响，学校组织文化呈现出典型的历时态面貌。不同时空背景、不同发展阶段的学校组织文化始终会呈现出动态演进与适应的特质。其二，学校组织文化建设的主体包括学校领导、教师、学生三大类，这三大类主体自身又由众多的具有不同背景的小众群体构成，如此就造成群体系统错综复杂，而且学校组织文化建设中的主体之间相互影响、相互作用、相互适应，导致学校组织文化建设更为复杂，更需不断适应。

教师是学校组织文化建设的重要适应性主体，处在学校组织文化建设中的教师具有积极的"活性"，能够主动地与学校环境和其他学校主体进行交互作用，进而调整自身状态以适应外部的变化，或者与其他主体不断合作以达成对外部世界的适应。学校组织文化建设的过程与教师的专业发展交织在一起，建设的过程伴随着教师的专业发展，而教师专业发展的关键表现是教师核心素养和能力的不断进阶升级。基于任何人口学变量的视角，教师、学生等都可以构成某类型群体,学校的群体类型是复杂多样的。学校教育中的主体间性是指主体与主体之间相互尊重,在法律、各项学校规章制度与道德规范下的相互理解的关系特征[①]。在学校组织文化建设中,教师与学生、同事、学校领导、家长等之间具有多样化的主体间性关系。融入主体间性的教师群体类型,又进一步增加了复杂多样性,导致在适应学校组织文化建设的过程中,主体之间处于相互适应的动态主体间性,不同主体之间会通过调试和发展自身状态以适应群体的特质及其变化,这种主体间性的适应具有相应的多模态特征。营造出让不同主体间性的教师群体适应和认同的学校组织文化,是学校组织文化建设的重点和难点。在学校组织文化建设进程中,打造与党的教育方针高度适配的生态校园,营造海晏河清的校园风尚,切实让党员教师的模范带头作用有显示度,端正每一位党员的思想作风、学习作风、工作作风和生活作风,以清正廉明的党风示范引领忠者中也、至公无私的校风、教风、学风、班风,凝心聚力,有助于感化各教师群体对学校组织文化的适应和认同,并引导个体教师不断正视自身的优势与不足,努力发扬优势、改进不足,这也是破解学校组织文化建设难点的关键所在。

  学校组织文化建设与教师专业发展在共同演进过程中会出现关键事件、关键群体等杠杆支点,如果能发现这些杠杆支点,将为解决复杂适应系统问题提供有效办法[②]。在关键事件、关键群体等作用下会呈现出涌现现象,激发教师更深刻理解学校的办学理念、学校精神、使命责任,感悟学校追求的价值观,并促进教师在教育教学活动中内化、融合、传承学校的价值追求,进而实现学校组织文化不断发展革新,在有针对性的组织文化建设中,涵养教师的思想政治素养、教育理想精神等核心素养。与此同时,在这个共同演进过程中,教师群体在学校组织文化熏陶下成长为不断发展的"他组织",并在这种有组织的引导下组合成不同的群体结构。人口学(群体特征)因素是学校体现各主体间差异的背景因素,因此在学校组织文化建设中,为促进教师核心素养和能力发展进程,应充分考虑人口学(群体特征)背景因素在学校组织文化建设以及发展教师核心素养和能力中所起的作用。

[①] 王延文、王光明:《关于教育中"主体间性"的一些认识》,《天津大学学报(社会科学版)》2004 年第 3 期,第 211—215 页。
[②] 〔美〕约翰·H. 霍兰:《隐秩序——适应性造就复杂性》,周晓牧,韩晖译,上海科技教育出版社 2011 年版,第 37 页。

二、促进教师核心素养和能力发展的学校组织文化建设实践样态

基于前文分析，本书尝试采用实证研究的方法探索促进教师核心素养和能力发展的学校组织文化建设样态，主要考虑以下几个问题：一是学校组织文化认同、组织认同与教师核心素养和能力之间是什么关系？二是组织认同在教师核心素养和能力与学校组织文化之间起何作用，如何发生作用？三是基于人口学（群体特征）因素分析的教师核心素养和能力、学校组织文化认同、组织认同的现状如何？

（一）研究样本

本研究考虑到地域分布、文化差异以及教师水平，按照华北、东北、华东、中南、西南、西北六大行政区划，分别在天津、重庆、吉林、江苏、广东、陕西等6个省份进行取样。采用问卷星发放网络问卷，每个省份各发放120份，共发放720份。根据课题组前期对问卷的试测，答题时间少于350秒的样本思考深度不足，所有题目答案一致的可被视为未认真作答，以上均被认定为无效试卷，予以剔除，不计入统计分析。最终收回有效问卷657份，问卷有效率为91.25%。

（二）研究工具

编制教师核心素养和能力简约版问卷，包含思想政治素养、道德素养、人文与科学技术素养、教育理想精神、教育教学能力、研究创新能力、沟通合作能力、学习发展能力等8个维度，采用利克特五点量表，由"完全不符合"至"完全符合"依次赋1—5分，得分越高，表明教师核心素养和能力发展越好。该问卷总体Cronbach's α 系数为0.953，说明问卷题目一致性程度较好。

学校组织文化认同问卷改编自费（C. F. Fey）和丹尼森（Daniel Denison）的组织文化量表[1]。首先由两名英语教育方向的研究生分别翻译问卷，然后对翻译中不一致的地方加以研讨确定，由英语教育方向教授把关修订后的问卷，根据中小学教师的用语习惯，进一步加以调整，使之尽量符合学校教育实践的语言特

---

[1] Fey C F, Denison D R. Organizational culture and effectiveness: Can American theory be applied in Russia? Organization Science, 2003 (6): 686-706.

征。该量表将组织文化的使命、一致性、参与性和适应性等基本特质作为一级维度。每个特质又包含 3 个二级维度，每个二级维度用 3 个题目测量，共计 36 道题目，采用利克特五点量表，由"完全不符合"至"完全符合"依次赋 1—5 分，得分越高，表明教师对学校组织文化的认同越深刻。该问卷总体 Cronbach's α 系数为 0.975，具有较好的内部一致性信度。

组织认同问卷采用李永鑫修订的梅尔（Mael）与艾佛斯（Ashforth）的组织认同问卷[①]，包含一个维度，共 6 个题目，采用利克特五点量表，由"完全不符合"至"完全符合"依次赋 1—5 分，得分越高，表明教师对学校组织文化的认同度越高。该问卷的 Cronbach's α 系数为 0.898。

（三）数据处理

本研究采用 SPSS 22.0 对问卷数据进行统计，获得描述性统计分析、相关分析、回归分析的结果，探讨学校组织文化、组织认同对教师核心素养和能力发展的影响效应；采用 AMOS 22.0 建立学校组织文化、组织认同、教师核心素养和能力之间的结构方程模型，用以探索学校组织文化影响教师核心素养和能力发展的作用机制，并选用偏差校正百分位 Bootstrap 法，以验证组织认同的中介作用。

（四）结果与分析

1. 教师核心素养和能力、教师关于学校组织文化认同、组织认同之间两两呈正相关

如表 8-1 所示，教师关于学校组织文化认同、组织认同与教师核心素养和能力均存在显著相关。其中，学校组织文化认同与教师核心素养和能力的相关系数为 0.495，二者呈中度正相关；组织认同与教师核心素养和能力的相关系数为 0.496，二者呈中度正相关；学校组织文化认同的四个特质（参与性、一致性、适应性、使命）与教师核心素养和能力均存在显著正相关，相关系数在 0.855～0.903，其中适应性与教师核心素养和能力的相关程度更高。

[①] 李永鑫、张娜、申继亮：《Mael 组织认同问卷的修订及其与教师情感承诺的关系》，《教育学报》2007 年第 6 期，第 29-33 页。

表 8-1　教师核心素养和能力、学校组织文化认同、组织认同之间的相关矩阵

项目	教师核心素养和能力	学校组织文化认同	参与性	一致性	适应性	使命	组织认同
学校组织文化认同	0.495**	1					
参与性	0.884**	0.396**	1				
一致性	0.855**	0.503**	0.776**	1			
适应性	0.903**	0.459**	0.756**	0.715**	1		
使命	0.884**	0.420**	0.746**	0.697**	0.786**	1	
组织认同	0.496**	0.564**	0.435**	0.513**	0.407**	0.443**	1

2. 学校组织文化认同和组织认同均可预测教师核心素养和能力，且学校组织文化认同预测效果显著

由表 8-1 可知，各个检验变量之间的相关关系符合回归分析条件，将上述变量与背景变量、自变量和中介变量结合，对教师核心素养和能力进行层次回归分析，结果如表 8-2 所示。

表 8-2　教师核心素养和能力的层次回归分析统计结果

变量		模型1	模型2	模型3
背景变量	性别	0.129**	−0.018*	−0.017
	教龄	0.147*	0.030*	0.031*
	任教学科	0.084*	0.009	0.010
	职称	−0.052	0.015	0.015
	学历	0.014	0.006	0.006
	任教阶段	−0.203***	0.004	0.006
	学校类型	−0.022	0.006	0.007
	学校所属地域	−0.082*	−0.013	−0.012
自变量	参与性	—	0.246***	0.245***
	一致性	—	0.241***	0.234***
	适应性	—	0.333***	0.334***
	使命	—	0.269***	0.265***
中介变量	组织认同	—	—	0.018*
回归模型结果	R^2	0.070	0.962	0.962
	调整后的 R^2	0.059	0.962	0.962
	ΔR^2	0.070	0.892	0.000
	ΔF	6.116***	3813.449***	3.886*

注：表中模型1、模型2和模型3对应的数据均为标准化回归系数 β

模型1将性别、教龄、任教学科、职称、学历、任教阶段、学校类型和学校所属地域这8个背景变量作为控制变量放入回归模型，虽然它们能解释的教师核心素养和能力的变异量仅为7%（$R^2=0.070$），但此解释力已经达到显著水平（$\Delta F=6.116$，$p<0.001$），说明背景变量对教师核心素养和能力的预测作用显著，其中性别、任教学科和教龄对教师核心素养和能力具有正向影响，任教阶段和学校所属地域对教师核心素养和能力具有负向影响。

模型2是在模型1的基础上加入参与性、一致性、适应性、使命这4个学校组织文化的自变量，此时背景变量和学校组织文化认同变量共同解释教师核心素养和能力的变异量为96.2%（调整后的$R^2=0.962$）。排除背景变量的影响，学校组织文化认同对教师核心素养和能力的解释力为89.2%（$\Delta R^2=0.892$），此解释力达到显著水平（$\Delta F=3813.449$，$p<0.001$）。学校组织文化认同的4个自变量对教师核心素养和能力的预测作用显著，且均产生正向的影响。

模型3是在模型2的基础上，将组织认同作为中介变量放入回归模型，此时所有变量中有6个变量的回归系数达到显著水平，分别是教龄、参与性、一致性、适应性、使命、组织认同，且标准化回归系数均为正数，说明它们对教师核心素养和能力具有正向影响。虽然加入中介变量后的解释力较小，但组织认同的标准化回归系数仍具有显著性，说明组织认同作为中介变量，可以对教师核心素养和能力起到预测效果。

3. 组织认同在教师核心素养和能力与学校组织文化认同之间的中介作用

由表8-1可知，组织认同、学校组织文化认同与教师核心素养和能力之间两两相关，符合中介效应的统计学条件[1]。由层次回归分析结果可知，将参与性、一致性、适应性、使命作为学校组织文化认同对教师核心素养和能力发展的内部预测变量，将组织认同作为中介变量，运用Amos 22.0建立三者之间的结构方程模型（图8-1），探析学校组织文化认同影响教师核心素养和能力发展的作用机制，同时检验组织认同的中介效应。结果显示，该模型较为理想，各项拟合指数为$\chi^2/df=3.385$，RMSEA=0.06，NFI=0.959，CFI=0.971，IFI=0.971。

---

[1] 温忠麟、侯杰泰、张雷：《调节效应与中介效应的比较和应用》，《心理学报》2005年第2期，第268-274页。

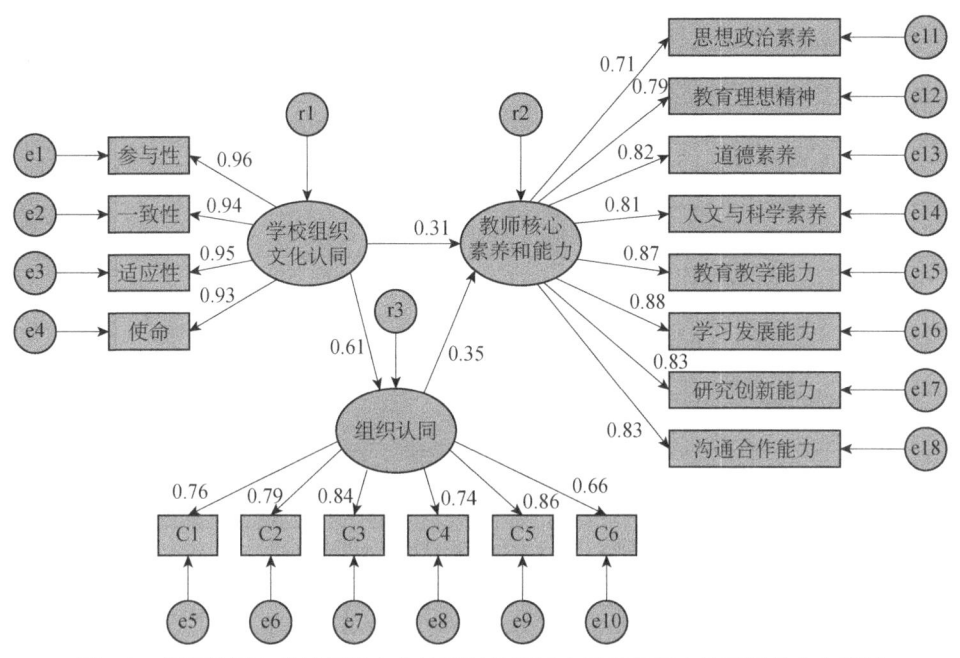

图 8-1　组织认同在学校组织文化认同与教师核心素养和能力关系间的中介模型

进一步运用 Bootstrap 法对组织认同的中介作用进行检验，采用重复抽样样本数为 2000 的偏差校正百分位数方法计算置信区间，得到学校组织文化认同对教师核心素养和能力发展的直接效应为 0.311，置信区间（置信度为 95%）为 [0.205，0.403]，不包括 0，表明直接效应显著；引入中介变量后，学校组织文化认同对组织认同的直接效应为 0.608，组织认同对教师核心素养和能力的直接效应为 0.35，组织认同在学校组织文化认同与教师核心素养和能力之间的间接效应为 0.212，置信区间（置信度为 95%）为 [0.116，0.315]，不包括 0，表明统计意义显著。因此，组织认同在教师核心素养和能力、学校组织文化认同之间起部分中介作用。

4. 基于人口学（群体特征）因素分析的教师核心素养和能力、学校组织文化认同、组织认同的现状

以教师核心素养和能力、学校组织文化认同、组织认同为检验变量，分别以性别、教龄、任教学科、职称、学历、任教阶段、学校类型和学校所属地域为控制变量，采用独立样本 t 检验、单因素方差分析、多重比较等统计方法，了解不同组别教师对检验变量是否具有显著差异。

(1)性别、学校所属地域在检验变量上的差异性分析

表8-3显示,男女教师在核心素养和能力、学校组织文化认同方面存在显著差异($p<0.05$),而在组织认同上不存在显著差异。学校所属地域在教师核心素养和能力、学校组织文化认同、组织认同三方面均不存在显著差异。

表8-3 性别、学校所属地域差异比较

检验变量	控制变量	类别	n	M	SD	t	p
教师核心素养和能力	性别	男	274	113.993	13.619	-2.709^*	0.007
		女	383	116.478	9.899		
	学校所属地域	城镇	486	115.818	11.932	1.401	0.162
		农村	171	114.368	10.775		
学校组织文化认同	性别	男	274	142.179	24.435	-3.822^*	0.000
		女	383	149.269	22.715		
	学校所属地域	城镇	486	146.650	23.832	0.617	0.538
		农村	171	145.351	23.321		
组织认同	性别	男	274	26.733	3.788	-1.862	0.063
		女	383	27.250	3.298		
	学校所属地域	城镇	486	27.134	3.452	1.214	0.225
		农村	171	26.754	3.692		

(2)教龄、任教学科、职称、学历、任教阶段、学校类型在检验变量上的差异性分析

由表8-4可知,不同教龄的教师在核心素养和能力、学校组织文化认同方面均存在显著差异($p<0.05$),而在组织认同方面不存在显著差异。采用最小显著差异法(least significant difference,LSD)对教师核心素养和能力、学校组织文化认同进行事后比较,结果发现:教龄在20年以上的教师核心素养和能力显著高于教龄在1~3年的教师;教龄在1~3年和4~10年的教师对学校组织文化认同度显著高于教龄在11~20年的教师。

就任教学科而言,不同学科的教师在核心素养和能力、学校组织文化认同方面存在显著差异($p<0.05$),而在组织认同方面不存在显著差异。事后比较发现:在教师核心素养和能力方面,语文教师群体得分显著高于数学教师群体,其他学科教师群体得分显著高于数学、英语教师群体;在学校组织文化认同方面,语文教师群体得分显著高于数学、英语、理科类、文科类教师群体,其他学科教师群体得分显著高于英语、理科类、文科类教师群体。

就职称而言,不同职称的教师在核心素养和能力、组织认同方面均不存在显

著差异，而在学校组织文化认同方面存在显著差异（$p<0.05$）。事后比较发现：二级职称的教师群体得分显著高于高级教师和一级教师群体，三级职称的教师群体得分显著高于正高级、高级和一级教师群体。

表 8-4 教龄等变量差异比较

检验变量	控制变量	教师核心素养和能力	F	学校组织文化认同	F	组织认同	F
教龄	1~3年	112.56（10.563）	2.725*	150.65（23.742）	4.819*	27.06（4.175）	0.322
	4~10年	114.49（11.047）		152.79（23.085）		27.17（3.014）	
	11~20年	114.48（11.653）		141.87（23.915）		27.22（3.179）	
	20年以上	116.55（11.864）		146.06（23.349）		26.92（3.684）	
任教学科	语文	116.969（10.855）	2.914*	150.636（21.587）	3.576*	27.451（3.428）	1.921
	数学	113.898（11.892）		145.418（24.582）		26.873（3.516）	
	英语	114.300（9.505）		141.380（24.214）		27.560（2.793）	
	理科类	116.377（15.763）		141.811（24.823）		26.981（3.405）	
	文科类	114.214（11.655）		138.476（26.010）		25.762（4.762）	
	其他	118.587（9.352）		151.107（19.857）		27.133（3.293）	
职称	正高级	119.593（9.082）	1.743	142.815（23.750）	4.224*	27.000（3.385）	0.383
	高级	114.850（13.841）		143.863（22.230）		26.929（3.819）	
	一级	116.138（9.939）		144.891（24.897）		27.000（3.325）	
	二级	114.886（10.628）		151.720（22.207）		27.356（2.893）	
	三级	112.360（12.530）		157.720（25.729）		26.720（5.405）	
任教阶段	小学	117.139（9.695）	8.701***	154.917（18.869）	37.691***	27.688（2.989）	9.051***
	初中	116.036（9.857）		140.193（25.289）		26.557（3.323）	
	高中	112.943（14.246）		139.231（24.691）		26.507（4.081）	
学校类型	公立学校（优质）	115.037（13.392）	0.252	145.152（23.932）	2.200	27.263（3.547）	1.754
	公立学校（普通）	115.578（9.921）		146.169（23.478）		26.841（3.420）	
	民办校	116.205（16.263）		153.318（23.733）		27.659（4.126）	
学历	专科	119.24（9.348）	3.194*	153.26（20.499）	3.575*	27.07（3.221）	0.068
	本科	115.16（11.983）		146.23（23.686）		27.05（3.506）	
	研究生	114.74（10.463）		142.20（24.899）		26.90（3.807）	

注：括号外数据为平均数，括号内数据为标准差；理科类指物理、化学、生物；文科类指历史、地理、政治，其他指音乐、体育、美术、信息技术和劳动教育

就任教阶段而言，不同任教阶段的教师在核心素养和能力、学校组织文化认同、组织认同方面均存在显著差异（$p<0.001$）。事后比较发现：在教师核心素养

和能力方面，小学教师和初中教师群体得分显著高于高中教师群体；在学校组织文化认同和组织认同方面，小学教师群体得分显著高于初中和高中教师群体。

就学校类型而言，不同类型学校在教师核心素养和能力、学校组织文化认同、组织认同方面的整体检验 F 值均未达到显著性水平，说明三类学校的教师在这3个变量上均不存在差异。

就学历而言，不同学历教师在核心素养和能力、学校文化方面存在显著差异（$p<0.05$），但在组织认同方面的整体检验未达到统计学显著性。事后比较发现：在教师核心素养和能力、学校文化两个方面，专科学历教师群体得分均显著高于本科和研究生学历教师群体。

（五）讨论与结论

1. 讨论

学校组织文化是落实国家立德树人根本任务的重要组成部分，能够为师生发展创造良好的文化生态环境。教师对学校组织文化的认同程度以及对组织认同的程度会影响教师核心素养和能力的发展。

不同教师群体对学校组织文化的感知理解是存在差异的，整体而言，语文教师在言语理解上相比其他学科教师具有一定的优势，在文化感悟方面更敏感，也相对深刻，这为语文教师深刻感悟学校组织文化的内涵提供了可能的优势，因此语文教师相比其他学科教师在学校组织文化感悟方面表现更为突出。同时，在学校组织文化建设过程中，精神文化、制度文化的文本制定更多需要语文教师的专业特长和智慧，这使得语文教师相比其他学科教师更多介入学校组织文化建设，在这个过程中语文教师更容易增进对学校组织文化的理解，从而更容易激发对于学校组织文化的认同。对于音体美类教师，因为学科的特性，他们能够接触到更多的文化特质内容，而这些文化内容往往是学校组织文化的重要组成部分，而且音体美类教师相比其他学科教师往往有文化技能方面的特长，也容易激发起文化自信，由此可能更加认同学校的组织文化。

三级职称教师相比其他职称教师群体表现出更突出的学校组织文化认同，这可能是因为三级职称教师多为青年教师，善于接受新鲜事物，会更容易理解和接受学校的组织文化，同时在学校文化氛围的熏陶下，他们也更容易得到学校管理者、优秀教师的青睐和指导，尤其是在"老带新"的成长模式下，青年教师更容易认同学校组织文化。各学校组织文化建设过程中可能会有不尽如人意的地方，职称高的教师往往在校工作时间更长，容易发现其中的"不公平"等不足，如果这些不足被放大，而学校组织文化没有进行相应调节，组织文化不被认同的现象也就难以避免了。

相比于初高中教师，小学教师面对的是更有活力的小学生群体，会开展更多丰富的教育活动，更乐于营造丰富多彩的学校组织文化，也更富于参与学校组织文化的创建与发展，由此可能推动小学教师更善于在学校组织文化氛围中、在与同事群体的合作共事中发展自身的核心素养和能力。同时，小学教师比初高中教师拥有更高的职业使命感[1]，这会激发小学教师更积极参与学校组织文化的建设，并在此过程中更加深入理解学校组织文化，因而比初高中教师表现出更突出的组织认同度。

通过访谈了解到，教师关于学校组织文化认同、组织认同在一些人口学（群体特征）背景因素方面存在较为复杂的差异，原因是不同群体关于学校组织文化的正义性的广度和深度的理解与认知是有差异的，而一些个案学校的不同群体关于学校组织文化认同的差异却很小。例如，天津市岳阳道小学的学校组织文化获得广泛认同，原因是这些学校立德树人文化的显示度非常高，校领导以及学校各级组织、党员教师对"公平正义使命"深度认知，所以在人口学（群体特征）背景因素方面，这些学校教师关于学校组织文化认同、组织认同实际上是不存在显著差异的。

2. 结论

教师关于学校组织文化的整体认同及其参与性、一致性、适应性、使命等4个二级维度的认同均与教师核心素养和能力呈正相关。其中，教师对于学校适应性的认同与教师核心素养和能力的相关程度最高。

教师的组织认同与教师核心素养和能力呈正相关，组织认同在教师核心素养和能力与学校组织文化认同之间起到部分中介作用。

在学校组织文化认同方面，在人口学（群体特征）背景因素中，对其有显著影响的变量包括任教学科、职称、学历和任教阶段。如果学校组织的"公平正义使命"被深度认知和广泛认同，那么人口学（群体特征）背景变量下的学校组织文化认同差异便不存在。

---

[1] 赵生玉、陈铎、廖传景：《中小学教师职业使命感群体差异的实证研究》，《西南师范大学学报（自然科学版）》2018年第2期，第145-149页。

三、促进教师核心素养和能力发展的学校组织文化建设路径

(一)建设更加健康向上的学校组织文化

学校组织文化与教师核心素养和能力存在显著正相关,健康向上的学校组织文化对于教师核心素养和能力发展而言具有不可忽视的正向引导作用。在学校组织文化建设方面,学校应树立健康向上的价值追求,立足落实立德树人根本任务,追求学生全面发展和教师专业发展,在教师发展中重点突出涵养教师核心素养,强化提升教师核心能力。具体来说,学校应从以下几方面着手。

第一,打造向心发展的组织文化,塑造健康向上的教师群体。基于社会主义制度的强大优越性,我国党组织对人民群众具有向心作用,学校党组织对于各教师群体也往往是有向心作用的。在学校组织文化建设中,将社会主义核心价值观日常化、具象化,学校领导和党组织率先士卒,知行合一,践行社会主义核心价值观,有助于打造向心发展的组织文化,塑造健康向上的教师群体,让社会主义核心价值观体现于学校生活的方方面面,内化为师生的精神追求,外化为师生的自觉行动。拥有健康向上的教师群体,有助于不同群体教师在相互砥砺中树立更加远大的教育理想,推动教师核心素养和能力的进阶升级。

第二,强化学校制度文化,利用扁平化组织结构,突出党支部的战斗堡垒作用,构建教研组、学科组等共同体的非内卷文化,制定更符合教师核心素养和能力发展的管理制度、专业学习制度,服务每一位教师的专业发展。同时关注教师核心素养和能力发展的困惑,从多角度、多层面关注教师核心素养和能力发展水平、进程,关注教师专业发展的个体差异性与发展性特征,从而为教师核心素养和能力发展提供个体性支撑。

第三,建设共享协作的组织文化环境,提供丰富的专业发展资源,给予教师多样的知识学习资源,多样的经验体验,从而为教师核心素养和能力发展提供多样的信息环境支撑。在"互联网+教育"的信息化背景下,以学校为主体,建立线上、线下相结合的教师专业发展资源库;在关注传统教师专业发展资源库建设的同时,注重融入数字技术的新形态教师专业发展资源库建设,注重传统与新形态教师专业发展资源库的有机整合,从而为教师核心素养和能力发展提供重要的

信息环境支撑。与此同时，突出建设教师发展共同体，重点利用集体备课、同伴观摩、对话交流等具体行为，引导全体教师分享经验、共享成果，不断提升教师的研究创新能力、学习发展能力。

第四，强化教师核心素养和能力发展的物质建设，丰富完善学校教学资源、设施设备和图书资源等，助推教师人文与科学技术素养等核心素养的发展。

（二）增强教师对组织的整体理解，发挥关键群体在组织中的关键影响

组织认同是学校组织文化促进教师核心素养和能力发展的中介桥梁，增强教师对组织的认同无疑能够推动教师核心素养和能力的发展。组织认同的实现往往与教师群体的集聚行动相关，因此，要注重利用教师群体的集聚行动推动组织认同的达成。注重由不同教师个体所形成的不同层面的聚集体，如党支部、教研组、备课组以及名师工作坊等；在教师聚集体的形成过程中，强化筛选与合作，推动组织结构得以涌现。为此，建议在学校组织文化建设过程中重点做好以下几点。

吸引教师加入学校的党组织、各种教师工作室、教研组、学科组等组织，通过多样化的组织活动，增强教师对学校各项组织工作的整体认知与理解，同时发挥教师群体组织中每一位教师的主动性，赋予教师更多的参与权、自主权，充分体现教师是学校各类组织建设的参与者、亲历者、改进者等角色。围绕教师核心素养和能力发展统筹规划各类组织活动，既要注重教师文化素养所需要的资源补给，也要关注教师道德修养、教育理想精神的发展，在研讨中还应促进教师之间基于核心能力的交流、探讨，从而有计划地利用各类组织全面推动教师核心素养和能力的发展。

发挥关键群体在组织中的关键影响。教师群体中的部分教师因独特的个人魅力而成为"权威"教师，他们作为学校的关键教师群体对于其他教师的影响不言而喻，激发这些关键教师群体对学校组织的认同，能够加快全体教师对组织的认同速度。基于关键教师建构不同层次的多样化教师专业学习共同体，依托学校的"共同体活动计划"①，引导教师产生积极的聚集涌现，从而为教师核心素养和能力发展提供有效的同伴支撑与资源流支撑。党员教师应该成为这样的"权威"教师，并努力成为名师工作室的领军人物，利用名师工作坊领军教师的引领作用，

---

① 田虎：《教师教育伙伴合作机制的建设研究》，《教育理论与实践》2018年第31期，第49-52页。

引领成员以名师为榜样深入学习，同时在名师榜样引导下产生利他性情感，形成他者视角①，从而为教师核心素养和能力发展提供有效的他者支持。此外，关注名师工作坊的资源开发与应用优势，通过对这些学习资源的有效调配和应用，促进更多的资源注入、流动与使用，在团结教师形成组织认同的同时，也为教师核心素养和能力发展提供资源流支撑。此外，可以借助教师评价制度改革，研发利于激发教师引领辐射力的评价标准，将教师引领带动其他教师的表现纳入评价标准，导向教师参与组建共同体行动，进而激发全体教师参与共同体建设的热情。

针对教师核心素养和能力的发展要素，统筹规划设计学校各类组织活动，营造和谐温馨的组织文化氛围，充分发挥关键群体的引领作用，建设包容性的环境，特别是营造关注教师成长需求的组织文化氛围，让教师感受到学校重视通过各种类型的组织活动促进教师核心素养和能力的发展，实现教师对学校的组织认同，形成组织认同、组织文化认同、教师核心素养和能力发展的良性互动影响。

（三）建设凸显公平正义的组织文化，精准促进教师对学校组织文化的认同

具有不同人口学（群体特征）背景因素的教师群体的学校组织文化认同不尽一致，而教师核心素养和能力和学习组织文化认同息息相关，迫切需要促进各教师群体对学校组织文化的趋同认识。

学校组织文化的形成是学校全体成员共同努力的结果，在这一过程中，全体成员的公平参与能够最大限度地激发全体成员的参与激情，这也是激起教师对学校组织文化认同不可或缺的举措。习近平总书记强调，"要坚持社会公平正义，排除阻碍劳动者参与发展、分享发展成果的障碍，努力让劳动者实现体面劳动、全面发展"②。这一指示说明了学校组织文化建设过程中凸显公平正义氛围的极端重要性。

拥有廉政、公正、公开等公平正义的环境是学校组织文化被普遍认同的前提。而廉政又是前提的前提，廉政的组织会得到真正意义上的普遍认同，这也是促进正义的学校组织文化建设的前提。学校领导者和教师群体拥有清廉正义的组织文化理念，学校治理秉持清廉公正的处事原则，塑造人人能参与、人人可分享

---

① 诸园:《论教师合作的人性基础——基于美国桑塔费学派合作理论》,《教育研究与实验》2018年第5期,第46-52页。
② 习近平:《习近平谈治国理政（第一卷）》,外文出版社2018年版,第46页。

的学校组织文化，将为全体教师认同学校组织文化奠定必要的前提基础。为此，需要在学校中倡导公平正义的文化理念，在学校日常管理活动中推重公平，弘扬正义。在教师专业发展、职称待遇、进修学习等关键环节力行公平正义，注重贡献的同时兼顾起点正义、程序正义、结果正义。

学校应建设彰显公平正义的学校组织文化。拥有公平正义的学校组织文化是一所学校不断前进的起点，持续不断地推进公平正义的学校组织文化建设，才能促使学校保持不断更新的活力和动力，并在发展迅速的时代把握住时代的脉搏，跟上变化的脚步。为此，需要积极将党和国家公平法治理念转变为学校的普遍追求，及时学习党和国家的公平正义理念要求，主动在学校中传播宣传公平正义理念，净化学校组织文化氛围。同时发挥关键人物、团体组织（党组织、教研组、教代会、学科组等）的作用，通过不同团体组织的会议、学习、活动，推介公平正义文化，鼓励和引导教师在各种活动中身先士卒践行公平正义。还需要将公平正义的原则纳入学校制度文化、精神文化和行为文化的具体举措之中，研制或修订倡导公平正义的各项管理制度、学习制度、晋升福利制度等，在校风、教风、学风、班风的凝练中发扬公平正义，积极引导全体师生共同参与、人人表达，激活全体师生的参与热情，更加有力地促进教师对学校组织文化的认同。

学校治理要呵护学校公平正义文化。学校治理要坚持合理合法、程序公平原则，在处理学校日常事务中要保持一定的自由裁量权，同时确保各项活动合法合规，程序合理公平，绝不滥用公平正义。坚持必要的公示制度，发挥各种团体组织的监督作用，保证全体教师的权益得到最大程度的公平对待，切实让全体教师强烈感受到公平正义。一旦出现违反学校公平正义文化的行为，利用民主生活会、教代会、全体教师大会、党组织、年级组、学科组等组织及时加以揭露和谴责，坚决扭转畸轻畸重、不公不法、正不压邪的不良氛围，不断净化学校组织文化，如此更容易促进教师对学校组织文化的认同。

呵护学校公平正义还需要针对不同教师群体的需求，区别化地平等对待。对于青年教师的成长需求，实施青年教师提升工程。积极建构反思组织文化，引导教师乐于反思、质疑，帮助他们在反思学校组织文化的同时，更加深入推动教师的专业认同力，从而推动教师核心素养和能力发展。利用关键他人增强对青年教师的专业吸引[1]，为促进青年教师核心素养和能力发展供给重要的动力支撑。利用老带新的"青蓝工程"、名师工作室活动、青年教师冬夏令营等形式，发挥优

---

[1] 叶澜、白益民、王枬等：《教师角色与教师发展新探》，教育科学出版社2001年版，第313页。

秀教师的传帮带作用，助推青年教师精准发展，这样更利于激发他们对学校组织文化的认同。适当开展学校组织文化内涵及建设的探讨活动，促进理科类学科教师等对于学校组织文化的深刻理解。建立与健全基于教师核心素养和能力发展的校本培训制度，围绕学科教师发展需求统筹设计校本培训计划，研制个性化的培训方案，精准化推进不同教师发展，释放不同教师群体发展的活力。

第二节 教师核心素养和能力建设的学校组织文化氛围

优秀的学校组织文化是学校特色发展的根基。学校组织文化在塑造学校品牌特色的同时，也对教师的成长起到潜移默化的影响。学校管理者应充分利用好"文化"这一宝贵财富，结合学校自身情况，重点开展公平正义学校组织文化建设，不断激发教师对学校公平正义组织文化的认同感，促进教师核心素养和能力发展，加速提升学校教师队伍建设成效。

一、学校组织文化建设的公平正义价值取向

塑造推重公平正义的学校组织文化氛围。公平正义既是社会发展进步的必然要求和关键表征，也为学校组织文化塑造提供了有力示范。追求公平正义是人类社会的永恒诉求。中国特色社会主义的内在要求是公平正义，党的十八大报告特别指出，"公平正义是中国特色社会主义的内在要求"。公平正义更是党的二十大报告中的高频词汇。对于学校而言，坚持公平正义的学校组织文化是获得师生广泛信任的前提。建设学校组织文化需要全体师生的共同参与，需要体现全体师生的共同努力，需要凝结全体师生的共同智慧。缺少全体教师参与的学校组织文化建设，是不全面、不完整的建设，也是忽视教师权益的片面建设，将阻碍教师对学校组织文化的认同，进而影响教师核心素养和能力的养成与发展。追求公平正义的学校组织文化，需要打造浸润公平正义理念的精神文化、制度文化、行为文化和物质文化，将起点正义、程序正义、结果正义贯穿于学校日常的工作中，在一视同仁的组织文化氛围中激发全体教师专业发展的生机活力，促进教师核心素

养和能力的提升。追求公平正义的学校组织文化建设，需要关注不同教师群体的个性化发展诉求：对于青年教师，注重其教育教学能力、沟通合作能力、学习发展能力等具体核心能力的提升；对于优秀教师，则注重发挥其引领辐射带动作用，激励他们进一步成长为教育家型教师。

公平正义价值取向的学校组织文化建设，重在关注教师核心素养和能力发展形态，促进学生的发展。学校的发展又能促进教师对组织文化的认同，形成组织文化品牌，组织文化的品牌力量又会进一步促进教师与学生的发展，从而形成良性循环。前文已述，教师核心素养和能力是教师专业发展中具有统帅地位的核心要素，是教师专业发展的基因，学校组织文化认同与教师核心素养和能力发展具有很强的内在联系。为此，学校建设公平正义组织文化的价值取向落脚于立德树人根本任务的落实，使学生在德智体美劳方面得以全面发展，而前提保障是精准涵养教师的核心素养，提升教师的核心能力。天津岳阳道小学以及南开中学等学校的实践表明，以公平正义、师生发展的学校组织文化为价值引领，通过重点建设，让教师感受到学校育人的显示度，有助于学校品牌的形成和良性发展。生活在公平正义的校园生态中，感受学校的立德树人成绩，如感受主题墙、文化长廊、宣传栏、楼道、电子屏等张贴或报道学生、毕业生在德智体美劳等方面的点滴进步，以及毕业后为社会主义建设做出的贡献，乃至卓越的成就，使教师置身于学生的成长之中，让教师感受甚至触摸到教师核心素养和能力发展带来的教育价值，会进一步增进教师对学校组织文化的认同，进而使教师认同学校组织文化建设的价值，在价值引领下不断发展自身核心素养和能力，进而更好地促进学生全面发展。从此意义上讲，学校组织文化建设的价值彰显就是学生发展、教师发展、学校发展过程中学校品牌形成、强化的过程，学校组织文化的价值取向的结果就是形成学校金字招牌文化。

二、促进教师核心素养和能力发展的公平正义学校组织文化建设

教师核心素养和能力发展不仅与教师自身的努力分不开，同样得益于充满公平正义力量的学校组织文化的熏陶和促进。建设学校组织文化需立足追求公平正义，涵养教师核心素养，发展教师核心能力。

（一）基于公平正义原则建构教师专业发展共同体，为教师核心素养和能力的发展提供必要条件

社会公平正义原则强调人人参与、人人共享、人人发展。个人在成长发展过程中，不仅需侧重个人自身的努力程度，同时需从团体共同发展的角度强调个人的团队生长力。人是生存于不同群体中的个体，离开了群体团队的呵护，个人的成长就失去了广阔的舞台。由此教师的发展不再是教师个体的事情，从而转变为具有团体价值的共同事项。20世纪90年代，西方教育界希望改变过去教师只关注自身的课堂教学、忽视课堂外同事间的人际关系和组织环境的现象[①]。但是，这些问题在西方教育界至今仍未得到有效解决[②]。而注重教师专业共同体的组织建设是中华人民共和国成立以来我国教师发展的一大特色，我国一直重视教师专业共同体建设，教研组、年级组、备课组以及名师工作室等都是具有中国特色的教师专业发展共同体，而进入新时代，党支部也正在成为具有引领性的教师专业发展共同体。公平正义已经成为新时代我国社会的主旋律，在此背景下，需更加强调基于合理合法、权利公平、机会公平、过程公平和结果公平等公平正义的原则，建设教师专业发展共同体。

前文的实证研究表明，学校组织文化的适应性与教师核心素养和能力的密切程度最高，为此，学校应该重点打造基于社会公平正义的、适应全体教师专业发展的共同体文化。从管理上来说，学校可以编制"共同体活动计划"[③]，制定同事支持的具体方案、计划及任务章程，例如，学校可推行弹性时间以保障同事支持的时间，可实施主要责任人制度以明确谁主要为谁提供支持，可推行支持跟踪制以监测支持的效果；除了硬性的规章制度，学校还应该激发教师的利他性情感，帮助教师形成他者视角[④]，促使支持发生在正视差异、尊重差异的基础上，增强支持效果。由于支持行为需要支持者付出时间、精力甚至感情，同时还可能会使支持者面对潜在的竞争压力，为了平衡这一矛盾，学校应改变教师评价制度，将同事支持、同事发展纳入教师职称职务晋升、评奖评优的范畴。课题组负责研制，并由天津市人力资源和社会保障局与天津市教育委员会颁布实施的《天

[①] 张佳、彭新强：《中国大陆教师专业学习社群的内涵与发展——基于对上海市中小学的调查研究》，《教师教育研究》2014年第3期，第61-68页。

[②] Turkoglu M E, Cansoy R, Parlar H. Organisational socialisation and collective teacher efficacy: The mediating role of school collaborative culture. Eurasian Journal of Educational Research, 2021, (94): 169-188.

[③] 田虎：《教师教育伙伴合作机制的建设研究》，《教育理论与实践》2018年第31期，第49-52页。

[④] 诸园：《论教师合作的人性基础——基于美国桑塔费学派合作理论》，《教育研究与实验》2018年第5期，第46-52页。

津市中小学教师职称评价标准》，已经将促进教师专业发展、培养带动其他教师发挥积极作用纳入职称标准，有力推动了学校层面加强教师专业发展共同体建设的组织文化建设的力度。在笔者深度参与的教育硕士专业学位研究生在线示范课程建设的评选方法中[①]，团队建设的课程建设文化的形成被着重强调，通过课程负责人带领其他教师协同建设课程，促进团队教师的共同发展。基于公平正义的原则，学校组织建设教师专业发展共同体，不断提高教师对于学校组织文化的适应性，为教师核心素养和能力发展提供必要的支撑。

（二）引导构建教师反思性组织文化，为教师核心素养和能力的发展提供有效支撑

塑造公平正义的学校组织文化，强调每位教师在学校组织中获得平等的发展机会，享受公平的发展成果，但并非不顾教师实际情况的"一刀切"式的绝对发展平等。公平正义的学校组织文化并不拒斥教师自我积极的反思改进，相反，公平正义的学校组织文化高度重视教师的反思。

实证研究的深度访谈表明，注重实践反思和反思实践的教师，其核心素养和能力发展水平较高，前文中优秀教师的成长经历也印证了这一点。教师个体对公平正义的组织文化的反思认可，意味着教师对学校组织文化的认同。真正意义上的公平正义学校组织文化是不担心教师反思质疑的，相反，这一学校组织文化更易获得教师心灵上的拥护，即使个别教师在此学校组织文化中因为各种原因暂时"失意"，也不会触发教师对学校的不满，反而会引导教师反思自身不足并积极加以改正。为此，基于公平正义的学校组织文化建设，鼓励建构教师反思性组织文化，敢于让教师反思批判学校组织文化建设的薄弱点，同时形成教师个人反思的文化，不仅反思立德树人实践的短板，而且反思教育教学实践是否践踏公平正义，同时从教师核心素养和能力发展要素的不足中寻觅实践中出现短板的根源。

教师核心素养与能力的发展需要组织文化的有力推动。反思是一种针对反思对象的前提、追问与质疑，体现了个体或某一群体对组织文化的认同和接受度，是个体或某一群体实现对组织文化的认可或彻底放弃的有效路径。公平正义是最应具有显示度的组织文化，而教师的反思主要体现在教师对公平正义等组织文化的思考乃至质疑方面，经过反思认同组织文化后，反思会被内化，指向个体对自身核心素养和能力不足的元认知。反思性实践要求教师在实践中思考，在实践中

---

① 全国教育专业学位研究生教育指导委员会：《关于教育硕士专业学位研究生在线示范课程评选的通知》. （2022-11-19）[2022-12-27]. https://statics.scnu.edu.cn/pics/yjsy/2022/1201/1669864555589752.pdf.

调整。它不仅要关注教师行为的改变，更要促使教师积极审视教师核心素养和能力发展不足的深层原因，并予以自主发展。综上，在学校组织文化建设进程中，应积极构建教师反思性的组织文化，从而为教师核心素养和能力发展提供有效路径。

在推进教师核心素养和能力发展的进程之中，教师专业发展共同体的建构为教师核心素养和能力的发展提供了必要条件；教师反思文化的构建为教师核心素养和能力的发展提供了有效路径。沐浴在公平正义的组织文化氛围中，通过教师反思性组织文化建设，教师核心素养和能力可以得到有效发展。

（三）建设凸显公平正义的"五位一体"学校组织文化，为教师核心素养和能力的发展提供充分保障

公平正义的学校组织文化建设是一个不断与时俱进的发展进程，需要不断从先进的思想理念中汲取丰富的智慧，融入学校组织文化的建设，在呵护每位教师专业发展公平正义的同时，不断引领学校迈向新的发展样态。

《中共中央 国务院关于全面深化新时代教师队伍建设改革的意见》提出，要"紧紧围绕统筹推进'五位一体'总体布局……牢固树立新发展理念"。建设"五位一体"的学校组织文化，给公平正义学校组织文化建设注入了新的思想活水。公平正义的学校组织文化需要更加关注学校组织内部的协调一致，不断创新文化样态，更加重视公平正义的绿色可持续发展，更加突出利用开放包容的心态积极吸纳一切增进学校公平正义的因素，也更为注重人人共享发展成果，从而为教师核心素养和能力的进步提升创造不可或缺的支撑。

为构建"五位一体"的公平正义学校组织文化，可从以下几个方面着手。

一是建设协调的学校组织文化。公平正义的内涵之一是协调主体的不同诉求，合理调整不符合学校发展的一切因素，促进学校和每位教师在动态中不断发展进步。在公平正义的原则下，协调平衡学校的精神文化、制度文化、行为文化和物质文化，构建促进每位教师有序发展、每位学生全面发展的学校文化氛围。将公平正义写在学校组织文化建设的校园中，重点建设风清气正的校园文化生态，以党风建设为龙头，引导广大教师深刻领会"两个确立"的决定性意义，增强"四个意识"，坚定"四个自信"，做到"两个维护"，坚持"四个相统一"，争做"四有"好老师，当好"四个引路人"，涵养教师的思想政治素养、道德素养和教育理想精神等核心素养。建设"凝神聚力"的校风、"敬业奉献"的教风、"比学赶帮超"的学风、"蓬勃向上"的班风。通过座谈研讨、言传身教、宣传优

秀、学习模范等方式，实现以党风促校风、以校风促教风、以教风促学风、以学风促班风的五风联动，提升教师的精神风貌，助力教师核心素养和能力的提升。吸纳全体教师参与制定基于公平正义的管理制度、学习进修制度、教研制度、薪酬待遇制度、职称晋升制度等。公平对待每一位教师，赋予全体教师平等发展的机会，激起所有教师学习发展的动力。利用公平正义的学校治理行为、关爱学生的教师行为、崇敬教师的学生行为等培育平等、和谐、温馨的校园氛围，深化全体教师的责任担当。利用全体教师大会、教代会、党日学习活动等手段宣传公平正义的组织文化，借助校园广播、黑板报等手段公平宣传所有教师的优秀事迹，塑造起全校范围内尊敬每位教师的公平化组织氛围，提升每位教师的道德素养。评价具有指挥棒作用，教师评价需要和公平正义的组织文化协调一致。为此，需要健全新时代公平的教师评价制度，在评价教师核心素养和能力并给予教师专业发展机会时，要小心翼翼呵护公平正义。

二是建设创新的学校组织文化。公平正义没有最高的标准，只有更高的追求，所以，学校组织文化不仅不排斥创新，相反离不开创新建设。创新学校的课程文化、教学文化等掀开了学校组织文化发展的创新卷轴。树立城乡平等重要的理念，在城乡一体化发展的前提下，坚持利用城乡文化资源，打造兼顾城乡一体的正义化的校本课程；营造公平色彩的课程形态，鼓励师生秉持城乡一体发展的理念自主开发班级微课程，打造融通国家课程、地方课程、校本课程与班本课程的联动式课程形态。平等唤醒每位教师课程文化建设的自主意识，在课程开发过程中，给予每位教师公平的课程开发机会，丰富全体教师的课程文化建设体验，并在此过程中提升所有教师的研究创新能力。同时在学校场域范围内，公平地推进容纳全体教师、学生、文本、教学环境以及教学过程的教学文化，引导全体教师公平地享有自主、公平、多元的教学文化，并在此过程中激发所有教师提升教育教学能力、沟通合作能力等核心能力。

三是建设绿色的学校组织文化。公平正义的学校组织文化强调绿色可持续的发展。维护公平正义的持续健康发展，是学校组织文化的绿色生命力所在。重视教师与学校、教师与教师、教师与学生共同维护公平正义，每位成员都谨言慎行，维护公平正义可持续发展，让学校焕发公平正义生命的活力。通过价值共识、责任共担，实现学校公平正义生态治理，形成"学校公平正义治理共同体"；通过平等合作、互助支持、资源共享，改变教师"各自为战"的状态，形成"教师公平正义发展共同体"；通过共情理解、倾诉、沟通，增进师生情，形成"师生公平正义相长共同体"。以三个"共同体"为载体，打造公平正义的和谐绿色校园生态圈，重点孕育教师教育理想精神等核心素养，重点促进教师沟通合作能力的发展。

四是建设开放的学校组织文化。公平正义的学校组织文化建设坚持包容开放的心态，以开放促改革、以改革促发展，积极建构学校组织文化新体系，激活教师核心素养和能力发展。以"引进"和"输出"为举措，整合校内外多种资源，提升学校组织文化的开放品质。"引进"体现为通过寻根中华优秀传统文化，融入革命文化，生成学校课程文化；通过引进教育发达地区的课程资源，注重每位教师的交流和流动，不断丰富学校资源。"输出"体现为通过实行学校开放活动，形成辐射社会、公众的学校口碑文化；通过建设经验交流平台，促使班级之间、教师之间展开经验交流；通过建设交流制度，促使交流"常态化""规范化""科学化"。通过建设内外双向的学校交流文化，提升教师的人文与科学技术素养、教育教学能力以及研究创新能力等核心素养和能力。

五是建设共享的学校组织文化。公平正义的学校组织文化的核心要义之一是共享。要积极吸纳全体教师参与营造学校组织文化，摒弃零和博弈思维，将每位教师的成长发展视为学校进步的基石，积极引导全体教师和衷共济、互利共赢。通过塑造共享的教学资源平台、教师学习平台，为全体教师共同进步奠基；依托人人共享的制度文化，促进全体教师共享学校物力、人力、信息、课程、品牌与管理等资源，推动教师共享个人教学成果、教研成果、研究成果，形成人人参与治理、人人共享成果、人人共担学校发展职责的制度氛围；借助捆绑式共同评价的举措，利用老带新、名师工作室、领航工程、"青蓝工程"等系列制度化安排，形成教师共同体发展，制定共同考核、捆绑考核的评价模式，实现对全体教师的共生发展评价，促进教师群体形成强烈的共同体意识，并促进教师学习发展能力等核心能力的不断提升。

建设公平正义的"五位一体"学校组织文化，就是在党组织的领导下，通过有组织的建设，将公平正义体现在校园的每个角落中，尤其是要融入师生的心灵深处。首先，在建设协调的学校组织文化建设中，要重点建设风清气正的校园文化生态，以党风建设为龙头，建设"凝神聚力"的校风、"敬业奉献"的教风、"比学赶帮超"的学风、"蓬勃向上"的班风，涵养教师的核心素养和能力。其次，要将公平正义贯穿在创新的学校组织文化、开放的学校组织文化、绿色的学校组织文化的建设之中，有的放矢，靶向教师核心素养和能力，为教师核心素养和能力的发展提供充分保障。

第九章
教师核心素养和能力建设总结与展望

  教师核心素养和能力是教师发展的基因,构建具有中国特色的教师核心素养和能力框架,可为我国中小学教师队伍建设提供理论借鉴。课题组开展的教师核心素养和能力测评,为深入探究中小学教师的发展路径提供了循证依据,但要正视量化测评的局限,积极探索 AI 赋能教师专业发展测评。教师作为职业人,需要成为专业化的教师;而教师作为交往实践中的社会人,需要发挥行为示范的作用,做到师者人之范也,追求全域发展。从全域交往实践来看,教师发展离不开有人陪伴的实践活动。教师核心素养和能力的建设,直接指向教师职业实践的教师专业发展,未来更应重视以教师专业发展为中介,指向全域实践有人陪伴的教师发展,进一步推动中国式教师教育现代化的实现。

第一节　教师核心素养和能力建设的中国框架

有关教师专业发展的探索成果，无疑是汗牛充栋的。人们对教师专业发展充满期待又寄予厚望，从普通教师成长为优秀教师乃至教育家的密码隐藏在哪里？西方研究者曾深入探究过优秀教师的个性化品质，关注过教师的教学行为，追问过教师的能力，重点培养过教师的表现行为，进入21世纪又将目光锁定在教师的素养（competence）上。欧美国家倡导的"competence"等和我们文化传统中的"素养"是否意义一致？教师的核心素养究竟指向什么，又与教师的核心能力存在怎样的区别？教师专业发展模型是什么、如何建设？等等。这些问题期待中国答案。

一、教师核心素养和能力内涵新释

"素养"一词在我国古代文献中出现较早，远在东汉时期，"素养"一词已被广泛使用，班固著《汉书》中多次使用"素养"一词。《汉书·董仲舒传》中载"夫不素养士而欲求贤，譬犹不琢玉而求文采也"，《汉书·李寻传》中有"士不素养，不可以重国"的表述，这里的素养指的都是个人的修习涵养。这说明早在东汉时期，人们已经将素养视为个人修养，作为个人品性的一种指称，这种认识始终存续于我国文化典籍中并延续至今。《宋史·列传·第五十三》载"士若素养之，不虑不为用也"，南宋李心传著《建炎以来系年要录》载"学校者人才须素养"，清代胡敬撰《胡氏书画考三种·文天祥尺牍》载"然非素存素养之，孰能如是乎"。由此可以看出，将素养视为个人的修习涵养是我国古代文化一脉传承的共识，这也为解读教师核心素养必然需要关注素养内涵指明方向。

"能力"一词在我国古代典籍中也有体现，早在《吕氏春秋》一书中即有"能力"一词的记载。《吕氏春秋·离俗览第七·适威》中载"民进则欲其赏，退则畏其罪。知其能力不足也，则以为继矣"。这里的"能力"一词指的是本领、技巧，与当下人们对"能力"一词的理解一致。秦相李斯在为自己的辩解书《狱中上书》一文中也提及"能力"一词，"上幸尽其能力，乃得至今，愿陛下察之",这里的"能力"也指人的本领。

在西方研究者的视域中,能力是个体完成某项活动必备的个性心理品质,更多的是显而易见的个体行为本领。西方语境中表征能力的词汇有很多,如ability、aptitude、skill、literacy、competence、competency、capacity、capability、proficiency、potentiality等都是西方学者使用的词汇。正因为"能力"一词的复杂性,西方社会将"能力"一词视为"素养"的等价物。OECD于1997年发起了"素养的界定与遴选:理念和概念基础"研究,将素养等同于能力（competence）,指向三个层面:一是有助于实现整体成功生活和良好社会运作方面的预期结果;二是能够跨领域应用;三是能够成功应对复杂社会需求。这一界定侧重的是个人应对复杂社会的外显化的行为。随后,PISA项目采用"competency""competence"等来表示个体适应未来社会发展需要的素养,欧盟委员会于2006年出版的《终身学习核心素养——欧洲建议框架》（Key Competences for Lifelong Learning—A European Reference Framework）以及2018年修订的《理事会关于终身学习关键能力的建议》（Council Recommendation of 22 May 2018 on Key Competences for Lifelong Learning）都使用"competences"表示素养,并将核心素养界定为知识、技能和态度的组合,是所有人在个人成就和发展、就业、社会包容、可持续的生活方式、在和平社会中的成功生活、注重健康的生活管理和积极的公民身份等方面所需要的能力。人们的核心素养是从终身学习的角度发展起来的,从幼儿期到成年期,以及在所有环境中,包括家庭、学校、工作场所、社区和其他社区,通过正规和非正规学习不断实现[①]。

综上可以看出,西方语境下的"素养"是"能力"的同义词,是个体应对外部世界的可见的行为表现,这种认识的优势在于方便研究者运用各种量表快速测评个体的能力,但其不足是容易遮蔽个体本身的品质光辉,这些品质往往是难以通过简单的测评获知的。

基于以上认识,本研究认为教师核心素养和教师核心能力两者都是教师专业发展中必须具备的关键要素,并对教师核心素养和教师核心能力做了区分,其中教师核心素养指的是教师的专业品性,指向的是教师的思想政治素养、道德素养、人文与科学技术素养和教育理想精神,人文与科学技术素养侧重教师的"识",思想政治素养、道德素养、教育理想精神侧重教师的"德性";而核心能力指向的是教师胜任教育教学活动的关键能力,指向的是教师的教育教学能力、

---

① Council of the European Union. Council Recommendation of 22 May 2018 on Key Competences for Lifelong Learning.（2018-05-23）[2022-04-22]. http://data.consilium.europa.eu/doc/document/ST-9009-2018-INIT/EN/pdf.

研究创新能力、沟通合作能力与学习发展能力，侧重教师的"才"。教师的核心素养和核心能力最终都服务于立德树人根本任务。"立德树人"是教师教育教学活动的"鹄"，教师核心素养和能力中的"识"如弓弩，"才"如箭镞，"德"以领之，方能中"鹄"。

二、教师专业发展的代表性模型

通过各种模型为教师专业发展提供有效的参考路径是中外研究者共同努力的方向。在教师专业发展历程研究中，曾先后出现一些有代表性的模型，如教师胜任力模型（冰山模型）、同心圆模型（洋葱模型）等。这些模型为人们理解教师成长、促进教师专业发展提供了有益借鉴，也为构建中国特色的教师专业发展模型奠定了基础。

（一）胜任力模型

胜任力模型，又称为冰山模型，最早由美国心理学家麦克利兰提出。在麦克利兰看来，个体的能力素质包括五部分内容：知识（knowledge）、技能（skill）、自我概念（self-concept）、特质（trait）和动机（motive）。由这五部分组成的个体能力素质分为可见的、不可见的两部分，就像一座冰山。露在海面之上的冰山，包括个体的知识、技能；隐藏在海面之下的冰山，包括自我概念、特质、动机等。麦克利兰的这一理论揭示了个人素质的内蕴性和外显性两大特征，并为后来的研究者提供了重要参考。

在麦克利兰胜任力理论的基础上，莱尔·M. 斯潘塞（Lyle M. Spencer）和塞尼·M. 斯潘塞（Signe M. Spencer）提出了更加细致的素质冰山理论。冰山之上包括知识和技能，是可见的部分，容易测量与改变，又称为基准性素质（threshold competence）；冰山之下包括社会角色、自我概念、特质和动机四部分，是难以测量和准确表达的，又称为鉴别性素质（differentiating competence），见图9-1[①]。基准性素质是可以培训和改变的，也容易通过可视手段加以鉴别。鉴别性素质往往是内隐于个人内心的，较难测量且测评不易得到准确结果，但是这种类型的素质通常又将深入影响个人的成就，是区分优异者与普通者的关键因素。

---

① Spencer L M，Spencer S M. Competence at Work：Models for Superior Performance. New York：John Wiley and Sons，1993.

240　教师核心素养和能力建设研究

图 9-1　冰山模型图

（二）同心圆模型

同心圆模型又称为洋葱模型。洋葱模型是在冰山模型基础上发展而来的，理查德·博亚特兹（Richard Boyatzis）将知识、技能、社会角色、自我形象、价值观、个性和动机组合成类似同心圆的洋葱结构，知识和技能在"洋葱"的最外层，自我形象、价值观和社会角色处在第二层，个性和动机处在"洋葱"的最内层，如图 9-2 所示①。表层的内容是可见的，第二层和最里层的内容是难以测评的。从本质上看，冰山模型和洋葱模型并没有区别，但洋葱模型体现出了素质的层次性，更加凸显了潜在素质与显在素质的关系。

图 9-2　洋葱模型图

冰山模型、洋葱模型是针对所有群体的通用性模型，对于教师群体而言有较

---

① Spencer L M, Spencer S M. Competence at Work: Models for Superior Performance. New York: John Wiley and Sons, 1993.

强的启发价值，特别是揭示了人群素质的内蕴特性和外显特征，启示教师核心素养和能力研究需要关注内蕴与外显双重特性。尽管一些依托冰山模型、洋葱模型的教师素养模型不断出现，国内一些学者构建了不同内容的教师素养模型，但这些教师素养模型均带有鲜明的冰山模型痕迹，用外国语言阐释中国实践的意味过重，缺少对我国独特教育实践的认识，从传统文化阐发教师实践活动相对不足。具有中国特色的教师素养模型究竟包括哪些内容？在本研究看来，需要从不同角度加以审视。

三、教师核心素养和能力的中国模型

教师核心素养和能力是指教师在接受和参与教师教育、从事教育教学以及投身教研等活动中形成和发展的，能够适应社会发展、教师职业要求和自身专业发展所必需的具有统帅作用的专业品性和能力。建构教师核心素养和能力的中国模型，不仅有助于我国教师专业发展目标的明晰与聚焦，还有利于提升我国教师队伍建设的效率。

首先，教师核心素养和能力模型体现的是教师专业特性，是教师教育活动的集中表现。因此，教师教学过程中的沟通合作能力、学习发展能力等内容需要进入教师素养和能力模型中。其次，教师核心素养和能力模型要体现历史的积淀。我国传统文化中将素养视为人的品性修养，高度重视教师的德行修为，教师是德才兼备、为人师表的楷模，这一中华话语体系中对特质的概念理解，同样不能被忽视。最后，教师核心素养和能力模型还需体现出我国时代特征的内容，教师是国家意志的执行者和理念的传播者，是政治生活的参与者、践行者，政治形象是教师不容忽视的重要内容。因此，我国的教师核心素养和能力模型不可能脱离"政治人"的前提假设。

教师核心素养和能力是教师的内蕴素养与外显能力有机统一的整体，是教师专业发展的DNA。在前期的研究中，本书借鉴生物学DNA双螺旋结构模型，将教师核心素养和能力模型确定为双螺旋结构模型，即教师核心素养作为一条螺旋，教师核心能力作为另一条螺旋。教师核心素养由思想政治素养、道德素养、人文科学技术素养和教育理想精神构成，教师核心能力由教育教学能力、研究创新能力、沟通合作能力和学习发展能力构成。两条螺旋通过教师教育、日常教学和职后培训等酯键连接起来，围绕"立德树人"根本任务这个共同轴心旋转，形成交互影响的旋转结构，如图4-1所示。教师核心素养和能力的养成与发展既是教师自身发展的需要，也是服务学生健康全面发展的前提，是落实立德树人根本任务的必要条件。

相比教师素质的冰山模型、洋葱模型，教师核心素养和能力双螺旋结构模型有以下特点。

（一）生涯上更加注重教师的全生命历程

教师的成长是一个螺旋上升的过程，是教师教育学习、日常教育教学实践和职后教研培训相结合的统一过程。教师生涯始于教师教育阶段的学习，在这一阶段成长中，"准教师"接受系统的专业、学术训练，不断掌握任教科目的学科知识体系，习得教育教学的各项本领，初步树立从教的理想信念，养成不断学习反思的习惯，成为潜在的教师后备力量。进入日常教育教学阶段，教师处于真实的学校教育场域，更加考验教师的从教理想信念、道德素养，更加需要教师坚定政治立场，坚持为党育人、为国育才的初心使命，并根据时代的进步、技术的发展不断提升人文与科学技术素养；与此同时，具身的学校教育场域，为教师砥砺自身的教育教学能力，增强自己与学生的沟通、同事的合作、家校的沟通合作提供了充分契机，新的教育理念、新的教育技术的兴起与发展，为教育教学变革提供了新的动力，迫使教师不断提升研究创新能力、学习发展能力。职后教研培训是教师完善和提升职业生涯的重要途径，也是我国教师职业生涯必不可少的成长通道，五年360课时的培训要求为教师的职后培训提供了明确的政策保障，也为教师核心素养和能力的提升提供了条件与保障。

（二）目的上彰显立德树人根本任务的政治属性

冰山模型、洋葱模型对胜任力特征的构成要素进行了形象的描述，而双螺旋结构模型中的八个要素紧紧围绕"立德树人"这一轴心，借助教师教育、日常教学和教研活动三大过程实现多向耦合。教师是国家公职人员的角色预设，确定了教师是国家意志的执行者，发展我国教师核心素养和能力，必然要彰显"为谁培养人、培养什么样的人、怎样培养人"的政治立场，教师核心素养和能力的双螺旋结构模型中"轴心"的作用即是彰显立德树人根本任务的政治属性。

（三）途径上更加关注内蕴与外显的统一

正如麦克利兰的胜任力理论将人的工作本领分为内蕴特性的不可见内容和显而易见的知识、技能，双螺旋结构模型从内隐、外显双向角度解读教师核心素养和能力。素养在我国语境下是具有内隐特征的品质，而非显而易见的能力与素质，教师核心素养体现的是隐藏在教师内心深处的价值取向、社会形象、气质和动机等的品质修养，这些内在的品质修养为教师的教育教学育人奠定了坚实的内在价值、信念、职业期许、社会角色基础，成为教师认知职业角色、坚持从教的内在强大动力，也为教师不断进取提供了源源不断的精神力量。教师的这些内蕴品质修为并非隐藏在深渊之下的所在，而是通过不同形式的外在行为不断展现与释放出来，确切地说是在教师教书育人的过程中，在日复一日的教育教学行为中展现出来，具体来说就是通过教师的教育教学、沟通合作、研究创新和学习发展等外显行为中不断表现出来。与 TALIS 将教师的专业聚焦于单向度的外显能力不同，双螺旋结构模型更加关注内蕴素养和外显能力的统一，加拿大多伦多大学教育学院的麦克杜格尔教授认为，双螺旋结构模型创造性地将教师素养视为内蕴和外显的统一体，借鉴 DNA 的结构表达教师的专业素养，是一种开创性的研究。

四、教师核心素养和能力建设的中国经验

教师专业成长受多种因素的强力影响，教师个体的专业成长与其接受教师教育的高等院校文化密不可分，更会受到个体内在的职业追求的强力影响，同时也与教师从教的学校氛围紧密相关。教师群体的成长与当地文化同样密不可分，在推重个人价值的西方社会，教师的专业发展更多是个体的自发行为，彰显的是教师个体的独特价值。但在更加注重群体价值的东方社会，强调政策引领、学校文化熏陶的举措，往往成为教师专业发展的独特做法。例如，新加坡将教师的专业发展培训从入职开始就设定不同的成长轨道[①]，逐步引导教师成长为预设的角色形象。对于中国教师核心素养和能力建设而言，一系列独特的制度设计和培养举措，使得教师群体成长呈现出有别于国外教师发展的特点。

（一）注重政策的引导、催化、规约，并重视以实践样态的循证做依托

欧美教师专业发展是专业团体引导下的"专业"导向式渠道。众多的教师专业团体利用制定教师专业发展标准这一契机，引导教师分层级、有次序地逐级进

[①] 王亚军：《新加坡如何培养 21 世纪教师——新加坡教师教育制度研究》，《中小学教师培训》2019 年第 1 期，第 73-78 页。

阶。例如，美国的教师资格认证标准、新教师资格认证制度、优秀教师资格证书、杰出教师教育专业标准和教师能力标准、英国的教师专业标准以及加拿大不列颠哥伦比亚省的《教育者专业标准》多是教师专业团体制定的具有专业特性的成长指南，成为教师专业发展的路标和指示器。与欧美国家不同，我国注重利用国家政策引导、催化、规约教师的发展，在尊重教师个体需求的同时，又注重群体的整体成长设计，如区域、学校纷纷成立的名师工作室。在党的二十大报告中，"加快"是非常高频的词汇，特别指出"加快建设教育强国、科技强国、人才强国"。落实其中的"加快"部署，需要加速发展教师核心素养和能力，进而加快培养高素质教师队伍。而精准建设是能够"加快"的前提，基于教师核心素养和能力实践样态的循证又是"精准"建设的前提，为此，教师队伍建设相关政策的引导、催化和规约，需要以实践样态的循证做依托。

改革开放以来的教师政策始终围绕"进""用""出"不断调试，对教师的要求从合格不断迈向卓越。改革开放之初，我国面临教师极度短缺的问题，尽快培育一支合格可用的教师队伍成为当时教育政策的中心问题，为了回应这一诉求，1978 年，教育部颁布《关于加强和发展师范教育的意见》，随后《关于办好中等师范教育的意见》《中等师范学校规程（试行草案）》《中等师范学校教学计划（试行草案）》《关于基础教育师资和师范教育规划的意见》等政策相继出台。1985 年，《中共中央关于教育体制改革的决定》发布，提出"要争取在 5 年或者更长一点的时间内使绝大多数教师能够胜任教学工作。在此之后，只有具备合格学历或有考核合格证书的，才能担任教师"[①]。这为师范院校的育人提供了明确的方向，成为当时师范院校育人的遵循。进入 20 世纪 90 年代，随着教师队伍学历的有序提高，提升教师的思想政治素养、道德素养、教育理论、教学艺术等水平日益迫切，相应地，1991 年，《关于开展小学教师继续教育的意见》发布，对教师的继续教育层次、任务、内容、方法等提出了具体要求，如"继续教育的内容，要根据小学教育教学工作的需要与特点来确定。一般应包括：政治思想和师德修养教育；教育理论学习、教材教法研究、教育教学实践和教师基本功训练；补充新知识新技能；以及当地社会主义建设所需要的职业技能和乡土教育等方面"[②]。

进入新时代以来，党和国家对高素质专业化创新型的教师队伍建设提出了更

---

① 中共中央：《中共中央关于教育体制改革的决定》.（1985-05-27）[2023-06-05]. http://fgcx.bjcourt.gov.cn:4601/law?fn=chl050s095.txt.

② 国家教育委员会：《关于开展小学教师继续教育的意见》.（1991-12-03）[2023-06-05]. https://law.lawtime.cn/d530219535313.html.

高要求，培育"四有好老师"，引导教师坚持"四个相统一"，坚定做"四个引路人"，《中共中央 国务院关于全面深化新时代教师队伍建设改革的意见》《普通高等学校师范类专业认证实施办法（暂行）》《教师教育振兴行动计划（2018—2022年）》《教育部关于实施卓越教师培养计划2.0的意见》等政策文件相继出台，对师范院校的师范生培育、在职教师群体培养培训等做出了详细而明确的部署，为教师的生命成长与发展提供了政策保障。

建设新型智库，充分发挥智库咨政建言、理论创新、舆论引导、社会服务、公共外交等重要功能，是新时代智库建设的新要求。在党和国家重视新型智库建设的氛围下，全国教育科学规划领导小组办公室导向课题成果转化为咨政建议，教育科学课题研究与咨政相结合也成为我国教育科学研究的新常态。教师核心素养和能力建设研究源于党和国家的教师教育政策，聚焦影响教师发展的基因，立足传统放眼世界，课题组构建了教师核心素养和能力的结构模型、测评体系，实施了大规模的实践样态循证，结合测评结果的循证，向党和国家递交了多篇事关教师发展的咨政建议，为新时代教师队伍发展政策提供了循证依据。

（二）强调学校"公平正义"组织文化氛围的熏陶与影响

西方学校文化鼓励个性和自由建构，极端建构主义思想下的极端学校文化建设，完全没有组织观念的约束，助长野蛮生长，乃至违反公序良俗。教师专业发展既是教师个体的需求，更离不开学校组织文化氛围的熏陶。学校组织文化，即由学校所承载、表达、衍生和推动的文化。它具有导向功能、凝聚功能、规范功能，有助于改善教师的教育理念、教学行为等。因此，强调学校"公平正义"组织文化氛围的熏陶与影响，有助于全面提升教师的核心素养与能力，营造良好的教师生长生态。

陶行知先生曾说："校长是一个学校的灵魂。要想评论一个学校，先要评论他的校长。"[①]这一论断可以从学校组织文化氛围角度来理解，校长是学校组织文化的塑造者、建设者、改进者、引领者，学校文化是相互帮助的积极进取文化，还是相互竞争不顾他人的完全自我文化，或是注重群体成长的协同发展和协同育人文化，这均与校长的个人引领、分布式领导紧密相关。张伯苓校长在南开中学倡导"越难越开"这一积极向上的爱国文化，南开师生将"服务国家、奉献社会"视为本职使命，"允公允能"成为南开校园组织文化的构成。

---

① 胡晓风、金成林、张行可等：《陶行知教育文集》，四川教育出版社2005年版，第106页。

中华人民共和国成立以来，我国学校日益重视社会主义建设者和接班人的组织文化建设。尤其是进入新时代，我国学校更加重视"四有好老师""四个引路人""四个相统一"等针对教师专业发展的学校组织文化建设。教师核心素养和能力的建设，需要学校组织文化建设的精准推进和引导，我国多年来形成的教研文化、集体备课等独特组织文化也是建设教师核心素养和能力不可或缺的重要路径。

学校是一个组织化的机构，深蕴在其中的组织文化氛围赋予了党组织指导和引导下的教师自发自觉生长的环境。这是我国历经多年积累的教师成长的重要经验。区别于西方世界的个体成长方式，我国形成了独特的带有组织性的专业发展文化。例如，我国普遍实行的教研制度是我国教师发展中不可或缺的有组织的"制度文化"，管培俊、程介明、刘月霞等诸多学者看重教研制度对教师成长的价值，将之视为我国教师专业发展的法宝之一。除此之外，新老教师结对发展的"青蓝工程"、集体备课教研、普遍的公开课等学校组织文化设计，也为教师的不断发展提供了有效的"同侪效应"，引导教师在与同事的比较中知长短、明得失，进而激发内在的成长需求，促使教师不断生成奋发进步的内在动力，逐渐成长为具有更高素养水平、更高能力的"四有好老师"。

第二节 教师核心素养和能力量化测评的局限

实证主义思潮自孔德（Comte）始，就已成为社会研究领域一股不可忽视的重要力量，并伴随着测评技术的进步逐渐成为显学。"凡事物皆可测量"的理念，自桑代克（E. L. Thorndike）开始逐渐为人们所熟识，并在社会科学研究领域影响日益深远，甚至有人将测评视为探究事物奥秘的不二法门，奉为圭臬。但人是复杂多变的存在，教育是无限复杂的事业，仅凭量化测评无法窥见教师专业发展的全部秘诀。

一、量化测评的客观化追求忽视教师专业发展的复杂性

重视客观性是量化测评的首要特点。信奉量化测评的研究者总是期待运用客

观化的手段观察、探究教师，将教师视为可以分解为由不同元素组成的整体，通过对教师可见的行为进行拆解、分析，将教师"分解"为思想、能力、态度、行为等不同标签概括下的内容，细化为一条条可见的教师行为，然后度量行为频次的高低、态度的呈现程度，再进一步组合成一个整体，由此就认为解读了教师成长的奥秘。不容否认，这种原子化的分析对于人们认识教师是相当有帮助的，但这种追求客观化的认识本身就是一种简单机械化的认识，忽视了人的极端复杂性。

教师是拥有情感、兴趣、欲望、理想、追求的活生生的个体，他们的发展既是个体不断努力的结果，也是多种因素共同作用的表现。教师的成长不是从一个端点向另一个端点的线性发展过程，而是充满了无限可能的多向度的发展样态，关键事件、关键人物等的出现均会影响教师的成长进程，这些都是难以客观量化的不可知因素，但却对教师专业发展起到难以计量的影响，这是量化测评手段难以精确计算的。

期待将教师的素养和能力细化为简单的几个指标，实际上是将教师简单化为有规则的、可预知的、存在普遍规律的客体，可以采用自然科学研究那种实证化的手段，经过反复验证探知事物本质规律。将这种自然科学量化评价手段迁移到人文社会领域是有限度的，不可能无限地推论与滥用。因为人文社会科学类的测量评价极容易出现"人测人异"的现象，甲测量的结果可能与乙的测评结果相差万里，丙的结果又可能异于甲、乙，毕竟测评的群体是千差万别的，如果数据存在正态分布的情形，那么任何研究者都不敢绝对地宣称取样范围符合正态分布的要求。因此，期待通过量化测评完全探知教师核心素养和能力发展样态，是值得商榷的。

二、量化测评的技术化向度弱化教师专业成长的多样性

量化测评技术经历了四代迭代发展，从第一代的描述统计到最新的第四代评估理论，量化测评技术确实有了突破性的进步，特别是随着以人工智能、大数据等为代表的新一代信息技术手段介入测评工作，量化测评迎来了新的发展形态，大数据的海量信息更能展现群体的共同性特点，更加接近人群的真实样态。不得不说，新技术的确为人们认知自我提供了更科学有效的工具，但如果过分依赖技术，人是否会异化为技术的附庸？

教师核心素养和能力的发展并不遵循简单的线性路径，也并非简单地增减可

以实现，影响因素也可能因教师个体的成长轨迹不同而千姿百态，如果仅以测评技术的进步确定教师的发展样态，无疑将教师专业发展的无限可能桎梏于单一化、形式化的测评体系，这是机械的发展观，不能真切反映不断变化的时代形态。

三、量化测评不等于科学测评

人的成长存在无限可能，因此科学预测才显得更加珍贵，但量化测评不等于科学测评。

测评最早来源于实验科学，强调记录感觉、描述现象及其数据表征的相互关系。量化测评最鲜明的特征是指标的条理性、系统化，各种测评指标构成了一幅复杂的测评图景，在量化测评为王、数据为王的时代，指标成为刻画人的重要尺度，虽然这方便了人们认识自我，但同时容易使人们遮蔽那些尚未探知过的内隐内容。量化测评的指标化在为人们的有序发展指明途径的同时，却可能忽视了人们发展的无限可能。量化测评依赖感官观察与智慧经验，用具体行为要素作为评判要点，通过理想模型的建立，为教师框定一个预设的指标体系，通过取样数据，对结果做出定性判断。定性判断建立在对群体教师取样数据的客观分析上，但依然很难完全克服主观的局限，指标体系也并未将情境性的生成目标都涵括在内，样本数据有或然性，以样本教师表征全体教师专业发展，这样的统计决断必然会出现不同程度的误差。为此，难以全面获取纷繁复杂的个性化动态数据成为传统教师测评的软肋。基于统计结果的先天不足，量化测评所建构的教师专业发展规律很难具有普适性。另外，量化测评结果的主观性也会为教师发展的决策带来误差。

对于教师而言，如果过度推崇量化测评指标，教师专业发展就可能会出现对指标的路径依赖，即凡是指标提及的就发展，凡是指标不涉及的就回避。测量指标一旦出现偏差、漏洞，教师的专业发展导向就会偏离正确方向。正如美国20世纪70年代盛行的能力为本的教师教育培养模式，过分看重教师的能力，忽视教师内在精神世界的培育，更是需要引以为戒的。

四、从实证的数据走向循证的证据

实证数据本身难以做到客观，加上统计方法先天就具有主观性，因此基于统计数据的研究结论需由实践进一步检验。循证医学的成功经验为教师核心素养和能力研究提供了启迪。教育循证主张基于证据开展教育研究，证据导向的研究范式不在于证据本身，而是证据能够在何种程度上诠释客观事实，这为教育实证的结论延续提供了实践支撑。《现代汉语词典》认为，证据是指能够证明某事物的真实性的有关事实或材料[1]；《牛津学习词典》将其界定为使得某事真实可信的事实、迹象或对象[2]。作为法律学术语，证据则是依照诉讼规则认定案件事实的依据[3]，它应是真实存在的客观事实。可见证据的主要特征在于其有效性和真实性，它使得客观事实有证可循、有据可依，是对事实的确凿、有效反馈。在教育循证中，证据则沿袭其鲜明属性，基于研究问题全方位搜寻与之紧密相关的可靠信息，这里的证据不拘泥于形式，其首要判别标准是"有效"，需要保证循证的各个环节皆客观中立，不断审查以筛选最佳证据。由此，教师核心素养和能力研究中的数据不再仅仅是为了获取实证结论，而是为了系统化地搜集综合证据信息，实现数据向证据的转换。

五、在科技向善的前提下让 AI 赋能教师专业发展测评[4]

AI（artificial intelligence，人工智能）参与下的教师专业发展测评，不必预设理想模型，可以实现对教师日常行为、教学行为的过程性动态数据随时随地地泛在化采集，突破对专业发展具体表征之中的个体模糊属性进行描述、记录和编码等量化测评固有的难点，实现以数据的方式对教师的过程性行为数据加以动态呈现和表达的目标。量化测评往往离不开测评指标体系的建构，而指标体系中的观测点或具体行为表现难以涵盖测评对象的全部行为，对于认知、情感、价值观等过程性和情境性的动态信息更是难以全部把握。而人工智能传感器和执行器相结合的新系统为动态数据的获取提供了条件。当传感器与执行器相结合时，AI可以实现看、听以及和 AI 所在的环境进行互动，教师通过佩戴或者携带相应装备，在教学过程中采集到师生交往互动信息，通过抓取师生面部表情，对学生的

---

[1] 中国社会科学院语言研究所词典编辑室：《现代汉语词典（第7版）》，商务印书馆2019年版，第1673页。

[2] Evidence. Oxford Learner's Dictionaries. [2022-07-24]. https://www.oxfordlearnersdictionaries.com/definition/english/evidence_1?q=evidence.

[3] Evidence. Encyclopedia.com. [2022-07-24]. https://www.encyclopedia.com/social-sciences-and-law/law/law/evidence.

[4] Wang W, Wang G M, Ding X B, et al. Artificial Intelligence in Education and Teaching Assessment. Berlin：Springer，2021.

专注度以及教师的投入程度进行信息辨别，还可以通过监测教师授课中的情绪氛围[1]，获取教师教育教学活动中的全部动态数据。人工智能的融入让教师、学生以及师生之间的互动数据可以同时得到采集，通过自动生成常模样态，或者通过和卓越教师教与学过程中师生所呈现的行为信息进行比较与分析等，均能够对教师的专业发展做出非终极结果评判的过程性诊断。人工智能技术的融入改变了测量的数据获取方式，人们可以随时随地采集教师专业发展的动态信息。群体测评成为历时性的大数据诊断分析，进而使得实时把脉问诊教师专业发展样态成为可能。智能时代是命题人，教师教育学界同仁是答题人。开展教师专业发展智能化测评的战略构思与实践探索是智能时代教师教育的新理念和新使命，也是智能时代教师教育的新命题，需要教育界同仁共同回答。探索 AI 赋能教师专业发展测评，需要警惕教师专业发展智能测评中的三种倾向：一是盲目将人工智能当作数字技术的简单升级，忽视人工智能是能进行深度学习、不断发展的智慧体；二是盲目崇拜人工智能，忽视人工智能并非万能的，需要创新测评应用模式，恰当应用测评结果；三是盲目超前实践，忽视理性反思。基于人工智能开展教师专业发展测评，助力教师队伍建设的研究和实践还处于探索萌芽期，我们需要从公共政策的视角出发，重视研判 AI 赋能教师专业发展测评带来的伦理问题，在科技向善的前提下让 AI 有效赋能教师专业发展测评，进而高效精准促进教师队伍建设。

第三节　教师核心素养和能力建设的未来展望

教师发展是实践活动的表现形态之一，是追求"完人"境界的活动过程，也是体现人文关怀的实践过程，还是人类命运共同体意识为人师表的行动过程。实践是人们存在于世界的最重要形态，在马克思看来，实践既是人们认知世界的方式与途径，即认识论意义上的实践，同时又是人们存在于世界的方式与途径，即本体论下的生存论。人存在于世界的方式不是单一化的，而是兼有人文关怀的存

---

[1] Eilam E. Synchronization：A framework for examining emotional climate in classes. Palgrave Communications，2019（5）：1-11.

在者①。实践构成了人存在的本真状态，同时赋予了人文关怀的禀赋，人的成长是兼顾人类命运共同体意识的人文关怀的多向度发展。

一、教师发展是追求完人境界的发展

师者，人之模范也。教师作为社会成员的角色预设是崇高、伟大的，是兼备人类美德与社会品行的统一体。追求教师完满的社会形象，既是历史一以贯之的夙愿，也是古今中外相同的期待。

追求教师完人境界的发展是历时态的文化样态。我国先秦时期，"女为君子儒，无为小人儒"（《礼记·中庸》成为孔子教导弟子的做人准则，也是孔子为人师表的理想追求。荀子强调为师"尊严而惮""耆艾而信""诵说而不陵不犯""知微而论"，强调教师"学问通达""道德示范"，成为德才兼备的世人楷模（《荀子·致士》）。这一思想影响中国人数千年之久，并依旧成为当下中国人普遍信奉的为师法则。古代西方世界，苏格拉底强调知识即美德，教师是接引知识的助产婆，是热爱智慧的探究者②，苏格拉底的这一思想深刻影响西方世界数千年，成为西方世界探究未知世界的源头活水。经历中世纪长达千年之久的宗教影响，崇敬信仰、教化世人、追求德性、渴慕新知的教师形象成为西方世界的标配。

教师追求完人境界是不同国家赋予教师职业实践的内在要求。教师职业的特性决定了教师不同于其他职业，教人成人、立德以成是教师区别于其他职业最鲜明的特征，教师面对的对象是有待成长与发展的未成年人，引导学生明了做事做人道理，习得应对世界变迁的基本知识、技能，是教师职业独特的使命，这一使命决定了教师需要不断突破自我，在做人做事中展现出引领示范的价值意蕴，这也正是世界各国教师专业标准极为看重的内容。

二、教师发展是追求人文关怀的发展

马克思指出，"整个所谓世界历史不外是人通过人的劳动而诞生的过程，是自然界对人来说的生成过程"③。基于该重要论述，不难推论到实践既是人存在

---

① 俞吾金：《如何理解马克思的实践概念——兼答杨学功先生》，《哲学研究》2002年第11期，第16-21页。
② 田书峰：《苏格拉底论德性即知识》，《云南大学学报（社会科学版）》2021年第3期，第5-18页。
③ 〔德〕马克思：《1844年经济学哲学手稿》，中共中央马克思恩格斯列宁斯大林著作编译局编译，人民出版社2014年版，第89页。

的形式，也是人认知世界的方式，人总是在交往实践过程中，在与他者的交互确证中明确自身的存在，他者成为"我"存在的标志。人在交往过程中同样展示为被关怀者的向度，人文关怀既是实践赋予人的必然特征，也是人成为被关怀者的前提，人总在人文关怀他者的过程中成为被关怀者。

对于教师而言，教师的成长本身是教师从事教育实践活动的自发而成的过程，在这一过程中，教师天然地给予他者人文关怀，但与此同时，教师也变成被关怀者的承载者，在相互关怀的交互中成就教师的被关怀。教师的成长需要被关怀吗？或者说，教师的成长是他者介入帮助下的成长吗？答案是显而易见的。虽然教师是教育活动的主动者和实施者，承载着主动向学生传递关怀的责任，但与此同时，教师也成为被给予、被关怀的对象，而现实中人们往往忽视教师被给予、被关怀的存在者形象，教师成为单向度的施予者，这对教师的实践而言是欠缺公允的。

教师作为职业人需要教师专业发展，教师核心素养和能力是教师专业发展的密钥，而教师作为交往实践中的社会人，需要发挥行为示范作用，需要作为完人实现全域发展，教师核心素养和能力是教师发展的 DNA。教师思想政治素养、道德素养、人文与科学技术素养、教育理想精神、教育教学能力、沟通合作能力等离不开交往实践，教师作为人类灵魂工程师，需要在交往实践中不断触动学生的心灵。充满人文关怀，有人陪伴的教师发展，即教师在发展中时刻心中有人，关注每个生命的健康成长，成为有教育家情怀的教师，这样才能成长为教育家。

三、教师发展是追求成为有人类命运共同体意识的"大先生"

教师专业活动是自身内蕴的核心素养发挥奠基作用，对学生彰显教育教学能力，对他人彰显沟通合作能力，对教育教学活动彰显研究创新能力，对自身彰显学习发展能力，所显现的专业气质与行为，是教师劳动凸显专业价值、判断及决策的活动，教师专业活动主要体现于教师职业行为或服务于教师职业劳动，教师专业发展从属于教师职业范畴。而教师发展不完全囿于教师职业劳动的专业发展活动，同样追求达到完人境界，体现人文关怀。追求完人境界以及人文关怀的教师发展，离不开教师个体思想政治素养、道德素养、教育理想精神、人文与科学技术素养以及教育教学能力、研究创新能力、沟通合作能力、学习发展能力的综合作用，指向的是家国情怀、国际理解、心系天下，是蕴含着浓厚的人类命运共同体意识的大写的有人陪伴的发展。从传统文化看，中华民族文化血脉中流淌的"和"文化，"君子所以异于人者，以其存心也。君子以仁存心，以礼存心。仁者爱人，有礼者敬人。爱人者人恒爱之，敬人者人恒敬之"（《孟子·离娄下》）等思想，是我国先贤哲人普遍追求的理想境界。作为新时代教师，需追求成为"达者为先，师者之意"的先生，成为塑造学生灵魂的"大先生"，拥有贡献人类命运共同体的意识，不仅思考为周围人能做什么，还要思考为人类进步奉献什么。

从经济全球化看，各个国家之间的利益和命运休戚相连，尽管逆全球化的现象不断涌现，但国家命运与共、合作共赢始终是大势所趋。当今世界面临百年未有之大变局，面对环境污染、能源枯竭、气候巨变、恐怖活动、新冠疫情等复杂局面，作为地球村的成员，更需要站在人类命运休戚与共立场上解决地球村面临的危机和挑战。面对人类面临的共性问题，具有责任担当的意识和能力，也是新时代的育人要求，教师发展需要走在学生发展之前，更需要努力成为经济全球化背景下的地球村的"大先生"。

从科技发展看，互联网、人工智能、云计算、大数据、量子计算机、神经科学、类脑科学、纳米材料、空气屏幕、基因重组等科技正以前所未有的速度迅猛发展，与此同时，人类面临越来越多、越来越深的科技伦理问题。反人类福祉、反人类和平发展技术的滥用，威胁着人的生命安全、身体健康、精神和心理健康，侵犯人格尊严和个人隐私的科技活动屡禁不止，因误用、滥用科技成果而危及社会安全、公共安全、生物安全和生态安全的隐患越发严重，科技的发展让人类的前途命运更加唇齿相依。科技的加速进步，需要新时代教师以全球视野和人类命运共同体的角度审视学为人师、行为世范的身份，成为人类命运共同体的践行者和示范者，成为闪耀人性精神、具有大家风范和教育家情怀的"大先生"。

综上，完人境界、人文情怀、胸怀人类命运共同体意识的"大先生"是有人陪伴的教师发展的价值追求，有人陪伴的教师发展离不开教师全域性的修养、行为示范力和教育作用力不断彰显与发展的教育实践活动。从教师职业劳动实践而言，教师核心素养和能力的发展离不开高质量的教师教育体系及其活动，教师核心素养和能力的发展目的在于促进教师的专业发展，而从全域交往实践来看，教师核心素养和能力的发展，离不开有人陪伴的实践活动，教师核心素养和能力的发展目的在于促进有人陪伴的教师发展。教师核心素养和能力的建设，直接指向教师职业实践的教师专业发展，以教师专业发展为中介，更指向全域实践有人陪伴的教师发展。现代化不仅仅是物的现代化，更是人的现代化，实现中国式现代化，需要培养现代化的人。有"现代人"陪伴的教师发展，是中国式教师教育现代化的新使命。

后 记

2022年1月21日，国家社会科学基金2017年教育学重点招标课题"教师核心素养和能力建设研究"（AFA170008）顺利结项了。历经4年多的课题探索和1年多的书稿撰写与完善，书稿最终画上了句号。但我们深知这不是结束，而是新的开始。

回顾课题研究历程，思绪万千。从课题申报、开题、中期与结项，凝聚着众多专家学者的智慧。4年多的时间里，课题研究始终遵循党和国家的最新指示精神，沿着"是什么、怎么样、如何建"的逻辑主线，一步步走过理论与经验研究、测评研究、建设研究，虽然步履不疾不徐，但脚印踏石留痕，一系列研究成果相继问世。70多篇成果发表在CSSCI、SSCI、SCOPUS等来源期刊和报纸；8套测评工具研制成功，在天津市等地开展测评，测评结果被应用于《2019—2020年天津市基础教育发展报告（蓝皮书）》《威县中小学教师核心素养和能力现状调查研究报告》；研制教师核心素养和能力智能测评系统，获批国家版权局软件著作权，并付诸推广应用，2022年，《基于教师专业发展测评的精准培训设计与实施》获评"国培计划"培训团队研修项目典型案例，入选《中国教师培训发展报告（2022）》；11篇咨政报告呈送党和国家重要部门，其中5篇被党中央重要部门采纳，1篇被教育部社科司采纳，1篇被全国教育科学规划领导小组办公室《教育成果要报》刊发，1篇被教育部某内参收录；负责撰写天津市中小学教师职称评价标准等文件，并获颁布实施；部分成果被收入Artificial Intelligence in Education and Teaching Assessment中。

回首过去不是为了沾沾自喜，而是为了明了前行的方向。怀着这样一种心情，我们不忘研究初心，勾勒了整个研究的过程，进一步总结概括了团队的智慧结晶，最终汇成一册。其中团队核心成员吴立宝、卫倩平、张永健、康玥媛等全程参与书稿撰写、修订与完善。廖晶、张楠、杨蕊、李健、陈隽、张建伟、张胜、岳宝霞、周九诗、陈汉君、李勋、赵婧、詹秀娣、甄祎明、刘静、徐章韬、黄友初、崔振成、罗生全等贡献了珍贵素材或给予了宝贵建议,王光明对全稿做了整体规划、撰写、修订和定稿。科学出版社孙文影编辑等从章节结构到内容设计等给予宝贵建议,并做了精心编校。

我们深知,研究永无止境,探索方能行稳致远。今天我们非常高兴地看到,拙著付梓印刷,接受方家的鉴赏与批评,我们激动万分但又忐忑不已。我们深知,相比浩瀚的教师研究大海,我们的研究不过是一朵浪花。但我们坚信,只要不断奋进,星星之火,可以燎原。

本书的出版不是我们研究的终点,而是一个新起点。研究和建设中国式教师教育现代化是每一位教师教育者的神圣职责。